AGENT

Luiz Antonio da Cruz Pinelli

E 114

O CAÇADOR DE BANDIDOS

GERAÇÃO

Copyright © by Luiz Antonio da Cruz Pinelli
1ª edição – Novembro de 2019

Grafia atualizada segundo o Acordo Ortográfico da Língua Portuguesa de 1990, que entrou em vigor no Brasil em 2009.

Editor e Publisher
Luiz Fernando Emediato

Diretora Editorial
Fernanda Emediato

Estagiário
Luis Gustavo

Capa e Diagramação
Alan Maia

Revisão
Hugo Almeida

Dados Internacionais de Catalogação na Publicação (CIP) de acordo com ISBD

P651a Pinelli, Luiz Antonio da Cruz
Agente 114: o caçador de bandidos / Luiz Antonio da Cruz Pinelli. - São Paulo : Geração Editorial, 2019.
272 p. : il.

Inclui índice.
ISBN: 978-85-8130-426-7

1. Autobiografia. 2. Luiz Antonio da Cruz Pinelli. 3. Segurança pública. 4. Polícia Federal. 5. Combate ao narcotráfico. I. Título.

CDD 920
CDU 929

2019-1836

Elaborado por Vagner Rodolfo da Silva - CRB-8/9410

Índices para catálogo sistemático
1. Autobiografia 920
2. Autobiografia 929

GERAÇÃO EDITORIAL
Rua João Pereira, 81 – Lapa
CEP: 05074-070 – São Paulo – SP
Telefone: +55 11 3256-4444
E-mail: geracaoeditorial@geracaoeditorial.com.br
www.geracaoeditorial.com.br

Impresso no Brasil
Printed in Brazil

Este livro é baseado em fatos reais, mas alguns nomes e características dos envolvidos foram omitidos ou alterados para preservação da imagem, da moral e da segurança dessas pessoas.

*Aos meus filhos Caio e Hugo,
um tributo pela coragem e pelo carinho.*

"A humanidade não se divide em heróis e tiranos. As suas paixões, boas e más, foram-lhe dadas pela sociedade, não pela natureza."

Charles Chaplin

SUMÁRIO

Prefácio 11
Introdução: Moinhos de vento 15

1. Toneladas de cocaína.. 19
2. Caçador de passarinho 29
3. *Big day* 39
4. À luta 43
5. Vida dura 49
6. Caçador de contrabandista 57
7. Caçador de coureiros 65
8. Respeitem a PF 71
9. Inhames de Pablo Escobar 79
10. Nelore puro 87
11. O clã Morel 97
12. Um major no tráfico 105
13. Dois filmes e um sequestro 113
14. Libertem Cecília! 123
15. A rota amazônica 131
16. Base Fênix 143
17. Beira-Mar 167
18. Faro de policial 177
19. No rastro de um *chip* 183
20. Cabeça Branca 189
21. Os novos cartéis colombianos 203
22. As minhas olimpíadas 211
23. Irmãos Metralha 217

24. Operação Deserto 221
25. PCC 233
26. Adeus, companheiros! 241
27. Missões internacionais 247

Epílogo: Não se entregue, companheiro! 253
Agradecimentos 255
Bibliografia 271

PREFÁCIO

Gosto de qualificar o agente da Polícia Federal Luiz Pinelli como uma lenda viva. Não só por sua invejável ética profissional, mas por seu incrível talento para uma atividade sensível, cheia de riscos e ciladas. Em três décadas de magistratura, boa parte como juiz criminal, conheci poucos policiais tão dedicados e talentosos quanto ele. O tempo fez bem a Pinelli. Quase quatro décadas de Polícia Federal deram a ele o estofo e a experiência necessários para desvendar os mais intrincados crimes do tráfico de drogas, sua maior especialidade, roubos e sequestros de todo tipo.

Tanto conhecimento acumulado deságua agora em sua autobiografia. Um livro que ganha importância nos dias atuais, em que a criminalidade organizada e o tráfico ilícito de drogas estão muito próximos de todos nós, sem exceção. Afirmo com convicção que não se trata de uma obra com conteúdo pessimista, mas que revela de modo detalhado toda a competência profissional do autor. Histórias, sobretudo, inspiradoras.

Este projeto começou quando o nosso amigo comum, o jornalista investigativo Allan de Abreu, escreveu um livro dos mais completos que eu conheço sobre o narcotráfico[1], e percebemos que boa parte dos seus relatos apresentava o agente da Polícia Federal Luiz Pinelli como um dos protagonistas.

---

[1] *Cocaína — A Rota Caipira: o narcotráfico no principal corredor de drogas do Brasil*, 2ª edição, Rio: Editora Record, 2017.

Daí surgiu a ideia de incentivar Pinelli a colocar no papel parte de sua história de vida, aproveitando, inclusive, o período em que atuava como adido da Polícia Federal em uma embaixada do Brasil na Venezuela, onde se imaginava inicialmente que teria mais tempo para se dedicar ao livro. Ficou somente na imaginação: o país vizinho acabava de ingressar em grave crise política, econômica e social, exigindo, mais uma vez, muita astúcia dele para conviver diariamente com aquele caos. Como era esperado, a lenda viva tirou de letra.

Conheci Pinelli no fim da década de 1990, quando uma equipe de policiais federais, coordenada pelos delegados Getúlio Bezerra e Alberto Costa, chegou a São José do Rio Preto (SP), onde eu era juiz criminal, para instalar uma base de operações de inteligência para o enfrentamento da criminalidade organizada e do narcotráfico, apelidada de Base Fênix.

O resultado foi surpreendente.

Aprendi muito com aqueles abnegados servidores públicos federais que, aliados ao Ministério Público Estadual e às polícias Civil e Militar locais, realizaram operações que resultaram em apreensões de toneladas de drogas ilícitas, confiscos de bens móveis e imóveis e prisões de centenas de criminosos.

O contexto favorecia: iniciava-se o período de grandes investimentos na Polícia Federal, e novas leis facilitavam o uso das interceptações telefônicas, para se alcançar um resultado altamente significativo, eficaz e abrangente, sem perigo de se macular as inúmeras ações penais que viriam a ser instauradas.

Em que pese o talento da equipe, recrutada de norte a sul do país, a liderança de Pinelli me chamou a atenção. O agente federal aliava o conhecimento teórico, inclusive da legislação penal, com coragem e uma sensibilidade incrível para descortinar os mais intrincados esquemas criminosos.

A Base Fênix, no entanto, é só uma das muitas aventuras vividas por Pinelli nessas quatro décadas de atuação como policial. Campanas que perduraram semanas, horas de concentração em escutas telefônicas, viagens pelo Brasil, intensas trocas de tiros, e um conhecimento autodidata em combater aeronaves a serviço do narcotráfico.

O autor nos brinda com uma gratificante leitura, relatando minuciosamente desde o momento em que fez a opção pela profissão de policial federal, de detalhes de operações policiais que resultaram em apreensões e prisões significativas até momentos de tristeza, como da perda de colegas de trabalho durante as missões que lhe foram determinadas. O que se tem aqui é um *thriller* altamente envolvente.

Para aqueles que pretendem ingressar na polícia, o presente livro trata de relatos candentes, ao mesmo tempo que se revelam perenes no cotidiano da investigação policial, exigindo constante análise e atualização.

Para aqueles que já são policiais, a obra permite diversas viagens ao passado e ao futuro, na medida em que consegue colocar os leitores dentro das histórias, pois muitas situações vividas e aqui descritas refletem momentos pelos quais muitos de nós já passamos ou passaremos nas nossas vidas cotidianas e relacionadas com a manutenção da paz social.

Para aqueles que atuam na área jurídica ou são apenas curiosos no assunto, a leitura desta obra permitirá um conhecimento do dia a dia do profissional que atua na área de inteligência policial, com suas inúmeras vitórias e frustrações; e poderá, com certeza, se orgulhar do alto nível dos nossos policiais federais, que de modo algum fica a dever a corporações de outros países. O aparato técnico para enfrentamento do crime se compra, mas capacidade de improviso, criatividade e inteligência, não. Pinelli reúne tudo isso.

Seduzido pela narrativa ágil, o leitor conseguirá se ver na pele do personagem central, homem simples, mas de muita experiência na universidade da vida, que abraçou sua profissão com muita dedicação e muito respeito ao próximo, e não poucas vezes em prejuízo de sua própria vida privada.

Estou convicto de que nosso país atravessa uma fase de turbulência político-criminal, inclusive com uma tentativa fracassada — graças a Deus! — de tomar o aparelho do Estado por meio de uma sofisticada organização criminosa, que tentava de todas as formas institucionalizar a corrupção, cultuando a transgressão ao direito e à prática ordinária e desonesta do poder ilícito, fato que contribuiu para inserir o Brasil no cenário internacional de repressão ao crime organizado, com a chamada Operação Lava-Jato.

Graças às nossas instituições, responsáveis pelo enfrentamento a esse tipo de criminalidade, dentre elas as Forças Armadas, as polícias Federal, Civil e Militar, o Ministério Público e o Poder Judiciário, é que se tem desmantelado com competência e eficiência as organizações criminosas, com a realização de diversas operações em praticamente todos os Estados da Federação e até mesmo no exterior. Uma história que começa com Pinelli, lá no início dos anos 80.

O autor deste livro é um inconformado, que se vale da melhor técnica na luta por um mundo melhor para as gerações seguintes. Esse idealismo não pode terminar com ele. Por isso, leiam o que a "lenda viva" tem a ensinar.

Emílio Migliano Neto
Juiz de Direito do TJSP

Introdução
MOINHOS DE VENTO

— Polícia Federal, mãos na cabeça!

Todo policial já viveu a tensão desse momento. É penoso e apreensivo. O corpo sofre uma mudança radical com a descarga de adrenalina, isso eu posso assegurar com toda certeza. O desgaste desse momento vai afastar sonhos e realidade, provavelmente você nunca mais vai ser a mesma pessoa. Fruto do acaso, o flagrante é inevitável, instante em que os protagonistas estão cientes de seus papéis. A missão é estudada com disciplina e costuma ser implacável, o que aumenta as chances de sucesso. Para os policiais, é fundamental manter as emoções sob controle. Átomo de uma guerra que nunca foi sua, mas que o destino lhe entregou. Tenho honra e orgulho de ser policial, mas não vaidade.

Somente posso supor que Deus é a base do nosso desconhecimento, e que você vai fazer aquilo que é determinado por essa força externa pelo resto de sua vida.

Quando jovem, eu gostava de correr nos campos de plantações de café, algodão e cana-de-açúcar no interior do Paraná. Testemunhava os históricos moinhos de vento das fazendas e cooperativas na região. Não conhecia drogas, marginais e tampouco a polícia. Foi com muito desprazer que conheci o submundo, com ainda vinte e poucos anos, entrando em combate no compasso do moinho de vento, porque precisava de energia espiritual. Assim, minha ansiedade foi diminuindo aos poucos, e com uma boa dose de ousadia fui me tornando forte e arrojado. Meu raciocínio e reflexos rápidos, herança de antepassados, representaram uma mudança considerável.

Aqueles campos floridos estavam infestados de pragas humanas que atingem o coração da sociedade livre, cometendo todo tipo de degradação, especialmente o tráfico de drogas e seus crimes advindos, vetor de todos os crimes que acontecem no mundo. A favor do vento, remava junto com brilhantes profissionais de polícia, federais, civis e militares; mesmo assim a corrida contra o tempo exigia conhecimento diversificado, sobretudo quanto aos recursos utilizados pelas organizações criminosas e seus métodos de operação. Eu havia cursado faculdade de Educação Física em Londrina, no Paraná; e Direito, em Dourados, Mato Grosso do Sul, nenhum deles concluído. Como a atividade policial não era tarefa para amadores, precisava me profissionalizar. A PF me deu a oportunidade de fazer cursos específicos sobre inteligência policial no DEA, FBI, CIA, Tesouro Americano e BKA, na Alemanha, entre outros. Passei a enxergar o crime com outros olhos, com sua violência covarde e com danos irreparáveis no tecido social.

A partir dos anos 90, já com os recursos de inteligência, como interceptação de telefones e radiotransmissores, quebras de sigilo bancário e vigilância especializada em produzir evidências, doutrinado pelos ensinos práticos das ruas, já estava preparado para tomar as rédeas da situação e assim tocar nossos projetos de expansão compartimentada dos dados conquistados, possibilitando que policiais escolhidos a dedo fossem treinados e colocassem em prática, por todo o canto do país, o conhecimento adquirido.

Com o apoio necessário da administração da PF no Mato Grosso do Sul e da Coordenação-Geral de Polícia de Repressão a Drogas em Brasília, chefiei, ao longo de mais de uma década, bases de inteligência de Campo Grande, Ponta Porã, Corumbá e Dourados, no Mato Grosso do Sul, além de Ribeirão Preto e São José do Rio Preto, no interior paulista. Isso trouxe à Polícia Federal informações fundamentais da nata da traficância. Os barões das drogas e armas não estavam mais seguros. Os golpes eram variados e dissimulados, ora estávamos no Pantanal, ora nas rodovias, nas pistas clandestinas, nos aeroportos e portos e até na selva amazônica. E assim foi nossa contribuição à ascensão e certo domínio da polícia contra o crime organizado. Claro que a Polícia Federal comemora seu aniversário de 74 anos, e seus policiais precursores são os personagens principais desta escalada. Alguns destes homens perderam suas vidas, parte cruel desse ofício tão diferente e apaixonante.

Com persistência, coragem e muita, mas muita paciência, consegui retirar de circulação mais de 50 toneladas de cocaína — sete de uma vez só, no que é até hoje a maior apreensão da droga na história do Brasil e é narrada logo mais, no primeiro capítulo. Da maconha, não posso precisar seu imenso volume, além de ecstasy, LSD, psicotrópicos e seus derivados. Neste transcurso foram apreendidas milhares de armas, considerando que somente de uma vez encontramos mais de 300 na fazenda do ex-deputado federal Gandi Jamil, variedade imensa de armas de todos calibres. Os prejuízos dos narcos foram intensificados com as apreensões de cerca de 50 aeronaves utilizadas no transporte de drogas, milhares de automóveis e ainda o confisco de bens como fazendas, casas, joias e muito dinheiro. Tudo fruto do meu trabalho efetivo nas diversas operações realizadas.

Também foi preso um exército de jovens escravos das drogas que atuavam como mulas, pilotos de aeronaves, motoristas de caminhões, comandantes de embarcações. E muitos cavalheiros do tráfico como Cabeça Branca, Fernandinho Beira-Mar, Major Carvalho e tantos outros, atraídos pela ambição do dinheiro fácil, ao custo caro de vidas interrompidas. Nossos jovens e adultos poderiam ajudar muito a polícia e os órgãos repressores deixando de financiar a riqueza dos traficantes, que em regra tem suas veias e narizes limpos da poeira do vício.

A despeito das atribuições específicas da Polícia Federal, em ocorrências excepcionais, como delitos de grande complexidade, podíamos atuar por determinação do Ministro da Justiça, de forma compartimentada com os órgãos competentes. Apesar do desgaste físico e emocional, nunca rejeitei uma missão. Nesse cenário foi importante, para mim e para a Polícia Federal, contribuirmos nos esclarecimentos dos crimes de sequestro de Wellington Camargo e Cecília Cubas, dos assassinatos de agentes federais e da prefeita de Mundo Novo (MS), Dorcelina Folador, além do furto do Banco Central em Fortaleza, operações de ampla repercussão na sociedade e veiculadas na grande imprensa nacional e internacional, embora sem os detalhes que aqui, neste livro, são revelados em primeira mão.

Por muitas horas e dias transitei pelos tribunais de Justiça Federal e Estadual defendendo em audiência nossas atuações e teses investigativas. Fazia questão de ser condutor ou testemunha dos flagrantes, objeto da maior parte da narrativa deste livro. Algumas vezes saía desapontado e, não raro, testemunhei contra o mesmo preso; achava que era impossível estar solto em pouco espaço de tempo. Não me importava, tinha feito a minha parte, assim criava ânimo para prosseguir.

Por fim, gostaria de sublinhar minha bandeira que defendo ao longo de 37 anos de efetivo serviço prestado à sociedade como policial federal e dizer que se algum dia extinguir o agente de rua, a polícia seguirá o mesmo caminho, e a fórmula praticável será regressar à escola de origem. Também peço desculpas aos colegas que, por algum lapso deste policial veterano, não foram citados. Posso garantir que em tempo algum fui um policial solitário. O trabalho em equipe é e sempre será fundamental.

Creiam, escrever um livro é mais difícil do que derrubar um avião carregado com cocaína no meio do canavial, debaixo do sol forte. Vocês sempre estarão presentes para reavivar o contexto dessas operações aos nossos jovens policiais que estão tomando a frente da nossa Polícia Federal.

Vigiem com zelo.

Capítulo 1

TONELADAS DE COCAÍNA

O Boeing 747 da Varig aterrissou com precisão na pista do Aeroporto Internacional Juscelino Kubitschek, em Brasília. Taxiou rapidamente até o terminal de desembarque, parecendo decifrar a ansiedade e a emergência da viagem que realizava, juntamente com o agente João Rogério.

Era maio de 1994, às vésperas da Copa do Mundo. Passara meu aniversário em Corumbá (MS) trabalhando; já que ocupava a função de chefe da base de inteligência na região, recebi um telefonema do delegado Ronaldo Urbano, da Coordenação-Geral de Polícia de Repressão a Drogas (CGPRE), solicitando minha imediata presença em Brasília (DF).

Foi uma reunião rápida, não mais do que meia hora, no edifício-sede do Departamento de Polícia Federal, que à época estava ocupado pelo Exército Brasileiro devido a uma greve da corporação. Recebemos informação de que uma carreta e um caminhão, carregados com 20 toneladas de tabaco, se aproximavam do Distrito Federal. Como a suspeita era de que pertenciam a uma quadrilha de traficantes, os veículos vinham sendo seguidos desde o Rio Grande do Sul, mas quando chegaram ao Planalto Central a vigilância era feita com apenas uma viatura e dois agentes federais, Dorneles Anão e Ramp, uma vez que parte da equipe encarregada inicialmente da missão sofrera um acidente de carro na estrada.

Não havia tempo a perder...

Montamos nossa equipe com os agentes federais Mainardi e Edison. Nós nos juntamos à que vinha seguindo os caminhões desde o sul. Sempre a uma boa distância dos dois caminhões, revezávamos alternadamente as viaturas descaracterizadas, uma atrás e duas na frente, uma estratégia para não perdermos os caminhões. Quando havia bifurcações, cada veículo nosso tomava um rumo. O que acertava o caminho escolhido pelos dois caminhões avisava os outros pelo rádio, que então retomavam o norte estabelecido pelos suspeitos.

E assim foi. O caminhão passou o Distrito Federal e seguiu rumo à Bahia. Em Barreiras, oeste do Estado, um dos caminhões quebrou. Foram dois dias até arrumarem o veículo. Como seguiam sempre para o norte, achávamos que exportariam o fumo, possivelmente já com a cocaína dentro, pelos portos de Fortaleza ou São Luís.

Em Teresina, num posto de fiscalização da Receita Estadual, os caminhões foram abordados. Os fiscais abriram a lona, reviraram a carga. Se houvesse droga, encontrariam, pensamos. Mas havia alguma irregularidade, porque ficaram lá quatro dias parados. No quarto dia, assistimos à chegada de um homem moreno e magro, que só depois saberíamos tratar-se de um colombiano líder do esquema. Ele viajou de Manaus para a capital do Piauí. Provavelmente pagou propina aos fiscais e os caminhões foram liberados.

Fazer vigilância em veículos na estrada é um serviço exaustivo. Tínhamos de dormir depois dos alvos e acordar antes. Quase nunca saíamos de dentro dos carros e comíamos mal, sempre em beira de estrada. Além disso, ficamos reféns do tempo dos caminhoneiros, que não podiam ver um puteiro na estrada e paravam. Mesmo com tantos cuidados, às vezes perdíamos os caminhões de vista e batia o desespero. Por sorte, minutos depois retomávamos o rastro.

Quando chegaram a Imperatriz, no Maranhão, colocaram uma balança de pesar sacas em cima de um dos caminhões. Como o equipamento tinha uma haste grande, aquilo facilitou nosso trabalho, porque dava para ver de longe. O problema foi que de repente os caminhões pegaram a rodovia Belém-Brasília em direção ao sul. Aquilo não fazia sentido. Por que voltar tudo de novo? Desconfiamos que eles tivessem percebido nossa vigilância e desistido de embarcar a droga, retornando para o sul. Mesmo assim, não desistimos — só depois de encerrada a operação descobriríamos que no Maranhão trocaram a nota fiscal do fumo mais uma vez, agora revendendo a carga para uma empresa de Nova York (EUA). A estratégia era evitar a passagem de retorno nos mesmos postos de fiscalização, transitando então por outra rodovia com os caminhões carregados com a cocaína.

Eu já estava havia 20 dias na estrada, tomando banho de vez em quando. As roupas fediam no corpo e nem tinha mais trocas no carro. Até que, após 5 mil quilômetros rodados, os caminhões chegaram a Guaraí, Tocantins, e pegaram uma estrada vicinal à esquerda da rodovia. Assim, tivemos de manter maior distância dos caminhões, porque os carros diminuíram muito a velocidade e eles podiam perceber a vigilância; por isso perdemos os caminhoneiros de vista mais uma vez. Seguimos mais um pouco e paramos em um rio, onde havia uma balsa que levava ao município de Pedro Afonso. Os caminhões não estavam na balsa; lá, eles não tinham seguido, certamente haviam entrado em alguma fazenda.

Voltamos devagar pela mesma estrada, observando as cercas das fazendas. Em uma porteira tinha um cadeado grande e novo, também rastros de pneus, indicando a suspeita da entrada dos caminhões. Era preciso investigar a entrada por outro caminho.

— É aqui — falei.

Pelo menos naquela época, peão não colocava cadeado em porteira, não havia necessidade. Se trancavam, era porque havia algo a esconder.

Mas escurecia, e o jeito era continuar a investigação no dia seguinte. Por sorte os agentes Álvaro e Hamilton, que já vinham vasculhando a região, fizeram amizade com um policial rodoviário de Guaraí, que nos emprestou sua chácara, já que seis homens juntos se hospedando em um hotel de uma cidade tão pequena certamente chamariam atenção.

Dali a poucos dias chegou o agente federal Rogério, juntamente com o delegado Urbano, que seria meu parceiro na vigilância pelo mato afora. Apesar do sobrenome, doutor Urbano tinha muita experiência na selva, assim como eu. Aprendi desde a infância a caminhar no mato, e ensinei muito essa técnica aos policiais federais em ações diversas. Sei andar mais na floresta do que na cidade. Consigo me localizar, traçar mapa, não deixar rastro, entre outros cuidados fundamentais, para não se ferir ou frustrar um trabalho.

Nas incursões a gente levava, além do armamento, uma garrafa com dois litros d'água, dois pães franceses e uma lata de sardinha em conserva.

Outros policiais foram encarregados de montar pontos de observação na confluência da rodovia Belém-Brasília, com a estrada vicinal, em um pé de goiaba; e outra equipe ficou próxima à balsa no rio que dava acesso à capital, Palmas, caso saíssem pela frente da propriedade para a direita da pista.

Enquanto isso, eu e o Urbano nos enfronhamos na mata, traçando uma diagonal a partir da rodovia. Depois de 12 quilômetros, chegamos a um ponto mais alto. Do topo de árvores escaladas por nós, avistamos com o binóculo um ponto brilhante no horizonte, reluzente no sol. Era um galpão com telhado de zinco. Ali se escondia o crime.

Foram duas semanas assim. Indo e voltando todo dia naquele mato. Quase sempre a água acabava e, morto de sede, eu deitava no meio de um córrego no meio do caminho e abria a boca.

— Pinelli, daqui a pouco você bebe toda a água desse rio — brincava Urbano.

No dia seguinte descobrimos que a fazenda onde foi edificado o galpão, estimada em 150 alqueires, a 20 quilômetros de Guaraí, havia sido comprada meses antes por Sâmia Haddock Lôbo e José David Haddad, um corretor de São Paulo. Pagaram US$ 45 mil e colocaram a propriedade em nome de Gilberto Wigando Scholze. A Sâmia era conhecidíssima em toda a PF por sua ligação com o narcotráfico. Agora o trajeto daqueles dois caminhões começava a fazer sentido: era uma estratégia para despistar qualquer policial ou rival que ousasse segui-los.

Com a chegada do delegado Borges e sua equipe de policiais federais de Foz do Iguaçu (PR), soube mais sobre aquela investigação policial. O alvo principal era o empresário libanês Nasrat Mohamad Jamil Rassoul, radicado em Ciudad del Este, Paraguai; e José David Haddad, encarregado de montar as empresas de importação e exportação do grupo. Todos eles estavam sendo monitorados pelos agentes Calori e Assis.

Mas era preciso saber mais detalhes do esquema: outras pessoas envolvidas, métodos de transporte, rotas. A PF de Foz do Iguaçu recebeu uma carta anônima mencionando o nome do comerciante libanês como traficante de cocaína para os EUA. Decidiu focar suas investigações no libanês de Foz. Passou a monitorar seus telefones, com autorização da Justiça, e infiltrou um agente no grupo de Rassoul na Tríplice Fronteira. O agente se tornaria confidente da amante do libanês, e da alcova surgiram algumas pistas importantes do esquema. Rassoul disse que, em dezembro de 1993, havia exportado para os Estados Unidos, via porto de Santos, duas toneladas de cocaína, ocultas em carga de fumo usando uma fazenda em Tocantins como entreposto.

Mas as semanas se passavam, e a PF seguia sem pistas dos traficantes. O grupo era muito cuidadoso nas conversas ao telefone. Por isso, foi pelo agente infiltrado que a Polícia Federal descobriria pistas preciosas da quadrilha. Em abril de 1994, o grupo criou uma empresa fantasma em São Paulo para comprar fumo no Rio Grande do Sul. Essa empresa encomendou 20 toneladas de tabaco em Santa Cruz do Sul (RS). No fim daquele mês, uma carreta e um caminhão carregados com fumo sairiam de Santa Cruz do Sul, norte gaúcho, ainda sem cocaína oculta na carga. No início acreditávamos que eles iriam descarregar o fumo em São Paulo ou Santos, rota tradicional de escoamento da cocaína no Brasil. Mas passaram pela capital paulista, trocaram a nota fiscal da mercadoria "revendendo" o fumo para outra empresa do grupo em Imperatriz (MA) e seguiram rumo ao Nordeste.

* * *

O grupo de Rassoul tinha conexões internacionais.

Em janeiro de 1994, o Serviço de Inteligência da PF recebeu do DEA, a agência antidrogas dos Estados Unidos, a informação de que o então poderoso Cartel de Cáli vinha exportando toneladas de cocaína para os Estados Unidos via território brasileiro. Com o fim do rival Cartel de Medellín, o de Cáli, comandado pelos irmãos Gilberto e Miguel Rodríguez Orejuela, passou a ser alvo preferencial da repressão policial na Colômbia, com o auxílio norte-americano. Por isso decidiram aliar-se a Vicente Rivera González, o "Don" Vicente, líder do cartel de Los Camellos.

Nossas bases operacionais investigavam também Antonio da Mota Graça, o Curica, que mantinha negócios com traficantes colombianos, entre eles Vicente Wilson Rivera Ramos, o Vicentico, filho de "Don" Vicente, que flagramos em Teresina, e seu braço-direito Mario Alberto Graça Cano, traficante ligado ao chefe de Los Camellos.

Em março de 1991, a PF prendeu Curica em flagrante com 413 quilos de cocaína em São Paulo. Mas ele só ficaria um ano atrás das grades. Em 1992, um juiz de Itapecerica da Serra, na Grande São Paulo, determinou a oitiva do traficante, suspeito de coautoria em um assassinato da cidade. No meio do trajeto entre a Casa de Detenção no Carandiru e o Fórum de Itapecerica, o veículo que levava Curica foi interceptado por um grupo armado com fuzis. O traficante foi resgatado e fugiu.

Eram Curica e sua mulher, na época, Sâmia Haddock Lobo, uma experiente pilota de aviões conhecida como a "baronesa do pó", que cuidavam dos interesses de "Don" Vicente e do Cartel de Cáli no Brasil.

* * *

No quarto dia de vigilância, escondidos por cima do arvoredo, escutamos o barulho de um avião, um Cessna 210, que desceu próximo ao galpão. Parecia estranho, porque não havia pista de pouso lá. Só depois descobriria que os aviões pousavam na estrada de terra, a mesma da porteira com o cadeado.

Foram três pousos só naquele dia. E assim seria nos demais, por várias vezes. Antes de cada pouso, um pequeno trator com uma carreta se aproximava da pista improvisada. Colocavam os sacos retirados do avião na carretinha, que seguia em direção ao galpão. Atrás da construção, sempre havia muita fumaça preta — era a queima do fumo excedente.

Com tantos aviões descendo na fazenda, decidimos, como estratégia operacional, que só invadiríamos o local quando os dois caminhões saíssem de lá. Só assim teríamos certeza de que haveriam terminado o serviço.

Um dia, fomos checar a segurança do galpão, uma tarefa arriscadíssima. Camuflados, rastejando no mato com Urbano, chegamos a 50 metros de distância. Enxergamos vários homens com roupa camuflada, iguais às nossas, portando fuzis e granadas. Eram seguranças contratados por fornecedores do Cartel de Cáli para proteger a droga.

No início da noite de sábado, 4 de junho, o policial que fazia campana, trepado na goiabeira, viu os dois caminhões saírem da estrada ramal e pegar a Belém-Brasília, sentido sul. Quando pararam para abastecer em um posto de combustível, alguns quilômetros depois, fizemos a abordagem. A ação tinha de ser muito rápida para não alardear a nossa presença na região. Algemamos os caminhoneiros Jill Sandro Minikoski e Carlos Henrique Barcelos, e dois agentes trataram de esconder os veículos.

Era hora de invadir a fazenda do pó.

À meia-noite, começamos a operação. Eram 30 policiais, incluindo os do Comando de Operações Táticas (COT), uma tropa de elite recém-criada pela PF. Entramos pela porteira, mas não pisamos na estrada para não deixar rastro e alertar alguém do grupo que entrasse na fazenda de madrugada. Fomos pelo mato.

Quando o domingo começou a clarear, vimos que os primeiros da quadrilha começavam a acordar na palhoça onde dormiam, ao lado do galpão. Urbano teve a ideia de levar um megafone para anunciar nossa presença e tentar uma rendição pacífica, sem violência. A ideia era boa, porque os traficantes poderiam pensar que fôssemos de uma quadrilha rival que queria roubar a cocaína deles. Mas o chefe do COT teve outra ideia: dar um tiro de advertência para cima.

Deu tudo errado, e a troca de tiros foi inevitável. Quando a poeira abaixou, só havia um homem ferido em uma das pernas e várias galinhas mortas em um viveiro. Todo o resto fugiu — um deles havia jogado uma granada na nossa direção, mas por sorte o artefato não explodiu. Pouco tempo depois mais um Cessna se aproximou. Certamente vinha buscar os colombianos, depois que a droga havia sido despachada nos caminhões. Mas o piloto notou nossa presença e arremeteu.

Trouxemos para dentro do galpão de 600 metros quadrados os dois caminhões apreendidos na noite anterior. Dentro das caixas de fumo tipo exportação, milhares e milhares de tabletes de cocaína pura, colombiana, com diversas inscrições, indicativos dos laboratórios de origem: Platino, UFA, Zorro, Polar. Sete toneladas e meia da droga. Nunca tinha nem sonhado em apreender tanta cocaína de uma só vez. No dia seguinte, ganhamos as manchetes de vários jornais Brasil afora.

Mas o trabalho não havia acabado. Era preciso caçar os fugitivos, que já sabíamos serem seis, incluindo Vicentico, "embaixador" dos cartéis de Cáli e Los Camellos no Brasil. Começamos então a varrer a região. Abordávamos os moradores das redondezas, dizíamos ser da Polícia Federal e que estávamos procurando um grupo que "falava estranho" — castelhano.

No domingo à tarde, eu estava dentro do galpão ajudando na vigília das toneladas de cocaína, já que temíamos uma tentativa de resgate da droga pelos cartéis colombianos, quando veio um moleque de bicicleta, sem freio, a toda velocidade.

— Meu pai mandou avisar que dois homens falando esquisito chegaram lá no sítio pedindo comida.

Corremos para lá e prendemos a dupla.

Depois capturamos mais três.

Faltava o Vicentico, principal deles.

Sabíamos que ele estava por perto porque, na segunda-feira, havia furtado merenda na escola de Guaraí.

Eu e o agente Anão pegamos cavalos emprestados e passamos a vasculhar as redondezas. Corríamos contra o tempo, porque sabíamos que, mais cedo ou mais tarde, ele seria resgatado por algum avião de sua quadrilha.

Na terça-feira pela manhã, uma dona de padaria em Guaraí nos procurou.

— Hoje cedinho apareceu um homem lá que falava castelhano. Comprou pão e pagou com uma nota de R$ 100, sem pedir troco.

Só podia ser ele.

Pegamos o *capo* a pé, na beira de uma estrada. Ele ia para uma cidade vizinha, Fortaleza do Tabocão, onde um avião o resgataria. Como fugiu descalço da fazenda, seus pés estavam em carne viva e ele andava com dificuldade.

Vicentico foi ouvido na palhoça da fazenda. Ele admitiu ser um dos donos da cocaína e disse que exportaria aquela carga imensa para os Estados Unidos, via porto de Santos. Vicentico, Sâmia, Mario Alberto Graça Cano e Hassoul foram condenados pela Justiça de Tocantins — Curica foi inocentado. O colombiano ficou detido na penitenciária da Papuda, em Brasília, até o início dos anos 2000, quando foi extraditado para a Holanda, onde havia sido condenado por tráfico de cocaína pouco antes do flagrante de Guaraí. Seu pai, "Don" Vicente, seria preso no Panamá, onde lavava a maioria dos seus narcodólares. Sâmia terminou o relacionamento com Curica — hoje ela mora no litoral catarinense e ele em Manaus. Já Hassoul virou um fervoroso pastor evangélico em Foz do Iguaçu.

Essa quantidade toda de droga foi proporcional ao esforço que eu e outros policiais tivemos para chegar até ela.

Sete toneladas e meia de cloridrato de cocaína pura, de uma só vez. Ainda hoje é a maior apreensão da droga no Brasil e uma das maiores do mundo.

Com todos atrás das grades, pude finalmente, depois de um mês e meio de campana ininterrupta, curtir uma noite inteira de sono, à espera de nova missão, que fatalmente viria. Se o tráfico de drogas não para, eu também não. Mas antes dos traficantes, meu instinto policial se voltaria a outra caçada, a de passarinhos.

CAPÍTULO 2

CAÇADOR DE PASSARINHO

Madrugada gelada em Londrina, norte do Paraná, dia 29 de junho de 1981. Eu caminhava rapidamente pelas ruas Araguaia e Guaporé, ainda escuras e praticamente desertas, em direção à rodoviária.

O inverno rigoroso não poupou nem mesmo a cabine do ônibus em que eu havia embarcado para Curitiba. Precisamente às cinco horas da manhã o coletivo da Viação Garcia iniciou a viagem. Resignado, eu aguardava o pôr do sol.

Encolhido na poltrona, passei a refletir sobre as aventuras do passado e os novos desafios do presente. Sentia um misto de orgulho em me tornar parte da Polícia Federal e também receio do que me aguardava na corporação.

A transição para o novo horizonte gravitava em minha mente, com reflexos em experiências passadas e esperanças futuras. Nesse contexto, cogitava que, exercendo uma função pública, voltada à defesa da sociedade, seria o mister traçado pelo destino. Pois já havia enlaçado de corpo e alma a virtude moral e também os valores civis, de direito e de família. Concebia pertinente e fascinante a ideia de agregar força ao seleto grupo de abnegados guardiões do povo que, desprovidos de vaidades, não seriam corrompidos e lutariam até a morte.

Naquele tempo, ainda sob o jugo da ditadura militar no Brasil, e já em franco processo de abertura política, não tinha visão aproximada de qual seria minha missão na instituição.

Essa imprecisão não me incomodava em face da acentuada curiosidade pelo desconhecido que nutria desde sempre. Gostava de aventuras extremas, convenientes para testar o poder de reação ante os perigos e surpresas. Já vinha sendo doutrinado pela vida. A cada momento eu deveria estar atento, enfrentando desafios com coragem e determinação. Seguramente essa conduta selaria meu destino e me faria pagar por todos os meus pecados.

O que me incomodava no início da viagem para Curitiba era a saudade que viria à tona para o consciente do meu filho Caio, que havia beijado poucas horas antes, enquanto ele dormia. Com menos de dois anos, poderia sentir-se inseguro e abandonado, fato que poderia se consolidar por longo tempo, conforme as prerrogativas do cargo a que eu almejava.

Esperando durante meses de inatividade pelo *big day* que parecia estar rapidamente ao meu alcance, mesmo com este sentimento melancólico, o ônibus não cooperava. Com o dia claro, mas nebuloso, seguia lento devido às condições climáticas. Sabia que estava próximo à Serra do Cadeado, mas um espesso nevoeiro que encobriu os vales dificultava a visão periférica.

Escoltado por meus devaneios, indiferente ao frio que aumentava naquele trecho da estrada, recordava com saudosismo o meu derradeiro emprego e outras atividades exercidas durante pouco mais de uma década, alguns pitorescos e distintos, que caíram no esquecimento.

Meu primeiro emprego, precaríssimo, veio aos sete anos, quando comecei a vender, no posto de combustível "Fim da Picada" na cidade de Maringá (PR), laranjas e limões subsidiados pela minha professora, proprietária de uma chácara na periferia da cidade. Como o negócio não prosperou, decidi seguir adiante.

Naquele novo período de minha vida, o foco principal era atuar nas áreas de zoologia e piscicultura, atividade que consistia, principalmente, na eliminação física de qualquer animal silvestre que pudesse ser comido por minha família: cru, frito, assado ou cozido. Não importava a cor das penas ou pelos e tampouco se voava, andava, nadava ou flutuava, como os anuros, meus preferidos.

Visando a uma dieta balanceada para a família e também a defesa do organismo contra os radicais livres, traçamos como plano estratégico: caçar um dia e pescar no outro.

Quanto ao armamento a ser utilizado, resumia-se a estilingues, flechas, facas, pedras, peneiras, varas e anzóis, além de contar com pequenas armadilhas, por exemplo, a arapuca.

Com o sumiço repentino das espécies comestíveis, provavelmente de natureza migratória, também mudei de cidade. Já estabelecido na cidade de Mandaguari, vizinha a Maringá, com objetivo de crescimento profissional, migrei para outras atividades relacionadas com a cultura e as artes. Devidamente instalado na praça central da cidade, passei a vender jornais e engraxar sapatos.

Obviamente a chegada de um guri novato despertou a ira da concorrência. Um dia fui cercado por uma gangue de meninos na praça. Arrebentaram meu equipamento de trabalho e ainda confiscaram minha flanelinha, aquela que, além de lustrar os sapatos da freguesia, imitava um batuque de acompanhamento do chorinho, o barulho gostoso da flanela no calçado.

Carlão, meu irmão mais velho, que na ocasião atuava como meu guarda-costas, foi tirar satisfação com os moleques. Bateu em um deles e recuperou minha flanela, mas já era tarde para reaver meus instrumentos de trabalho. Resolvemos assim mudar de profissão novamente.

Em casa tive que ouvir poucas e boas da minha mãe, Dona Aparecida:

— Vai arrumar um trabalho que preste!

Deduzi que era chegada a hora da aventura do entretenimento. Minha carreira parecia promissora, porque já estava sendo disputado por duas empresas: o Bar Guairacá e a Lanchonete Madri, ambas na cidade de Mandaguari. Acabei por atuar nos dois estabelecimentos durante algum tempo. Agora o ex-caçador lavava pratos e copos, limpava mesa, varria o chão. Quando minha namorada apareceu de surpresa na lanchonete, a vergonha me fez soltar a primeira frase que veio à mente:

— *Tô* ajudando meu tio, que é o dono.

Na hora esqueci que o proprietário do Guairacá era japonês...

Pouco tempo depois, alçado ao posto de *chef*, passei a elaborar sucos, lanches e petiscos. Nas madrugadas, comia escondido as calorias existentes na geladeira e prateleiras do estabelecimento.

Era uma vida difícil, sem futuro.

Em favor da liberdade, tanto quanto pela honra, estava decidido a sair do interior do Estado. Encorpado e com alguma habilidade futebolística, aventurei-me pela cidade de São Paulo. Era 1973.

Ancorado por conselheiros do São Paulo Futebol Clube, conhecidos de meu pai, Luiz Pinelli, ex-profissional de clubes do interior paulista, conseguimos um teste. Estava parcialmente aprovado, porém alojado em um cortiço no centro da capital paulista raramente era acionado para treinar ou jogar futebol e também receber alimentação. Extremamente frustrado com as incertezas e pilhado pela fome, larguei o futebol. A única boa lembrança que guardo, e tantos jovens como eu, foi ter conhecido o então cabeludo Muricy Ramalho, excepcional meia-armador, que depois faria sucesso no clube.

"Urbanismo", de agora em diante, seria minha nova ocupação: vendedor de sacos de lixo. Por volta das seis horas da manhã, prostrado na congruência da Avenida Rio Branco com Duque de Caxias, aguardava o transporte para meu primeiro dia de trabalho. Chegou a Kombi caindo aos pedaços, apinhada de gente. Entrei pela metade e fui desovado no Brooklin, área nobre da cidade. Minha tarefa era percorrer as mansões do bairro oferecendo o "grande produto inovador", os sacos de lixo.

Foi um fracasso. Em uma época em que os paulistanos ainda estavam acostumados aos velhos latões, pouquíssimos pareciam dispostos a mudar de hábito. Acabei demitido.

Mas não me dei por vencido. Sentado em um banco na Praça da República, centro da capital paulista, folheava um jornal de classificados quando me deparei com o anúncio: "Precisa-se de restaurador de livros didáticos". Sem hesitar, dirigi-me à Editora Libra, próximo ao Minhocão. Um cargo dessa envergadura tinha tudo a ver com minha personalidade, pensei.

Logrando com meu entusiasmo, o sr. Ozório, gerente da editora, me contratou de imediato e prontamente me guiou ao local de trabalho, que para minha surpresa era uma redoma de concreto que abrigava milhares de livros empilhados até o teto com formato da Torre de Pisa.

Logo após, me apresentou um nordestino baixinho com cara de marrento que deveria me ensinar o ofício. Foi com bastante desagrado que compreendi que deveria apanhar livro por livro, e com suavidade lixar as bordas e em seguida colar as sobras da capa.

Na verdade, os livros eram transportados por vendedores autônomos para a Grande São Paulo e também para o interior do Estado. Aqueles que não eram comercializados retornavam para o depósito para revisão, pequenos reparos e limpeza.

De uma maneira certa e evidente eu passaria o resto da minha vida naquela masmorra, concluí. Ainda que Deus me permitisse vida longa, não terminaria aquele trabalho nunca.

A "cultura" já não me interessava, precisava tomar atitude necessária para dar o fora do palco. A oportunidade surgiu enquanto lixava uma enciclopédia e o marrento cantarolava. Houve um desentendimento generalizado e um soco, quando fui flagrado pelo sr. Ozório. Considerando a antiguidade do posto, o patrão me exonerou sem direito a defesa. Aceitei com certa alegria escondida.

Voltei a Mandaguari. Aos 16 anos, retomei os estudos no antigo primeiro colegial. No Barão do Cerro Azul, já no primeiro bimestre, me interessei pela política. O que não poderia adivinhar era que em pouco espaço de tempo seria o "presidente".

O fato se consolidou quando, confabulando com meu amigo de sempre, o Zé Português, que fez de sua casa a minha — sua mãe, Maria, e seu pai, José, me acolhiam com cordialidade. E ainda matavam minha fome com comidas típicas portuguesas e italianas muito saborosas. Foi quando entabulamos um plano de formalizar uma chapa para criar e concorrer ao Grêmio Estudantil de Mandaguari.

Presumo que fomos muito bem-sucedidos. Não me recordo quão grandes eram os concorrentes que superamos, ou mesmo se a chapa era única. O que importava realmente é que vencemos e iríamos revolucionar o ensino público.

Empossado como presidente, considerei comprar uma bicicleta para a comitiva. No entanto, como legítimo representante do universo estudantil, deliberei para mim mesmo que sem igualdade não seria justo.

Assessorados de forma adequada pelos nossos professores, obtivemos acesso ao prefeito e também à administração do governo estadual. Isso possibilitou, posteriormente, a aquisição de um escritório-modelo, redirecionando tecnicamente nosso colégio.

Durante o ano letivo recebi o famigerado convite para me apresentar no Exército, precisamente no 21º Grupo de Artilharia de Campanha, no Rio de Janeiro. Parte da cidade de Mandaguari foi contra meu afastamento, especialmente meus irmãos, amigos, minha namorada, o Zé e toda a sua família. E ainda encenaram um levante estadual contra o Rio de Janeiro.

Este ato, pelo qual o cidadão demonstra patriotismo à nação, não me atraía. No início me assustei só pelo fato de ser obrigatório. Contudo, tranquilizei o povo, afinal era o "presidente". Cara a cara com os generais, pediria minha dispensa, com os argumentos pertinentes à representação solene que eu julgava ter.

Munido de petições escritas em papéis de meus correligionários, implorando minha permanência no município, decidi ir em frente. Embarquei no trem conhecido por "Pé Vermelho" rumo ao Rio de Janeiro.

A construção de ferrovias no norte do Paraná, prole da cafeicultura paranaense, continuação do cultivo do café paulista, marchava para o Vale do Paraíba no Rio de Janeiro, caracterizada pela expansão industrial. Autoconfiante, certo de que retornaria em breve, me despedi da namorada, Sandra, e já na inauguração do "Pé Vermelho" meu dente número 37 começou a me penalizar. Quarenta horas depois, com a mandíbula empolada, desembarquei na Cidade Maravilhosa.

Encantado com a localização do 21º GAC, que parecia ficção, interposto ao Estádio do Maracanã e a Quinta da Boa Vista, era o mesmo quartel onde, no ano seguinte, se apresentava o segundo-tenente

Bolsonaro, local que iria me acalmar por muito tempo. Cabeludo, logo me apresentei ao Exército Brasileiro. O subtenente que me recebeu ordenou que aparasse a juba e retornasse no dia seguinte para o início de meu serviço militar obrigatório. Não houve tempo de postular meu pedido de dispensa... por certo haveria outra oportunidade.

Mas o cabelo, cultivado por tanto tempo... Decidi ficar com ele.

Foi um grande erro. Convidado por soldados, cabos, sargentos e oficiais, fui ao banheiro, onde tosaram minha melena sem piedade, igualando minha autoestima a zero. Apenas fiz um pedido aos oficiais: que me levassem ao dentista, pois estava com a dor mais conhecida e sofrida da humanidade. Prontamente atendido, um quarto de hora depois estava aliviado das dores, sem o dente que doía e seu adjacente, de número 36, que não tinha nada a ver com isso. Desdentado, minha autoconfiança caiu a menos um.

Era hora de servir à pátria. Naveguei no Curso de Formação de Cabos, aprovado e precedendo a Bateria de Comando, fui à luta. Vitorioso, alcançava certa autoridade.

Os tempos do Exército foram duros. Uma das boas lembranças que carrego foi ter aprendido a manusear o FAL (Fuzil Automático Leve) — 7,62 milímetros. Quem diria que passaria décadas abraçado a ele e outras armas!

Prestei prova para me tornar sargento. Mas ao sair do exame escrito do Maracanãzinho, fui preso pela Polícia do Exército só por ter deixado a barba por fazer. Fiquei sete dias detido, incomunicável. Se havia um fio de possibilidade de me tornar militar, tudo acabara naqueles dias. A caserna não me interessava mais.

No dia 14 de novembro de 1977, recebi baixa do Exército Brasileiro, modestamente recebendo Diploma de Honra ao Mérito, contendo os seguintes dizeres: "Para que sejais útil à Pátria, deveis manter, como cidadão, comportamento semelhante ao que mantivestes como militar".

* * *

Voltando à viagem para Curitiba, pela janela do ônibus já avistava a majestosa capital paranaense. Pessoas embrulhadas com casacos até os olhos marchavam pelas ruas como ovelhas, durante aquela gélida manhã. Meu instinto de caçador quase me fez pular pela janela do ônibus ao avistar um macaco-prego com formato de um rolo no pescoço de uma senhorinha, que na verdade era preparo de peles de animais, que lhe servia de proteção contra o frio. A Sibéria brasileira despontava com a vista do Parque Barigui, entrada triunfal da cidade, abordando os aspectos da ecologia, fauna e flora daquela parte de Curitiba.

Precisava chegar ao meu destino e agir rápido, uma vez que imediatamente necessitava comprar um terno para o "concerto inaugural" da nova profissão. Mesmo com destino fixo no dia vindouro, o *big day*, relutava em reflexões sobre o passado. O cidadão é livre para praticar qualquer profissão e intenção: essa era minha conduta, sempre. De fato, eu precisava descansar, sobretudo por ter levantado muito cedo, mas a mente não apoiava e seguia de forma livre, relembrando o passado.

Dando adeus aos dias quentes do Rio de Janeiro e buscando a independência utópica, optei por morar solitário na cidade de Londrina (PR). Aprovado no concurso de carteiro da Empresa Brasileira de Correios e Telégrafos, fui à lida, ainda que em nenhum momento cheguei a entregar uma carta. Já no primeiro dia de trabalho recebi as boas-vindas no Serviço de Correspondência Agrupada (Serca), precursor do Sedex. Situado na Avenida Rio Branco, área central de Londrina, o Serca recebia e entregava encomendas e malotes de forma estratégica e eficiente, tendo grande receptividade dos usuários. Assistia o Banco do Brasil, conduzindo malotes a cidades do interior do Estado, onde se realizava a compensação de cheques. Este serviço dos Correios atendia também à Polícia Federal, que trocava seus malotes de correspondências entre as superintendências e suas delegacias no interior. Acabei por ser responsável por essa logística de distribuição, que demandava o esforço de dezenas de funcionários dos Correios e de tantos motoristas terceirizados.

Durante pouco mais de dois anos de labuta diária na empresa, despertava às quatro horas da manhã e chegava em casa perto da meia-noite, vindo da Faculdade de Educação Física do Norte do Paraná (Fefi). Era uma jornada exaustiva.

Resolvi que estava na época de ser policial. Nesse cargo, pensava, não seria demitido pelo fato de o freguês sempre ter razão, como meus patrões me diziam em tantos empregos anteriores para justificar minha demissão. Agora bastava dizer ao meu "público": "mão na cabeça!".

Decidi frear tantos pensamentos na mente enquanto desembarcava na Rodoviária de Curitiba. O relógio marcava meio-dia, mas a cidade estava escura, com nuvens carregadas. Pude sentir o vento que inflava em minha direção.

Entre o aglomerado de pessoas nas lanchonetes da rodoviária, comi um salgado e tomei um refrigerante. Agradeci humildemente a Deus pela comida e segui rapidamente para a Rua da Flores, na Boca Maldita, área central de Curitiba, onde me hospedei em um hotel humilde, daqueles que não conhecem nem mesmo a estrela d'alva. Restabelecido, andei pelo comércio local à procura de um terno e gravata. Com meus parcos recursos, adquiri o costume em suaves prestações nas lojas Riachuelo.

Agora sim, estava pronto para o *big day*. Fiz uma pequena oração, mas não pedi nada para mim. Estava contente. Somente agradeci a Deus, roguei pelos meus familiares e dormi rapidamente.

Capítulo 3

BIG DAY

Assim como nos últimos dias, a manhã do dia 30 de junho de 1981, em Curitiba, começou mais fria — talvez pelos ventos úmidos que sopram do mar. Em pouco tempo cheguei ao meu destino: Rua Ubaldino do Amaral, 322, endereço da Superintendência Regional da Polícia Federal do Paraná. Um ano antes eu havia sido aprovado em concurso público para o cargo de agente. Posteriormente, habilitado para o segundo ciclo, apresentei-me à Academia Nacional de Polícia (ANP) em Brasília, onde participaria do Curso de Formação Profissional de Polícia. Era a última etapa do concurso público, que tem caráter eliminatório e é constituído por disciplinas teóricas e operacionais.

A ANP é um complexo fabuloso, orgulho dos policiais da América Latina. Edificada em uma área de 60.000 m², nela estão distribuídos biblioteca, museu, lanchonetes, restaurante, salas de aula, auditório, teatro de arena, academia de ginástica, piscina e estandes de treinamento de tiro e centros de treinamento de defesa pessoal. Havia ainda a temível Área Alfa. Com circuito provido de gás lacrimogêneo, nela rastejávamos em túnel sob a terra, sob a linha de arame farpado e depois, juntos em uma cova, cantávamos o hino da Polícia Federal.

Sem nenhum tostão no bolso, além da mísera ajuda de custo da ANP, mas ainda determinado, disse para mim mesmo que venceria aquela etapa. Não queria envelhecer e dizer aos meus filhos que eu tinha sido fraco.

"Meu nome é Luiz Antonio da Cruz Pinelli. Não se entregue, companheiro!", repetia para mim mesmo.

Chegando à Superintendência, dirigi-me ao plantonista. Como o expediente ainda não havia começado, o funcionário guiou-me ao *hall* de espera. Eu percebia a chegada dos policiais, que vinham a pé ou de bicicleta. Eram imponentes e bem-vestidos, com paletós masculinos e femininos, *blazers* e gravatas. Os homens, em maior número e de rostos imberbes, circulavam pelo *hall*. As mulheres, com ar voluntarioso, chegavam a caráter e em cores ricas. Mesmo assim, eu notava que todos nós éramos, no geral, de baixa renda. Automóvel na época era sinônimo de riqueza e, portanto, não havia nenhum por perto. Por isso caminhávamos. Ainda não podíamos usar barba e também tínhamos de trajar ao menos camisa social e gravata no recinto profissional. Um pouco solene demais para meu agrado.

Fui acompanhado ao setor de recursos humanos, onde, orgulhoso, tomei posse como agente de Polícia Federal, matrícula 114. Naquele momento, lembrei-me de um trecho da Bíblia de que gosto muito, do livro do profeta Josué: "Esforça-te, e tem bom ânimo, não se apavore nem desanime, pois o Senhor teu Deus estará contigo por onde quer que andes".

E Ele esteve, sem dúvida.

Assim começa a minha história na Polícia Federal.

* * *

Éramos mais de 500 agentes federais, que aguardavam havia mais de ano a nomeação para o cargo. Dezenas seriam lotados no Estado do Paraná, nas delegacias de Londrina, Guaíra, Paranaguá, Foz do Iguaçu e na capital.

Aos poucos chegavam os futuros policiais federais, de vários Estados. Nos primeiros dias do mês de julho de 1981, na Superintendência Regional, conheci os policiais federais que se apresentavam para a posse em Curitiba. O JR, gaúcho falante e bem-humorado, tomava conta do recinto. Gostei da atitude dele de romper a timidez do primeiro contato entre nós. Naquele momento eu não imaginava que ele seria meu parceiro original de "guerras" por mais de uma década.

O Pesado, paranaense, judoca faixa-preta, um campeão, cortês e sincero, com o qual também tive a oportunidade de trabalhar milhares de dias, obtendo êxitos em nossas ações inusitadas.

O Bugio, gaúcho ruivo, raciocínio rápido e lógico, exemplar profissional de polícia e companheiro de anos, com quem posteriormente atravessei estradas de mais da metade do Brasil.

O Audemir, mais um gaúcho de respeito, policial destemido e de atitudes modernas; logo estrearia no cargo com um tiro em seu abdome em confronto com bandidos no Shoping Mueller, de Curitiba. E em míseros poucos anos, defendendo seus filhos, seria covardemente assassinado no Rio Grande do Sul. O Bolacha, paranaense inspirador e de sorriso fácil, companheiro de tarefas difíceis, especialmente quando me auxiliava como agente infiltrado. O Missau, outro gaúcho covardemente preso 15 dias depois da posse na custódia da Superintendência por ter usado a expressão "baitola" com um colega no plantão — o xingamento foi flagrado pelo coronel. Também o Daniel, outro paranaense que iria partilhar comigo mais de três décadas de esforço à luta inglória contra o crime organizado.

No prosseguimento do termo de posse, fomos apresentados para entrevista com o temível coronel Carlos Alberto Garcia O'Relly, delegado regional de polícia. O coronel era famoso por ter prendido no Rio de Janeiro o famoso assaltante do trem pagador, o inglês Ronald Biggs. O crime foi considerado um dos mais audaciosos praticados na Inglaterra. Um bando assaltou e roubou o trem que transportava milhões de libras esterlinas da Escócia para Londres. Os 16 membros da gangue foram presos, entre eles Ronald Biggs, que conseguiu escapar da prisão subornando os guardas. Após anos foragido, ele desembarcou no Rio de Janeiro com passaporte falso e foi preso pela Polícia Federal.

O coronel, fumando um charuto robusto em seu gabinete, me recebeu com o olhar acima dos óculos de grau:

— Conhece a cidade?

— Pouco — respondi, lacônico.

O'Relly me levou até a parede, onde havia um mapa de Curitiba. Entregou-me um livreto com números e letras referenciando as ruas da cidade:

— Encontra a Rua Dr. Murici.

Foi fácil encontrar.

— Esse guri é esperto — disse o coronel para o seu adjunto. — Vai trabalhar na DRE.

A entrevista foi meio estranha, sem métodos científicos nem roteiro, possivelmente de forma empírica. Encerrada aquela etapa, fomos apresentados ao chefe da delegacia, Dr. Oscar, e ao velho Sib, o agente da Polícia Federal Enio Sibidal de Freitas, chefe do setor de operações da DRE. O "professor Sib" me apresentou aos policiais da delegacia, entre eles os agentes Guima e Perdigão, que seriam nossos espelhos e pilotos, chamados de "padrinhos". Velho Sib, assim carinhosamente chamado, era determinado e durão. Foi meu primeiro grande professor de polícia, que anos depois seria delegado. O carioca Perdigão, agregador, era um dos meus "padrinhos" de polícia prediletos. Certo dia, 30 anos depois, ele apareceu na minha sala na Coordenação-Geral de Polícia de Repressão a Entorpecentes da PF. Levava um presente: seu livro *Pena de Morte*.

O Guima, também gaúcho, fabuloso profissional de polícia, com extrema autoridade impunha respeito a seus pares e temor aos bandidos.

Após as apresentações, o chefe da delegacia determinou que nós, os novos policiais, chamados de "pouca prática" (atualmente denominados "zerinho"), somente sairíamos à rua para diligências policiais acompanhados de agentes mais experientes.

Logo viria a reunião da cúpula, na qual se planejou minha primeira investida policial. Conforme o Velho Sib confidenciou na ocasião, os traficantes conhecidos por "Pé de Porco" e "Bola Sete" eram investigados e burlavam as ações desenvolvidas pelos policiais da DRE. Era questão de honra mantê-los sob vigilância.

Eu poderia dormir trezentos anos e sonhar duzentos, jamais adivinharia que aquela era a primeira reunião dos "caçadores de bandidos" a que estava predestinado.

Capítulo 4
À LUTA

Nossa primeira investida contra o Pé de Porco foi desastrosa e humilhante. No Terminal de Guadalupe, antiga rodoviária de Curitiba, região decadente da cidade e temida durante a noite, aguardávamos a possível chegada do suspeito com a adrenalina a milhão.

Eis que surge o bandido pilotando um Corcel 2. O policial Jackson, meu padrinho, anunciou que era o alvo e, sem hesitação, aproximou-se para a captura. Fiz de conta que não estava com medo. Acrescentei uma cara de mau, saquei a arma e fui... Mas o afamado delinquente percebeu a ação policial e, quando meu padrinho se aproximou do veículo ainda em funcionamento, com seu revólver 357 na cara do Pé de Porco, este agarrou no cano, acelerou e fugiu levando a arma. Meu padrinho, desorientado, caiu no meio-fio da calçada da rodoviária, perdendo parte do seu nobre supercílio.

Na viatura, de volta à Superintendência, o silêncio dominava.

Dias depois, o ousado Pé de Porco depositou a arma roubada no guarda-volumes do Terminal, notificando a Polícia Federal.

Fui então escalado na ordem de missão para cumprir mandado de busca e apreensão na casa do Pé de Porco, documento exarado pelo delegado de Polícia Federal, prerrogativa da época áurea.

Meus padrinhos foram na frente, arrombando portões e portas. Tiros foram disparados. Então recebi ordem que levasse o Pé de Porco para o hospital, pois ele estava baleado na perna. O descuidado enfrentou a polícia quando estava em posse de maconha, armamento e espelhos falsos de identidades e carteiras de motorista.

Então o levamos para a Santa Casa de Misericórdia. Atendido pelo corpo médico, foi liberado. A lavratura do flagrante foi na Superintendência no dia seguinte. Na qualidade "de pouca prática", responsável pelo custodiado, que ainda necessitava de cuidados médicos eventuais e com respaldo dos profissionais de saúde, apliquei no traficante minha primeira injeção de benzetacil... lembrando do meu padrinho. Pouco tempo depois, o encarcerado, plenamente recuperado, me agradeceu por isso.

Eu sentia que o meu mundo anterior já não me pertencia. Era outra realidade.

Meses depois, o Velho Sib liberou os "pouca prática" para diligências de rua; e, com o medo sob controle, partimos para o próximo alvo, apelidado de Bola Sete. O traficante, como um "gato escaldado", era difícil de ser encontrado. Até que um dia, acompanhado do agente Pesado, avistamos o consagrado Bola nos fundos de sua residência, na verdade, um terreno abandonado, onde ele parecia cavar um buraco.

Pesado sugeriu chamar reforço policial, e para isso, em um tempo sem celulares, teria que encontrar um telefone público. E assim foi. Enquanto isso, o Bola Sete ameaçou voltar para sua casa. Naquele instante, sem pensar duas vezes, me aproximei pela frente do imóvel, já ouvindo os passos dele se aproximando. Saí para a abordagem.

— Polícia Federal, mão na cabeça! A casa *tá* cercada, deita no chão!

Enquanto isso ocorria, meu revólver 357 trepidava em minhas mãos. Durante muito tempo depois escutei as sirenes dos carros de polícia.

O Bola estava fora de cena, na posse de 60 quilos de maconha, que havia sido desenterrado nos fundos do terreno. Este foi meu primeiro ato de "missão dada... missão cumprida".

* * *

Posteriormente, encorajado pelos meus pares, segui para o serviço espinhento de agente infiltrado. Era um serviço complexo e arriscado, pois, além do risco de ser descoberto pelos criminosos, não tinha amparo legal e, por isso, poderia responder na Justiça por eventuais excessos praticados. Mesmo assim, aceitei. Mas necessitava de aparato técnico especial e de boa preparação psicológica. Foi difícil a construção de nova identidade, concedida pelo Estado, com a finalidade de infiltrar na quadrilha e prender criminosos em flagrante.

Como se comportar nessa esfera desconhecida, diante do perfil da criminalidade de Curitiba?

Diante desse quadro nebuloso, apresentava-me aos marginais como um traficante ambicioso e abastado e, dependendo da circunstância, era alçado ao posto de viciado e delinquente. Minha performance melhorava a cada incursão, resultando em diversos flagrantes de indivíduos com drogas. Estive entre eles por muito tempo, com o objetivo de reprimi-los e também compreender suas vidas. Naquele submundo, aprendi como funciona o universo das drogas lícitas ou ilícitas, que se alastravam mais cedo do que o esperado na sociedade, principalmente entre os jovens. Presenciava *in loco* a prática de crimes derivados da obsessão pelas drogas, que transformavam pessoas comuns em homicidas indiretos, em estupradores, em latrocidas e outros crimes contra o patrimônio público ou privado.

Exceto essas ações policiais mais ousadas, fazia a vigilância nas ruas da cidade, apoiado por fontes de informação e denúncias eventuais, anônimas ou não.

— Mão na cabeça!

Qualquer um que nos parecia suspeito ia com as palmas das mãos para a parede, ou para o chão. Isso acontecia no centro da cidade, na periferia, nos bares, na discoteca, no *shopping*, no teatro ou em qualquer outro lugar.

As investidas sem critério nem inteligência policial resultavam em muitos flagrantes por porte ilegal de armas e de drogas (sempre em pouca quantidade), sem contar a captura de foragidos da Justiça.

A administração regional do DPF aprovava esses procedimentos, principalmente pelo fato de que o desempenho das superintendências era avaliado estatisticamente pela quantidade de inquéritos policiais instaurados. Nosso grupo, que não saía das ruas, sedento por flagrantes, alavancava as estatísticas, chegando a produzir em alguns meses mais de 30 inquéritos.

Além disso, os agentes da DRE acumulavam outras tarefas, por exemplo, infiltrar-se em manifestações de protestos dos estudantes contra a ditadura em comícios eleitorais. De quando em quando, éramos descobertos por força do despreparo para esse tipo de atividade. Quando isso acontecia, éramos hostilizados e até agredidos. Também fazíamos a segurança dos censores federais que, entre outros encargos, abriam as portas das casas noturnas para que exibisse a qualquer hora do dia ou da noite os *shows* eróticos oferecidos nas propagandas. Conforme a análise da apresentação, o *show* poderia ou não ser liberado. Confesso que era um trabalho relaxante para os agentes, enquanto as "damas da noite" ficavam loucas. Outra tarefa com os censores era capturar os discos de Geraldo Vandré com a canção *Pra não dizer que não falei das flores*, que ficou censurada por mais de dez anos.

* * *

Não sabia se podia continuar com essa vida maluca. O refúgio seguro do lar estava abandonado, o que refletia diretamente na comunhão familiar. Os primeiros sinais de divergências no jovem casal estavam evidentes.

Em março de 1982, nasceu meu segundo e último filho, Hugo, perfeito e saudável. Ainda no hospital, apanhei em meus braços e o beijei. Olhei para ele meio desconfiado e não pude deixar de pensar: "Será que vai ficar bonitão assim para sempre?!".

No fundo, eu sabia que era mais um filho prestes a ser desassistido no dia a dia pelo seu pai, perdido pelo mundo cumprindo sua missão policial.

Meu rendimento mensal não chegava a três salários mínimos. Com as finanças em declínio, restava uma alternativa: habilitar-me para ser integrado à Operação Café e posteriormente, Operação Soja, desenvolvidas principalmente entre os estados do Paraná, Mato Grosso do Sul, Mato Grosso e Rondônia para reprimir o contrabando de grãos produzidos no Brasil para o Paraguai, vinculado a uma rede de sonegação de ICMS.

Havia uma fila de agentes e delegados à espera de serem escalados para o período de 60 dias dessas missões. Era um enorme sacrifício dos policiais que, durante esse período, permaneciam nas barrancas do Rio Paraná, vigiando a fronteira com o Paraguai na tentativa de impedir que as carretas e caminhões carregados com grãos atravessassem a fronteira. Mas financeiramente era compensador: as diárias equivaliam a três vezes o meu salário.

Com a saudade dos filhos pequenos, desapareci nas fronteiras entre o Paraná, Mato Grosso do Sul e Paraguai. Acompanhado do mestre Sib, fui parar no Pontal do Tigre, onde havia uma balsa no Paranazão que deveríamos fiscalizar. Claro que também flagrávamos transporte de droga, principalmente maconha, escondida em veículos, balsas, lanchas e também em transporte coletivo.

A comunicação era precaríssima. Nas viaturas não havia nem rádio. Assim, os policiais circulavam por aquela região remota e inóspita à própria sorte. Na base operacional do Pontal havia um aparelho de telecomunicação que operava no sistema telegráfico, ou seja, o código morse. Quando chegava o radiotelegrafista, ele passava a resenha dos trabalhos realizados para a Superintendência. A transmissão de voz era praticamente impossível; quando raramente acontecia, mandava recados aos familiares. Eu ficava impressionado com a destreza daqueles profissionais. Eles digitavam a mensagem mais rápido do que nas tradicionais máquinas de escrever. Gostaria muito de ter aprendido aquele ofício. Cheguei a tentar, mas percebi que não tinha talento para aquilo.

Na volta para Curitiba, comprei, em sociedade com meu irmão mais novo, um fuscão preto. Sem trégua, voltei às abordagens nas ruas da capital paranaense, já que os flagrantes teimavam em aparecer bem na minha frente.

Mas nos primeiros dias de julho de 1982 aconteceria uma tragédia. Em uma abordagem prematura, frustrada e malsucedida, tomei um tiro. A bala escavou minha mão e perna direita e, caprichosamente, atravessou a artéria femoral. O sangue sujo borrifou na minha cara e, de repente, uma luz pálida apareceu bem na minha frente. Quase morri.

Meu irmão mais novo, Jackson, incrédulo, libertou-me da morte no Hospital Universitário Cajuru, em Curitiba, referência no atendimento de emergências médicas. Tempos depois ele me confidenciaria o diagnóstico dos médicos: minha perna direita de artilheiro estava na reta final e a vida, minguando.

— Doutor, como está a perna do meu irmão?
— Primeiro, estamos tentando salvar a vida dele — respondeu o médico.

Mas Jackson não se conformava com a ideia de eu perder a perna. Preferia que eu morresse, me diria depois. Tanto, que ficou horas no centro cirúrgico aguardando a minha saída. Só quando viu meus dois pés na maca ficou aliviado.

Venci a morte, mas o incidente me levaria várias outras vezes para a sala de cirurgia. Meus joelhos ficaram atrofiados por perda de massa muscular. Ainda assim, nada é tão ruim que o futebol não possa piorar. Convalescendo da cirurgia em casa com meus filhos, chorei um pranto desesperado, tão dolorido, tão sentido, diante da expressão de derrota de Sócrates, Falcão e Zico, na tela da minha TV. Naquele fatídico dia 5 de julho de 1982, aquela seleção de craques do Brasil, uma das melhores que vi jogar, saiu derrotada para a Itália de Paolo Rossi.

Capítulo 5

VIDA DURA

Não tinha remorsos, e o medo estava dominado, porque minha personalidade não poderia admitir fraquezas. Quando alguém encontra seu rumo, tem que ter coragem para dar passos imprecisos ou certeiros. Levar tiros nas ruas fazia parte do enredo. Atualmente parece que tenho mais medo do que naquela época.

Depois de enfileirados trinta dias na cama, precisava reagir. Recuperado, rapidamente voltei às ruas de Curitiba e às quadras e campos de futebol.

Com algum crédito de serviços prestados à DRE, fui escalado juntamente com o agente Gaudêncio para nos infiltrarmos em uma célula de traficantes de cocaína estrangeiros, alguns deles peruanos. Era uma droga rara naquela época em Curitiba. Meus padrinhos na PF organizaram a logística da investigação. Carros caros e atraentes, como um Dodge Dart Deluxe 1979, emprestado de seus conhecidos, uma maleta 007 com maços de dinheiro falso (que chamávamos de "paco"), joias falsas ou verdadeiras usadas no corpo para caracterizar luxo… Tudo estava à disposição para montagem do falso cenário no hotel onde estavam hospedados os criminosos.

A armação funcionou muito bem, induzindo a erro os vendedores da droga, que nos apresentaram 800 gramas de cocaína. Nesse momento entraram em cena outra equipe de policiais encarregados da prisão em flagrante — segundos antes, saímos de cena para não sermos abordados. Ou seja, conforme o roteiro combinado, quando o entorpecente aparecia, a equipe de assalto atuava e os infiltrados faziam de conta que fugiam, ou fugiam fazendo de conta. Uma parte difícil, uma vez que podia ser abatido por algum policial que estivesse por perto e não soubesse da nossa infiltração. Somente no filme *Scarface*, com Al Pacino, eu tinha visto quantidade maior de cocaína. A DRE estava em festa e sensibilizava outras delegacias a utilizar esses métodos de infiltração.

A vida profissional e social continuava em Curitiba. Eu me empenhava em suprir as necessidades da família. Para isso, precisava desesperadamente cortar custos e garantir os presentes do Natal de 1983 que se aproxima.

De comum acordo com meu irmão mais novo, vendemos o fuscão preto. Com o perdão do trocadilho, meu peito ficou em pedaços...

* * *

Para garantir renda extra, novamente fui me esgueirar por mais 60 dias nas barrancas do Rio Paraná, agora no Porto XV de Novembro, distrito de Bataguassu, ligação entre o Mato Grosso do Sul e São Paulo. A barreira mantida 24 horas por dia pela Polícia Federal na ponte sobre o rio tirava o sono dos agentes, em turnos de seis horas trabalhadas para 12 de folga. Os motoristas com carros roubados ou furtados do Estado do Paraná e de São Paulo brotavam como baratas à nossa frente.

Também outros motoristas de caminhões e carretas carregados com diversos cereais e grãos, principalmente café, destinados ao contrabando para o Paraguai, eram interceptados e presos. Transportadores estúpidos e ignorantes, eram massas de manobra da ganância pelo lucro dos seus patrões, os chamados "reis da fronteira".

Os flagrantes jorravam, e minha sina persistia em apreender drogas diariamente. Acompanhado de meu colega homônimo, Luiz Antonio, certo dia suspeitamos de um caminhão carregado de carvão, um Mercedes-Benz 1113 trucado. Dito e feito: uma tonelada de maconha escondida sob a carga, uma modalidade de transporte até então desconhecida por nós e reveladora dos métodos de operação dos criminosos. Como testemunha do flagrante, fui designado, juntamente com uma equipe de segurança, a transportar o preso e o caminhão até Campo Grande. Intrometido, considerando que nenhum policial se manifestou, habilitei-me a dirigir o veículo. Fiz um curso rápido com o motorista e logo pensei: "É mole pilotar isso".

Ledo engano. Foi o maior sufoco que passei. O caminhão não me obedecia e teimava em sair da estrada. Não conseguia engatar a terceira marcha de jeito nenhum. Parei no acostamento e o "trem louco" começou a descer de ré sozinho. O coração foi para a garganta. O único jeito foi chamar o preso para auxiliar. Aí sim, assessorado pelo motorista, passei a operar milagres na estrada. E foi assim que aprendi a dirigir caminhão. Na capital, ele foi autuado em flagrante, mas acabaria absolvido pelo juiz que cuidou do caso. Com o argumento de que a perícia não apontava se a maconha apreendida era "macho ou fêmea", o motorista acabou absolvido — o argumento absurdo da sentença foi alvo de críticas por parte da CPI do Narcotráfico, em 1991.

Não sabia que aquela viagem mudaria minha vida e praticamente todos os meus planos pessoais. Campo Grande seria, por muito tempo, minha escola profissional de polícia, com um custo altíssimo de sono, sede, fome, suor e sangue. Pois bem, conheci a capital e estabeleci como meta ser transferido para a Superintendência de Mato Grosso do Sul. Gostaria de desbravar as fronteiras invisíveis do Estado com o Paraguai e a Bolívia. E também ficar mais próximo do meu pai, Luiz Pinelli, que residia em Aquidauana, a 150 quilômetros de Campo Grande.

* * *

Gosto muito de uma frase do escritor francês François Rabelais: "Tudo na vida é difícil, desde que a compreensão e a boa vontade não sejam utilizadas". Pensava nisso nas manhãs chuvosas em Campo Grande, quando, com duas sacolas de arroz vazias protegendo meus sapatos, caminhava lentamente pelas ruas enlameadas do bairro próximo da Avenida Júlio de Castilhos. Afinal, não poderia sujar com barro as escadarias da Superintendência da Polícia Federal, já que o prédio novo foi escolhido como modelo para outras congêneres. Passei a ser colecionador de sacos plásticos toda vez que caminhava até a Superintendência. Eram cerca de dois quilômetros amassando a lama.

No primeiro dia no novo posto, apresentei-me ao cordialíssimo superintendente regional Moacir Coelho, e em seguida ao delegado Roberto Alves, que costumava fazer com frequência uma sabatina com os policiais para avaliar a competência de cada um.

Já nos primeiros dias de contato com policiais da delegacia, apesar do entusiasmo com as frequentes operações no Estado, percebia que havia alguma coisa estranha no ar. Só não sabia muito bem o que era, afinal, era um jovem de vinte e poucos anos de idade. Na verdade, só com o tempo fui descobrindo um lado sombrio da Polícia Federal. Havia policiais corruptos no sistema, geralmente com histórico muito parecido ao dos bandidos que combatíamos na rua: pouca educação familiar, pouco dinheiro e pouca perspectiva profissional.

A polícia, naquela época, além de mal remunerada, era desequipada, mal treinada e, para nosso desalento, desrespeitada. Tudo isso contribuía para que policiais degenerados fossem atraídos pelo dinheiro fácil e sujo. Alguns auxiliavam o tráfico de drogas e o contrabando, outros achacavam dinheiro do mundo paralelo. Chegavam a roubar produtos apreendidos nas estradas e até mantimentos em supermercados.

Nunca me envolvi com essa banda podre. "Não preciso que me digam, de que lado nasce o sol", já dizia o cantor Belchior. Por sorte, juntei-me aos "caçadores de bandidos" do Mato Grosso do Sul. Vamos a eles:

Meu amigo João Rogério já havia sido removido para Campo Grande e dispensa comentários. O agente Arno, um homem culto e inteligente, seria para mim modelo de parâmetro de conduta profissional e social. Bem-humorado, fazia piadas para descontrair nas horas difíceis. O agente Bózio, com alguma experiência acumulada, agia principalmente nos bastidores do serviço de inteligência, provendo com informações precisas os policiais da Superintendência.

Lembro-me também do agente Mougli, honesto e determinado. Juntos, passamos dias e noites atentos ao movimento do contrabando nas estradas. O agente Lazinho conhecia melhor do que ninguém como funcionava o crime no Estado, a atuação dos bandidos e as estratégias de repressão. O agente Paulo Medeiros, autor do livro *SR/DPF/MS: 37 anos de história* sabia tudo a favor do combate ao contrabando. Havia ainda o agente Alcir, policial corajoso, parceiro com quem dividia responsabilidades e vários apuros em luta contra criminosos. Sem contar o delegado Rubão, que por muito tempo foi meu chefe, destacado principalmente por confiar no grupo e atender com presteza e velocidade todas as demandas solicitadas, além de comparecer por inúmeras oportunidades no campo operacional. O delegado Roberto Alves, diretor regional de polícia, já citado, era um chefe absoluto, obstinado. Com extenso conhecimento jurídico, muitas vezes ignorava a opinião pública e a grande imprensa. Inflexível, impunha o respeito da população, das autoridades e dos delinquentes à Polícia Federal. Logo seria alçado ao posto de superintendente.

No âmbito das atribuições da Polícia Federal no Estado, nosso trabalho consistia principalmente em efetuar barreiras e volantes nas estradas, com a finalidade de represar o contrabando e o tráfico de drogas. Era uma atividade extremamente produtiva, que alavancava as estatísticas de apreensão da Superintendência de Mato Grosso do Sul. As barreiras foram fonte de grande aprendizado para mim e outros tantos policiais que atuaram na região. Na rodovia que liga Corumbá a Campo Grande, por exemplo, eram abordados carros, ônibus e caminhões aleatoriamente. O passo seguinte era entrevistar os motoristas. Quando apresentavam nervosismo ou histórias inverossímeis, eram submetidos à revista pessoal e seus carros eram vasculhados em busca de algo ilícito. Treinamos o olhar para detalhes que poderiam passar despercebidos, como a cor da terra acumulada no motor. Muitos traficantes que vinham da Bolívia lavavam os veículos em Aquidauana, entre Corumbá e Campo Grande, para retirar a terra branca característica do Pantanal. Quando abordados, diziam estar vindo de cidades mais próximas à capital do Estado. Nesses casos reforçávamos a vistoria e não raro encontrávamos resquícios de terra pantaneira no motor, que revelava o verdadeiro trajeto. Nesses casos, era fatal encontrar cocaína escondida.

Os esconderijos da droga eram os mais inusitados possíveis. Descobri-los era um aprendizado que serviu de base para a Polícia Federal no Brasil inteiro. Havia de tudo: fundos falsos em carrocerias, tanques de combustíveis e painéis adaptados, pneus, portas e laterais de automóveis, longarinas, motor, para-choques. Criamos algumas estratégias para flagrar esses esconderijos, chamados de "mocós": um parafuso novo ou com sinais recentes de manuseio, tinta fresca, graxa para ocultar alguma solda, dimensões internas e externas de caminhões baú, quantidade de combustível no tanque, peso da carga do veículo.

Em menor quantidade, flagrávamos cocaína diluída em vinho, óleo de soja, caixas de papelão e até na forma de goma de tecidos. Nesses casos, pesávamos o objeto: se estivesse mais pesado que o normal, a probabilidade de haver droga era quase certa e encaminhávamos para perícia.

Nem o famoso "trem do pantanal", que fazia o trajeto Santa Cruz de La Sierra-Bauru (SP), escapava da nossa fiscalização. Para não atrasar a viagem, embarcávamos em estações próximas à capital do Estado e fazíamos o pente-fino com o trem em movimento, em todos os vagões. O saldo de todas as *blitze* era altamente positivo, com muitas prisões e apreensões. Em uma oportunidade, infiltramos o agente Floriano como garçom do trem para nos indicar indivíduos suspeitos. Não era raro passageiros que levavam droga ou contrabando pularem do trem.

Além dos flagrantes, também cumpríamos mandados de prisão, que na época eram prerrogativa dos delegados, e não da Justiça. Vale ressaltar que os porta-luvas das viaturas eram recheados de mandados de buscas expedidos em branco pelos delegados, que confiavam nos agentes, quando não acompanhavam o cumprimento de busca assinados por eles. Esses procedimentos causavam grande volume de trabalho aos escrivães, responsáveis pela produção do inquérito e todo o prosseguimento do processo. Os cartórios viviam com suas mesas abarrotadas de papel.

Os funcionários administrativos, que dão suporte à atividade policial e por isso têm o meu respeito e admiração, também viviam atulhados de trabalho.

A vigilância e o acompanhamento de investigados em área rural e urbana — quer seja em residências, no comércio ou nas ruas, além de rodovias — eram uma prática recorrente do nosso dia a dia. Esses serviços envolviam trabalho árduo e exigiam várias habilidades dos agentes. Agora não havia mais academia, nem professores, nem padrinhos para auxiliar. Éramos apenas nós e os bandidos, cara a cara. Você aprendia ou desistia, afrouxava ou seguia, aparecia ou se escondia.

Capítulo 6

CAÇADOR DE CONTRABANDISTA

O Mato Grosso do Sul tem exatos 1.131 quilômetros de fronteira com o Paraguai. Há quatro décadas essa linha imaginária que serpenteia rios, florestas e grandes descampados é cenário de uma ferrenha disputa entre policiais e quadrilhas organizadas, para operar todo tipo de crime, beneficiadas sobretudo pelo baixo efetivo na polícia brasileira e a inoperância dos oficiais paraguaios.

Primeiro, foi o uísque contrabandeado do Paraguai. Nos anos 70, a bebida vinha do país vizinho em caminhões-tanque, camuflada com carga de madeira e também em graneleiros. Importada de vários países, tinha um preço infinitamente menor do que no Brasil, o que favorecia o transporte e a revenda ilegal em território brasileiro.

Já na década seguinte, mudanças na política cambial brasileira fizeram com que a logística do esquema se invertesse: em vez de trazer uísque, as quadrilhas passaram a levar café brasileiro para o Paraguai. Isso porque tratados comerciais entre os dois países criaram os chamados "corredores de exportação", que permitiam ao governo paraguaio exportar grãos pelos portos de Santos e Paranaguá. Como as sacas de café e soja tinham preços muito melhores no país vizinho, tornou-se lucrativo para os contrabandistas cruzar a fronteira com esses produtos e, em seguida, exportá-los como se fossem de origem paraguaia.

No início dos anos 80, enquanto um exportador brasileiro dentro da lei ganhava 300 cruzeiros por saca vendida, o contrabandista lucrava mais de 4 mil cruzeiros. Criou-se uma situação surreal: nas bolsas internacionais o Paraguai aparecia como grande exportador de café, tendo apenas pequenos cafeicultores no território.

A solução mais fácil seria acabar com o tal acordo entre os dois países. Mas isso nunca ocorreu. Então o problema caiu no colo da Polícia Federal, a quem caberia combater o contrabando. Do ponto de vista legal, o crime de descaminho ocorre quando o veículo que transporta a mercadoria cruza a fronteira. Mas esse momento crítico era tão estreito, que fazia com que a possibilidade de sucesso das quadrilhas fosse muito grande e a missão dos agentes, um desafio e tanto. Para se ter uma ideia, havia empresas cujos galpões eram binacionais: parte ficava do lado brasileiro, parte no Paraguai. Então não era possível a apreensão quando o contrabandista entrava no lado brasileiro da empresa, já que ele só cruzaria a fronteira dentro do barracão.

Essa facilidade para os contrabandistas fez com que alguns líderes de quadrilhas juntassem verdadeiras fortunas. Eram os chamados de "reis da fronteira", como os irmãos Aguilar, Célio Uemura e o libanês Fahd Jamil. Eles mantinham dezenas de subordinados e frotas de caminhões e automóveis para os "olheiros", que seguiam na frente da carga para avisar o caminhoneiro com antecedência, via rádio, da presença de barreiras policiais.

Não demoraria para que a PF reagisse. Criaram-se as já citadas Operações Café e Soja, com agentes de todo o país reunidos na Superintendência de Mato Grosso do Sul, em Campo Grande. Era lá que as equipes de agentes recebiam dados das missões a serem cumpridas. As estratégias utilizadas eram, principalmente, juntar um grande número de policiais e controlar as estradas de entrada e saída do Estado, com volantes e barreiras fixas.

Interessado em combater o contrabando, o IBC (Instituto Brasileiro do Café) financiava o trabalho dos agentes, bancando diárias, passagens, combustível e manutenção de viaturas, incluindo um helicóptero. Mas a estrutura farta durou pouco: em 1982 o IBC extinguiu o convênio e a PF teve de arcar sozinha com os custos das operações.

Tudo piorou. O helicóptero prefixo PP-HAM, da empresa Táxi Aéreo Curitiba, a serviço da Operação Café, caiu no município de Naviraí (MS). Não houve sobreviventes — morreram o superintendente regional Geraldo Mendes Xavier, o agente Antonio Canovas Portela e o experiente piloto da aeronave Edward Quirino de Lacerda. A Força Aérea Brasileira concluiu que a queda foi causada pelo rompimento do para-brisa da aeronave, encontrado a mais de 500 metros de distância do local do acidente.

As viaturas disponíveis eram Brasílias, Passats e Gols, muitas em condições precárias de manutenção e inapropriadas para os caminhos de terra batida da fronteira. Em um tempo em que celular era item de ficção científica, a comunicação era feita por rádios HTs de pouco alcance, o que dificultava muito o trabalho. Com a verba irrisória, cada agente recebia apenas meia diária para comprar alimentos, que eram preparados em cozinhas improvisadas no meio do mato ou em fazendas. A direção estadual da PF só complementava o valor da diária caso a equipe policial desse um flagrante. Também levávamos tralha de pesca, para garantir a mistura no jantar, e ao mesmo tempo "nos camuflarmos" de pescadores no ambiente pantaneiro. Dormíamos muito pouco e tomávamos banho em riachos, algumas vezes com a temperatura abaixo de zero.

Cada equipe era composta por três agentes, que ficavam na mata, vigiando os caminhões nas estradas e seus "olheiros", que não raro passavam duas ou mais vezes pela pista, para se certificarem de não haver algum policial à espreita.

Era um jogo de gato e rato. Algumas vezes montávamos barreiras ostensivas em um ponto enquanto outra equipe ficava escondida no desvio que, sabíamos, seria usado pelas quadrilhas. Era flagrante na certa.

Nossa regra geral era nunca permanecer muito tempo nas cidades, para não chamar a atenção de policiais militares, rodoviários ou federais corrompidos pelos contrabandistas. Ainda assim era comum sermos descobertos por fazendeiros e seus jagunços. Alguns nos confundiam com ladrões de gado, chamavam a Polícia Militar, atiravam. Tínhamos de ter muita habilidade para contornar todos esses problemas. Mas não foram poucos os agentes que morreram nesses combates com pistoleiros ou contrabandistas.

Certa vez, eu e os agentes Lazinho e Romero, depois de dias de volante fiscalizando a rodovia BR-060, entre as cidades de Camapuã e Paraíso das Águas, quebrados, cansados e sujos, resolvemos tomar um banho no Rio Verde. Do rio, avistei a distância um caminhão-tanque que passava sobre a ponte. Naquele ponto da estrada, o veículo iniciava uma longa subida. Eu percebia as trocas de marcha ouvindo o barulho do motor do caminhão-tanque vencendo com dificuldade o aclive, indicando que estava muito pesado. Algo aparentemente insignificante.

Depois da pausa merecida, retomamos o trabalho. Seguindo em direção a Paraíso, ultrapassamos o caminhão que eu havia visto na ponte. Resolvemos abordá-lo, e com apenas uma pergunta demos um baita de um flagrante.

— Boa-tarde, Polícia Federal. *Tá* carregado com gasolina ou diesel?

— Não, o caminhão *tá* vazio — respondeu o motorista.

Nós, policiais, sabíamos quando os caminhões estavam carregados, principalmente pela pressão nos feixes de mola. Fomos então verificar. Na parte de cima do caminhão, verificamos que as bocas de inspeção e descarga estavam lacradas. Retirados os lacres, observamos que eram apenas poucos centímetros de combustível. Havia um fundo falso. Ouvimos então o motorista, que por fim admitiu que levava uma carga de uísque para Brasília. Vinha do Paraguai e fora acompanhado por um batedor até as proximidades de Campo Grande. O que de fato era comum: os batedores protegiam suas cargas normalmente nos trechos de maior fiscalização policial, perto da fronteira, onde transitam policiais mais experientes e acostumados com esse tipo de crime. Conduzido para a Superintendência Regional, o motorista disse que não participou do carregamento do caminhão e, portanto, não sabia como retirar a carga. Reviramos o caminhão a madrugada toda até descobrir que o compartimento era acessado retirando a escada traseira do veículo. No "mocó" havia 357 caixas de uísque, com mais de 3 mil garrafas de variadas marcas.

* * *

As volantes produziram muitos resultados positivos. Para nós era sempre uma aventura, uma vida repleta de descobertas. Utilizando esses métodos de abordagem e procedimentos, foram apreendidos centenas de caminhões carregados com diversos produtos de contrabando e descaminho.

Havia ainda as barreiras fixas. Não sei dizer se o trabalho é mais puxado do que nas volantes. Ambos são espinhosos, maçantes e bastante arriscados. As primeiras horas de abordagem de veículos nas barreiras eram bastantes produtivas, com apreensões de drogas, produtos eletrônicos e caminhões carregados com soja ou café, porque surpreendiam muitos motoristas. Mas, passado o tempo, a notícia da barreira se espalhava e as quadrilhas sumiam.

Eu e João Rogério estávamos em uma dessas barreiras, no posto do Capeí, próximo a Ponta Porã, quando surgiu um homem dizendo que haviam roubado o automóvel Santana dele em Dourados. O veículo fora levado para o Paraguai, de onde os assaltantes telefonariam para a vítima pedindo resgate pelo carro. O Santana tinha uma marca indefectível: uma mancha de tinta em uma das rodas e em parte do capô. O homem, um comerciante, chegou a ficar dois dias de prontidão na barreira conosco na esperança de que o veículo aparecesse. Nada. No terceiro dia, um domingo, eu vi o carro com a mancha na roda. O Santana furou o bloqueio e os policiais atiraram. Enquanto isso, eu e o João Rogério pegamos uma viatura e iniciamos a perseguição. Para parar o Santana e impedir que ele cruzasse a fronteira, atirávamos com uma metralhadora HK e um revólver. Antes de o assaltante chegar ao Paraguai, acertamos um dos pneus, mas mesmo assim ele acelerava. Só parou quando acertamos outros dois pneus — no total, o Santana levou 43 tiros. Quando o carro parou, ele tentou fugir correndo, mas foi capturado. Quando o João Rogério foi olhar o carro, notou uma mulher agachada no banco da frente com um rombo de tiro nas costas. Corremos para o hospital em Ponta Porã. Depois de três meses internada em estado grave, ela sobreviveu.

Outra vez, em uma barreira próxima a Mundo Novo (MS), quase na fronteira com a cidade paraguaia de Salto del Guairá, veio um golpe inesperado contra minha família. Eu estava na região revistando carros com mais dois agentes, o João Rogério e o Valter. Já havíamos identificado contrabandistas operando frotas de caminhões com café e soja em toda a extensão da BR-163. Ou seja: eram caminhões chegando ao Paraguai do norte do Brasil.

Na época, aguardávamos reforços prometidos pela Superintendência. Enquanto não vinham, nossa vida estava um inferno — um descansava enquanto os outros dois tentavam fazer alguma coisa. Durante a noite os policiais paraguaios, vulgarmente chamados de *tarrachi*, atiravam em nós de mosquetão, enquanto revidávamos com metralhadoras. Quando prendíamos alguém, acionávamos o delegado Alexandre, de Naviraí, para fazer o flagrante. Quando ele chegava com sua equipe, o posto ficava mais protegido.

Certo dia o João Rogério abordou um Ford Del Rey vindo do Paraguai e, assustado, gritou por mim. No banco do carona estava o meu pai, Luiz Pinelli, com ar perplexo. Ele não sabia onde estava, e muito assustado, sinalizou que havia sido sequestrado. Rapidamente escondi o carro atrás do pequeno posto e algemei o motorista.

Nervoso, perguntei ao meu pai o que havia acontecido. Ele me explicou que havia sido procurado na casa dele em Aquidauana pelo ex-deputado estadual Nilton Cesar Cervo. O pai de Nilton, Lázaro Cervo, era também ex-deputado estadual e conhecia meu pai desde os tempos em que era prefeito de Mandaguaçu, norte do Paraná, onde ambos residiram na década de 60.

Luiz Pinelli conhecia muitas propriedades rurais à venda na região pantaneira. Nilton, então, procurou meu pai dizendo querer comprar terras para investir na criação de gado. Luiz prontificou-se a ajudá-lo. Como a região é extensa e de difícil acesso, combinaram de viajar no avião particular de Nilton. Durante poucos minutos da viagem, no entanto, meu pai percebeu alguma coisa errada com a direção do voo. Nilton disse que iriam pousar o avião para reabastecer. Foi assim que aterrissaram no aeroporto de Salto del Guairá, Paraguai. Com seus capangas, Nilton abriu o jogo.

— Fica tranquilo, que a coisa é com o teu filho policial.

Ele então revelou seus planos.

— Seu filho *tá* em uma barreira policial em Mundo Novo. Você vai para lá e marca um encontro com ele. Se algo der errado a coisa vai engrossar.

Eu só saberia do restante do plano pela boca do motorista do Del Rey. Segundo ele, o patrão Nilton queria fazer um "acerto" para que a equipe de policiais deixasse passar pela área dezenas de carretas carregadas com café e soja contrabandeadas.

Narrei a história para o delegado Alexandre e bolamos um plano para marcar o encontro e preparar o flagrante, enquadrando o mafioso ex-deputado. Mas logo percebemos um avião sobrevoando o nosso posto. Concluímos que, do alto, Nilton avistou o Del Rey e ficou desconfiado de que seu plano tinha falhado. Por isso não foi possível prendê-lo por tentativa de suborno. O ex-deputado seria preso tempos depois por contrabando de cigarros na Operação Bituca, e em 2007, por chefiar um esquema de caça-níqueis em Mato Grosso do Sul.

* * *

Só em 1987, quando o governo brasileiro concedeu incentivos aos produtores de café e soja, é que o contrabando desses grãos deixou de ser lucrativo e o crime foi rareando. Uma das últimas apreensões de café com destino ao Paraguai ocorreu em 1990, quando quatro carretas carregadas com o produto foram flagradas na região de Ponta Porã. Já naquele ano, muitas quadrilhas de contrabandistas haviam aproveitado o *know-how* adquirido em anos de transporte ilegal de uísque, café e soja para traficar maconha e cocaína da Bolívia e Paraguai para o Brasil, um negócio muito mais lucrativo e sofisticado.

Mas se os criminosos aprenderam com o contrabando, nós, da PF, também. Aqueles anos todos escondidos no mato, enfrentando todo tipo de adversidade, foram a grande escola dos agentes para o combate ao narcotráfico na fronteira a partir da década de 90. Mas essa é história para outro capítulo.

Capítulo 7

CAÇADOR DE COUREIROS

O Pantanal é um *show*, um teatro da natureza a céu aberto. A graça dos flamingos e das garças, a pose indefectível do tuiuiú e o voo uniforme de dezenas de aves no cair da tarde tingem os céus e os descampados horizontes pantaneiros de pura poesia. Nesse imenso palco de 210 mil quilômetros quadrados, contracenam 650 espécies de aves, 280 de peixes, mamíferos de grande porte como onças-pintadas e cervos-do-pantanal e uma flora única em exuberância.

Mas, durante muitos anos, um ator nesse balé permanente da natureza esteve em perigo: o jacaré. No fim dos anos 1970, a mídia brasileira e a estrangeira começaram a denunciar a matança indiscriminada desses animais ao longo do Pantanal, causando desequilíbrio no seu ecossistema. O objetivo era comercializar a pele nos ricos mercados de moda dos Estados Unidos, Europa e principalmente nos países asiáticos. De repente, as áreas alagadiças de Mato Grosso e Mato Grosso do Sul se encheram de coureiros, especialistas na caça ao jacaré, pessoas muito simples nascidas no Pantanal e cooptadas pelas quadrilhas de traficantes de pele. Os coureiros caçavam sempre à noite, com faroletes acoplados no cano das espingardas. Bastava encontrar o brilho dos olhos dos jacarés e acertar um único tiro no meio da testa. Era morte instantânea e ainda não estragava a pele. Depois, durante o dia, extraíam o couro e colocavam para secar, enquanto os botes ficavam escondidos no meio do mato, para não chamar a atenção da polícia.

Os coureiros eram abastecidos de munição e alimentos por lanchas voadeiras e aviões que rasgavam os céus pantaneiros. Parte das peles era trocada por cocaína na Bolívia, alimentando também o tráfico de drogas no Brasil e no país vizinho.

A matança era no atacado. Em cada um desses acampamentos improvisados, policiais chegavam a se deparar com mais de mil ossadas de jacarés. Uma cena quase apocalíptica.

Era preciso reagir. Na virada para os anos 80, com o apoio do IBDF (Instituto Brasileiro de Desenvolvimento Florestal), que daria origem ao Ibama, e das polícias militares de Mato Grosso e Mato Grosso do Sul, a Polícia Federal criou a Operação Pantanal. Dezenas de agentes foram deslocados para a região, com o apoio da Força Aérea Brasileira (FAB) e seus helicópteros, que, do céu, vasculhavam os rios à caça dos coureiros.

Não era uma tarefa fácil. O Pantanal é traiçoeiro com quem não está acostumado aos seus segredos. São longas distâncias despovoadas, e o terreno alagadiço é difícil de vencer. Aceitar o desafio de trabalhar na selva, nos rios e pântanos, sem recursos básicos de sobrevivência, cercado de perigos, significava renunciar a tudo. Renunciar ao medo e ainda ter muita resistência física. Tenho ascendência indígena, herança de minha avó materna, mas isso me ajudava pouco.

A ignorância, bem como a violência do coureiro, era outro desafio aos policiais. Na época, matar animais não era considerado crime pelas leis brasileiras, apenas uma contravenção, com pena insignificante. Mas o coureiro matuto desconhecia leis e reagia à bala diante de qualquer aproximação policial. Era raro não haver troca de tiros nessas abordagens.

Minha participação na Operação Pantanal marcou a vida de muita gente. Éramos um comboio formado por mais dois agentes federais, Mougli e Alcir, além de cinco agentes do antigo IBDF. Passamos alguns dias em Corumbá, reunindo as tralhas e os barcos. Nisso juntou-se à equipe o Pernambucano, proprietário de uma agência de turismo na cidade, conhecedor da região pantaneira, que seria nosso guia e também financiaria parte da operação, com o fornecimento de barco e combustível.

A ordem era levar tudo que coubesse nos três barcos, como armamento, munição, lanternas, víveres, cachaça e gasolina. A missão era caçar e prender os coureiros. Não tínhamos data para voltar à civilização. Dos rios vinha a água para beber, tomar banho e também os animais para comer: peixes, cobras, arraias e jacarés.

Com o céu ainda escuro, saímos de Corumbá pelo Rio Paraguai e logo recebemos as boas-vindas. O rio parecia um imenso criadouro de mosquitos, que ignoravam nossa roupa camuflada, sugando o nosso sangue. "Nem a polícia respeitam", pensei. Logo depois, o sol escaldante atacava. E entrar na água era quase suicídio, por causa das piranhas.

Anoiteceu e tudo ficou pior. Aos mosquitos se uniu o frio. O vento gelado era uma tortura. Nossa estratégia era navegar no escuro, evitar barulho dos motores do barco e tentar perceber o uso de lanternas e estampido de tiros dos caçadores. Mas a primeira noite foi perdida.

Na manhã seguinte, margeamos e escondemos os barcos nos corixos, canais que ligam os rios a pequenas baías, comuns na geografia pantaneira. Pernambucano fez um café sem coar e comemos biscoitos. À tarde, o cardápio foi piranha assada numa fogueira improvisada.

As noites pareciam iguais, silenciosas e frias, patrulhando o Rio Paraguai. As equipes se espalhavam, explorando outros ângulos do imenso rio.

Em algumas oportunidades, em auxílio ao comandante Pernambucano, eu pilotava o barco. Mas numa dessas me perdi e fui parar no Rio Miranda, mais especificamente no Passo do Lontra. O azar de repente virou sorte: enxerguei uma lâmpada no horizonte. Uma pousada. Foi por Deus. Comemos comida boa e dormimos em uma cama.

Mas já no início da manhã o conforto terminou e seguimos à caça no Rio Paraguai. Depois de dez dias de pura monotonia e adversidade, apareceu uma luz distante, mas agora não era nenhuma pousada — logo depois, um tiro. Era o sinal que estávamos procurando. Já tínhamos um norte, embora remoto. Pode parecer estranho, mas subitamente ficamos alegres, porque isso significava a volta para casa, o descanso. Claro que não era bem assim. Serviço fácil não existe.

Não localizamos o acampamento dos coureiros e ainda por cima nos perdemos. Eu estava exausto, já que não conseguia dormir por causa dos *hermanos sancudos* da fronteira boliviana. Isso até que foi bom, porque em uma ocasião percebi o clarão, tiros e vozes. Os coureiros estavam muito próximos, a cerca de cinco quilômetros.

Fizemos uma aproximação muito sensível. Do leito do rio, assistimos a uma intensa matança de jacarés. Com extremo cuidado, seguimos os caçadores até o acampamento, escondido no meio de vegetação mais densa. Era aguardar o dia clarear para montarmos uma estratégia de abordagem. Remamos devagar, driblando a vegetação do corixo, até cinquenta metros do acampamento.

Aí fomos descobertos.

Os coureiros nos receberam à bala. De nada adiantou gritarmos que éramos policiais. Eu precisava reagir de forma contundente, uma rajada de metralhadora era o que eu precisava. Montei a guarda e mandei… mas não saiu nenhum tiro, deu pane no funcionamento da arma e a bala parou no cano.

Minha equipe já estava se protegendo e atirando. Passei meu revólver calibre 357 para o Pernambucano:

— Manda fogo!

Com uma vara de pescar, que ainda tive que afinar com a faca, desengasguei a metralhadora. Mandei uma série de 30 balas para teste. Avançamos. Gritamos para se entregarem e fomos varrendo as árvores com mais duzentos tiros por cima das cabeças dos coureiros. No corixo e na margem do cativeiro os jacarés se debatiam — os que ainda estavam vivos fugiam rio adentro.

Naquele instante, a uns cinco metros da margem do rio, o Alcir gritou e caiu dentro d'água. Nós o pegamos pelos braços e carregamos para a terra firme. Pensamos que tinha sido um tiro de calibre 22 em sua perna, que sangrava muito. Mas, quando vimos melhor o ferimento, constatamos o estrago do ferrão de uma arraia.

Dois coureiros paralisados, além de um baleado na virilha, se entregaram. Lembrei-me do tiro que levei e não pude deixar de pensar: "Esse coureiro vai morrer". Havia jacaré morto por todo lado, além de um barco camuflado entre as folhagens com cerca de 500 couros prontos para serem transportados.

Entrando pela mata, encontramos a clareira onde estava instalado o acampamento. Barracas e redes montadas, fogão e apetrechos de cozinha, provisões para meses, armas, munição e tralhas de pesca.

Precisávamos socorrer o Alcir o mais rápido possível. Mas com uma fome descomunal, resolvemos comer tudo o que vimos no acampamento: arroz, feijão, peixe e carne seca. Em seguida botamos fogo em tudo, inclusive nos objetos pessoais dos caçadores, já que que alguns fugiram pelo mato. Sem meios de subsistência, mais cedo ou mais tarde se entregariam à polícia.

Traumatizado, Pernambucano pediu para deixar a missão. Ele devolveu meu 357 com todas as balas intactas, sem ter disparado um tiro contra os coureiros. De uma hora para outra ficamos sem o nosso guia.

Para piorar, estávamos a cerca de cinco horas de barco de Corumbá, em uma navegação muito complicada: era preciso sair dos corixos, encontrar o leito do rio e por ele se guiar. O guia condutor era um colega do IBDF, que seguia com um barco na frente. Eu fiquei responsável por comandar um barco com mais três tripulantes e arrastar o bote com os couros de jacaré. Conduzia a embarcação devagar entre as folhagens flutuantes, mas em certo momento percebi que o motor do barco arriava. Por um instante fiquei sem entender, até olhar para trás e ver que o barco amarrado ao meu afundava. Não tinha alternativa: saquei a faca e cortei a corda que prendia as duas embarcações. Incrédulo, assisti à prova do crime se afogar para sempre no rio. Só então concluí que o barco deve ter sido furado no tiroteio com os coureiros.

Depois de uma longa viagem, chegamos a Corumbá com três presos e sem nenhum couro de jacaré para provar o crime ambiental. Levado ao hospital, Alcir ficou internado, enquanto um dos coureiros, com ferimentos leves, foi medicado e ganhou alta — eles seriam autuados por tentativa de homicídio.

No dia seguinte voltamos ao acampamento no meio do mato com um dos presos, especialista em retirar os couros dos jacarés. Ele apontou onde estavam as carcaças dos animais mortos, prova do crime.

Esperamos por alguns dias até o colega Alcir receber alta. Fomos embora do Pantanal. Demoraria anos para que o colega recuperasse os movimentos da perna atacada.

Entre 1978 e 1986, a Operação Pantanal levou ao indiciamento de 124 coureiros e seus chefes, com a apreensão de 12.118 peles de jacaré. Mas só na metade da década de 80 é que a caça a esses animais recrudesceu. Graças à mídia e à ação de ONGs ambientalistas como o Greenpeace, a comunidade internacional sensibilizou-se em relação ao tema. Países europeus criaram entraves legais severos ao comércio de peles, inibindo o tráfico. A partir de 1985, o preço das peles começou a cair e, de repente, não era mais vantajoso economicamente sair matando jacarés. Os coureiros praticamente desapareceram do Pantanal e, em boa parte graças à ação da Polícia Federal, os jacarés foram salvos da extinção.

Capítulo 8

RESPEITEM A PF

Hoje a Polícia Federal é sinônimo de eficiência e seriedade no imaginário dos brasileiros, mas nem sempre foi assim. Demorou um certo tempo para que conquistássemos respeito e admiração. Nessa jornada, sofremos todo tipo de reação, muitas delas violentas. Mas poucos episódios foram tão humilhantes como o que ocorreu na tarde do dia 25 de abril de 1986 em Guia Lopes da Laguna (MS), quase fronteira com o Paraguai.

Naquele dia, a cidade estava agitadíssima. O Clube do Laço promovia sua tradicional festa, parte da cultura de Mato Grosso do Sul. O auge do evento são as chamadas "provas do laço comprido", em que peões montados em cavalos tentam laçar o gado com uma corda de 15 metros.

Guia Lopes estava apinhada de gente — além dos 9 mil habitantes da época, recebia 1,5 mil visitantes. Mas o que quase todas aquelas pessoas ignoravam era a forte tensão entre o Clube do Laço e a Iagro (Agência de Defesa Sanitária Animal e Vegetal de MS). Um mês antes da festa, veterinários da Iagro cobravam dos dirigentes do clube atestados negativos de anemia infecciosa dos cavalos que participariam da festa.

Na manhã do dia 25, os veterinários foram sozinhos até o evento para examinar os animais. Mas nem chegaram perto dos cavalos. Foram expulsos pelos integrantes do clube. Por isso, naquele mesmo dia, à tarde, a Iagro solicitou o acompanhamento de policiais federais da delegacia de Ponta Porã. Não adiantou. A resistência do clube continuava. Um dos proprietários dos cavalos começou a ofender os policiais.

— Isso aqui é uma propriedade particular. Não concordo com a atitude da Iagro ou sei lá o quê — disse um dos organizadores.

José Carlos Nunes, o delegado da PF que acompanhava os veterinários, determinou a prisão do homem por desacato. Era a fagulha para que começasse a confusão.

Uma multidão de cerca de duzentas pessoas cercou os policiais. Mesmo com revólveres, não havia como reagir. Foram desarmados e agredidos com socos e chutes. Depois, tiveram as roupas rasgadas e foram trancafiados em um cubículo. Do lado de fora, a multidão atirava garrafas e pedras.

— Lincha esses policiais filhos da puta! — gritavam.

Demorou horas para que se chegasse a um acordo. Os policiais seriam soltos desde que ficassem bem longe da festa. Antes, passaram por um "corredor polonês", com mais xingamentos, socos e chutes.

Era questão de honra a PF reagir.

Naquela mesma noite, o superintendente na época, delegado Roberto Alves, elaborou um plano de emergência. Foram convocados todos os policiais federais de Mato Grosso do Sul, da Superintendência de Campo Grande e das delegacias de Dourados, Ponta Porã e Naviraí. No total, um efetivo de mais de 50 agentes e delegados partiu para Guia Lopes. Chegamos ao município de madrugada. O presidente do Clube do Laço foi preso na sua casa. Em seguida partimos para buscas na área onde era realizada a festa. Encontramos armas de fogo, facas, 258 caixas de cerveja e uísque estrangeiro contrabandeado. Mais de 20 pessoas foram detidas.

A reação da PF provocou uma saraivada de críticas. Associações rurais do Estado, como a Famasul e a Acrissul divulgaram nota de repúdio contra os federais. Na Assembleia Legislativa, deputados usaram a tribuna para disparar críticas aos agentes.

Mas a lei deve ser cumprida. Os envolvidos chegaram a ser processados na Justiça Federal, mas a lentidão do Judiciário fez com que tudo acabasse em pizza. Em 1995, a ação penal foi extinta porque, passados nove anos, o caso havia prescrito.

Apesar da impunidade, para a PF a missão foi cumprida. A dignidade da corporação estava restaurada.

* * *

Outro fato marcante na luta por respeito à Polícia Federal de Mato Grosso do Sul foi a apreensão de um arsenal na fazenda Córrego das Onças, em Pedro Gomes, norte do Estado. A propriedade era de Gandi Jamil, deputado federal e cacique da política de MS. Ele e o irmão Fahd Jamil eram suspeitos de comandar esquemas de tráfico de drogas e armas, além de jogos de azar na região de Ponta Porã. Não foi nada fácil.

A Superintendência recebeu denúncia de fazendeiros de Pedro Gomes de que a propriedade do deputado era o entreposto de uma rota de tráfico de armas do Paraguai para os morros do Rio de Janeiro. Fortemente armados, eu, o delegado Rubão e os agentes Waldy Arno e João Rogério entramos na propriedade na manhã do dia 22 de setembro de 1988. Rendemos o administrador da fazenda e invadimos a casa. Dentro de dois armários de aço, encontramos um arsenal: eram mais de 300 armas, entre revólveres calibre 38, espingardas calibre 12, espingardas Winchester calibre 357 e metralhadoras, além de duzentas caixas com munição, um radiotransmissor e quatro coletes à prova de bala.

O administrador e um capataz foram presos em flagrante. Em poucas horas os telefones da Superintendência da PF em Campo Grande começaram a tocar. Eram emissários de políticos de Mato Grosso do Sul e Brasília suplicando para não divulgar o caso para a imprensa. De nada adiantou. No dia seguinte, a notícia estava estampada em vários jornais país afora. Mas o foro privilegiado protegeu o deputado Gandi Jamil, que nem sequer foi ouvido pela PF e nunca foi penalizado.

* * *

Hoje os criminosos, mesmo os mais perigosos e articulados, temem a Polícia Federal. Situação bem diferente daquela dos anos

80, quando, muitas vezes, tínhamos de impor respeito com métodos pouco ortodoxos. No dia 14 de dezembro de 1989, por volta da meia-noite, eu já estava dormindo quando o telefone tocou. Era o plantonista da Superintendência em Campo Grande:

— Corre pra cá, mataram o Fernando!

Era o agente Fernando Luiz Fernandes. Não pude conter as lágrimas. Era amigo dele desde os tempos de Curitiba. Aliás, havia sido eu quem o incentivou a ir para Mato Grosso do Sul. Rapidamente troquei de roupa e fui para lá. Vi policiais experientes, homens feitos, chorando como crianças pelos cantos da delegacia. Uma cena horrível.

Pouco tempo depois eu soube então dos detalhes do que ocorrera pelo que me disse o agente Jeferson, que estava com Fernando e também foi baleado, mas sem gravidade. Os dois estavam em campana havia vários dias, revezando com equipes da Delegacia de Polícia Fazendária, para esquadrinhar a casa de um contrabandista na Rua Eduardo Santos Pereira, Vila Célia, em Campo Grande.

Eles já haviam se identificado como policiais federais para a vizinhança. Era uma estratégia para evitar aborrecimentos e desconfianças desnecessárias. Naquele dia 14, estavam a uma quadra de distância do alvo, dentro de um Gol descaracterizado.

Um pouco antes da meia-noite, a dupla se preparava para ser substituída por outra equipe policial, quando os dois notaram a chegada de uma Brasília, e dela saiu um casal, que entrou em uma casa próxima de onde os policiais estavam com o carro estacionado. Minutos depois, o casal saiu no automóvel. Parecia uma situação banal, até que a Brasília retornou na companhia de um fusca. Os dois veículos passaram bem ao lado dos agentes, em marcha lenta. Deram a volta no quarteirão e, quando retornaram, veio o estampido dos tiros. Muitos. Até mesmo de carabina.

Enquanto os veículos fugiam acelerados, Jeferson encarou Fernando, que tinha o peito vermelho de sangue:

— Estou morto, cara! — foram suas últimas palavras.

O agente Iriart, que estava com outra equipe nas imediações, transportou os dois para o hospital. Jeferson levou apenas um tiro de raspão na perna e teve alta médica horas depois. Fernando chegou ao hospital já morto.

Ainda na Superintendência, percebi que era hora de agir contra os criminosos. Lavei as lágrimas da cara e fui direto para o local do assassinato. Eu e outros agentes arrombamos a casa de onde saíra o casal suspeito. Não havia ninguém. Vasculhamos tudo e nada de pistas. Até que encontrei uma conta de energia elétrica com um endereço diferente daquele onde estávamos. Com o perdão do trocadilho, era a luz de que precisávamos.

Eu e os agentes Leal, Ceará e Ranieri decidimos checar aquele endereço. No meio do caminho, ouvimos pelo rádio uma ordem para que todas as equipes que estavam na rua atrás dos assassinos voltassem para a Superintendência. Irritado, com a adrenalina a mil, desliguei o rádio. Iríamos até o inferno atrás da quadrilha.

Quando nos aproximamos do endereço, fui sozinho a pé, discretíssimo, para não chamar a atenção. Mesmo no escuro da madrugada, localizei o imóvel por um detalhe: na frente da casa, debaixo de árvores grandes, estavam a Brasília e o fusca.

Voltei para a viatura e liguei o rádio:

— QAP, achei a casa dos filhos da puta! Preciso de reforço! Vamos invadir a casa!

Assim que o reforço chegou, cercamos o imóvel imenso — só depois descobriríamos que era um cortiço, com várias famílias. Foi o caos. Derrubamos a primeira porta e nos deparamos com muitas pessoas dormindo em camas velhas, pelo chão escuro. Abrimos outros cômodos, acordamos todos — eram mais de cinquenta — e mandamos deitarem no chão, com as mãos na cabeça. Crianças choravam, cachorros latiam, homens e mulheres protestavam.

Começamos então a revirar a pensão atrás do dono dos dois carros. Encontramos o da Brasília, um sujeito chamado Roher Pacheco. Debaixo de uma cama ao lado de onde ele estava, encontrei um revólver calibre 38 com três cápsulas deflagradas.

— Seu desgraçado, abre a boca ou te mato de verdade!

No começo ele negou, mas minutos depois viu que não escaparia. Disse que viu o Gol da polícia perto da casa dele e pensou que poderiam ser traficantes rivais. Então, saiu e foi procurar seu pai, Pedro Pacheco, além do irmão Wild Pacheco e um conhecido, Fúlvio Benites, o dono do fusca. Alertou a todos sobre o Gol e decidiram então atacar a dupla que estava dentro do automóvel. Depois o pai foi para a casa dele e o irmão Wild para a de Fúlvio, como se nada tivesse ocorrido. Ele falava aquilo tudo com naturalidade, como se estivesse combinando tomar uma cerveja no bar da esquina, o que só aumentava a minha raiva e a dos outros agentes.

Fomos para a casa do Fúlvio. Ao notar o imóvel cercado, o miserável começou a atirar. Reagimos com uma saraivada de tiros. Ele até chegou a ser socorrido e levado para a Santa Casa, mas morreu no caminho. Wild foi preso.

O dia já clareava quando arrombamos o sobrado do Pedro Pacheco. Com medo de ser morto, o velho covarde desceu as escadas abraçado com suas filhas e netos, como um escudo humano. A essa altura a imprensa, alertada na madrugada, já acompanhava nossa ação. Pedro foi preso.

Missão cumprida, sobrou tempo para abraçar a mulher de Fernando, Sula, que estava grávida, e o filho do casal, Fernandinho, no aeroporto de Campo Grande. Emocionado, assisti com os olhos marejados à decolagem do Cessna 210 que levava o caixão rumo a Curitiba, onde o corpo foi enterrado.

A investigação da morte de Fernando me rendeu o primeiro dissabor com a Justiça. Nem tudo, afinal, é tranquilo na carreira de um agente da Polícia Federal. Há muita tensão e algumas injustiças. Fomos investigados pela suspeita de vingança contra os algozes do assassinato do agente. A apuração não foi adiante nesse caso, diferente do caso do inhame em Fortaleza, quando fui denunciado pelo Ministério Público por falso testemunho. Meu depoimento foi baseado nas escutas feitas em Cuiabá, posteriormente desclassificadas como prova pela Justiça Federal. Com base nessa decisão, os delegados federais Winston Lucena Ramalho e Elton da Silva Jacques nos processaram por falso testemunho. O caso acabou prescrito, anos mais tarde. No fim dos anos 1990, também respondemos a um processo disciplinar, acusados de torturar presos durante rebelião dentro da custódia da Superintendência da PF em Brasília. Acabamos absolvidos depois de colher provas de que um indivíduo autolesionou-se e atingiu outro preso superficialmente, de comum acordo, com a intenção de lograr benefícios na prisão. Em 2007, nova acusação de tortura, perpetrada por uma denúncia incongruente de um procurador da República do Distrito Federal contra assaltantes da casa de um casal de agentes da PF em Brasília. Só fui absolvido nesse caso onze anos depois. Em todas essas broncas, tirei dinheiro do meu bolso para pagar advogados.

Capítulo 9

INHAMES DE PABLO ESCOBAR

Em meados de 1991, Pablo Escobar, o poderoso chefão do Cartel de Medellín, caçado pela polícia colombiana, usou todo o seu poder e fortuna para construir o seu próprio presídio-mansão, La Catedral. Era o desfecho de uma guerra sangrenta patrocinada por Pablo, com sequestros e milhares de assassinatos pelo país: o *capo* só se entregaria e colocaria fim à barbárie se o governo retirasse da Constituição a possibilidade de extradição de criminosos para os Estados Unidos, onde ele respondia a vários processos judiciais por tráfico, e se pudesse ficar preso em La Catedral, onde a polícia colombiana não colocaria os pés.

Assim foi feito.

De La Catedral, Pablo continuava a comandar o envio de toneladas de cocaína para o mais rentável mercado mundial das drogas, os Estados Unidos. Como a rota mais tradicional do tráfico, pelo Caribe, estava muito vigiada pelo Drug Enforcement Administration (DEA), Pablo pensou em trajetos alternativos e inusitados, que passassem despercebidos pela forte repressão ao tráfico. Uma dessas rotas incluía o Brasil.

Para isso, Pablo se valia de um "embaixador" do Cartel de Medellín em território brasileiro. Por trás de um pacato empresário, dono de posto de combustível em Porto Alegre, o colombiano José Roosevelt Rendon Robayo mantinha intensas negociações com a cúpula da quadrilha em Medellín. Por meio de um piloto paranaense com larga experiência no transporte aéreo de cocaína,

Edson Almeida Karpinski, dono de três aviões, juntamente com seu auxiliares diretos, Orestes Guido Wojciekowski e Américo Hideyuki Aoki, Robayo contatou uma quadrilha sediada em Cuiabá com larga experiência no tráfico de drogas.

O chefe do núcleo cuiabano era o advogado José Ribeiro Viana, sujeito mal-encarado que se gabava de ter íntimas relações com a cúpula da Polícia Federal e do Judiciário mato-grossense — especialmente com os delegados federais Winston Lucena Ramalho e Elton da Silva Jacques. O primeiro, aliás, era o goleiro do time da Associação Mato-Grossense de Magistrados. Viana costumava pagar viagens de juízes do interior do Estado para a Disney, na Flórida. Em 1987, a PF apreendeu mais de 40 aviões do grupo, em operação desencadeada meses após o assassinato, pela organização criminosa, do naturalista boliviano Noel Kempff Mercado. Em setembro de 1986, uma aeronave com Mercado e outros dois botânicos pousou por engano em uma pista utilizada pelo narcotráfico na selva boliviana. Mercado e outro pesquisador acabaram assassinados — somente um escapou ao se esconder na mata.

A Polícia Federal descobriria o esquema do grupo de Viana ao rastrear as movimentações de um doleiro em Curitiba. Quando agentes invadiram o escritório dele, encontraram uma longa relação de telefones da Colômbia e rotas de voos de Karpinski para Cáli e Medellín. Em alguns desses voos ele trazia dinheiro vivo ao Brasil. A Coordenação-Geral de Polícia de Repressão a Drogas (CGPRE) decidiu então montar uma base de inteligência em Cuiabá, chefiada pelo agente João Gretzitz e composta por mim e pelos agentes Rogério, João Rogério e Dorneles. A PF tinha ajuda direta do DEA, que cedia equipamentos, combustível para as viaturas e compartilhamento de informações. Como havia falta de efetivo na base e o grupo de Viana tinha muito cuidado nas conversas telefônicas monitoradas, Gretzitz decidiu convocar agentes de Campo Grande com *expertise* em investigações sensíveis contra o tráfico.

É aí que eu entro na história.

Tinha de tirar informação de José Ribeiro Viana, um alvo muito arisco que não falava nada por telefone. Certo dia, segui o advogado até o escritório dele, que ficava em um edifício redondo no centro de Cuiabá. Ele dirigia um Escort conversível amarelo, um carro de luxo para os padrões da época — presente do advogado ao delegado da PF Winston Lucena Ramalho, que o acompanhava no banco do passageiro.

Quando subi até o andar do escritório, logo atrás da dupla, notei que havia uma sala para alugar bem ao lado da dele. Dias depois, aluguei o imóvel. Ficava lá sozinho o dia todo. Não tinha mobília, nada, só uma garrafa d'água que eu levava. Pelo visor da porta, acompanhava a movimentação de Viana pelo corredor. Mas precisava descobrir mais. Com a ajuda de um agente do SAE, hoje ABIN, coloquei um pequeno gravador, que a PF usava à época, na ponta de uma haste. Assim, pelo lado de fora do prédio, conseguiria chegar até a janela do doutor Viana, bem ao lado. A gravação era um pouco ruim, mas dava para ouvir as conversas.

Com esses parcos recursos, descobrimos que no dia 12 de maio de 1991, Karpinski e outro piloto partiram de Umuarama (PR) para Campo Grande (MS) em um avião monomotor. Na capital de Mato Grosso do Sul, embarcou João Carlos Morel, conhecido traficante no Estado, e rumaram para Cuiabá, onde se encontraram com Silvestre Granato, dono de madeireiras em Cuiabá e gerente de logística da quadrilha, uma espécie de faz-tudo do doutor Viana.

O Silvestre era o diabo, um dos alvos mais difíceis que já vigiei. Conhecia todo tipo de tática evasiva, usava muitos recursos para não ser seguido, trocava de veículo, mudava para táxi e ônibus, seguia caminhando e usava disfarces. Mas naquele dia consegui acompanhar Silvestre e Morel até uma fazenda desse último no município de Vera, vizinho a Sinop, norte de Mato Grosso.

Todo cuidado era pouco para nossa investigação não chegar aos ouvidos da Superintendência da PF em Cuiabá. Winston deslocava equipes de agentes para longe sempre que havia movimentação de carregamentos de cocaína e produtos químicos pela quadrilha. Eram dezoito policiais envolvidos no esquema. Quando vinham policiais de outros Estados, tratavam de avisar a quadrilha.

Suspeitávamos que o grupo transportasse a cocaína escondida em carregamentos de madeira da empresa de Silvestre. No fim de maio daquele ano, chegamos a acompanhar um caminhão dele, mas acabamos perdendo o veículo de vista.

Com Karpinski o bote foi mais fácil. Nós o flagramos e outro piloto com US$ 170 mil em dinheiro dentro de um avião em que havia resquícios de cocaína, no aeroporto de Guarapuava (PR). Acabaram presos e condenados por tráfico.

Um dia, eu estava na base em Cuiabá, e um homem ligou de um orelhão para o Silvestre. Como estava na escuta, ouvi o diálogo em tempo real.

— Bigode, *cê tá* onde? — disse o Silvestre.
— Desce aqui, depois daquela curva.
— *Tô* indo aí.

Imediatamente peguei o endereço do orelhão com a operadora de telefonia, chamei o agente João Rogério e fui para lá. Era em Várzea Grande, vizinha a Cuiabá. Quando cheguei lá, procurei nos arredores, mas nada do Silvestre. Aí veio um lance de muita sorte, de iluminação minha. Vi um caminhão Mercedes-Benz parado dentro de uma casa que não tinha portão. Como já era noite, estava muito escuro, não dava para ver nada. Decidi entrar. Depois de checar que não havia ninguém no imóvel, com um isqueiro iluminei a placa do caminhão: era final 0923, de Curitiba.

Isso foi em junho. Dois meses depois, no início de agosto, nossa equipe de inteligência em Cuiabá notou uma grande movimentação da quadrilha. Viana mantinha encontros quase diários com o delegado Winston, querendo saber se haveria barreiras da PF entre aquela cidade e a Região Nordeste. Enquanto isso, João Lopes, um dos pilotos do grupo, disse ao telefone que iria até a "fazenda onde estavam os nelores", código para cocaína.

Uma equipe nossa percebeu também movimento em uma fazenda no município de Vera, mas a campana foi abortada devido ao risco de os agentes serem notados, ainda mais porque Winston mantinha equipes de contravigilância nos trabalhos do grupo criminoso. De fato, eles suspeitavam que uma equipe de policiais de Brasília estivesse investigando a quadrilha, por isso chegaram a contratar um pistoleiro para "dar um susto" em nosso pessoal — o plano não foi adiante.

No dia 18 de agosto, Silvestre embarcou com a família em um voo de carreira para Fortaleza. Disfarçado de turista, fui no mesmo voo. Na capital cearense, tentei seguir o Silvestre assim que desembarcamos no aeroporto, mas ele me despistou com um táxi. Por sorte gravei a placa do carro, voltei para o aeroporto e esperei aquele taxista retornar.

— Eu vim buscar meu tio aqui no aeroporto e disseram que foi o senhor que o levou.

— Sim, fui eu. Deixei em um hotel.

— Então me leva até lá.

Quando cheguei, vi o Silvestre saindo a pé. Ele caminhou até uma praça, em seguida pediu um táxi. Seguiu em direção ao porto, estacionando em frente a um grande galpão. Depois soube ser a filial da empresa Nevraska, especializada na exportação de inhame. Minutos mais tarde, ele pegou um ônibus e fui no encalço. Descemos em um posto de combustível na rodovia BR-116, já na saída da cidade. Silvestre olhava para todos os cantos, parecia procurar alguém. Não encontrou e foi embora, também de ônibus.

Os agentes de Fortaleza me ajudavam muito na campana, especialmente o Flávio. Na manhã do dia seguinte, Silvestre voltou a visitar a Nevraska. Fomos para o posto de combustível na BR. Assim que chegamos, vi um caminhão parado. Olhei a placa: final 0923, de Curitiba, o mesmo que vira tempos antes em Várzea Grande, carregado com madeira. Da boleia desceu um homem parrudo, com um baita bigode. Virei-me para o Flávio, sorrindo:

— Olha aí o Bigode, que te contei, daquele dia na escuta no orelhão. Agora ficou bonito!

Não pensei duas vezes e emendei:

— Quando o Silvestre chegar, vamos dar cana nele.

É até complicado explicar, mas eu sentia o cheiro da cocaína vindo daquele caminhão. Talvez não da droga diretamente, mas dos produtos químicos que a acompanham. Bastava ter calma e esperar.

Estava escondido no posto de gasolina quando, por volta das 7 horas da noite, Silvestre chegou com dois comparsas. Como ele estava armado, dei uma coronhada nele com a pistola. Fiquei com os três no chão até a chegada do reforço. Levamos o trio e o caminhão para a Superintendência da PF. No meio da carga, centenas de raízes parecidas com inhames. Mas bastou pegarmos uma para percebermos que eram falsos tubérculos. Abrimos um e um pó fino, muito branco, espalhou-se pelo chão. Era a cocaína, um total de 646 quilos. Foi a maior apreensão da droga no Brasil, na época.

A sofisticação do disfarce impressionava. Primeiro, embalaram a cocaína em tabletes compactados, com peso total de um quilo. Depois acondicionaram em nova embalagem de alumínio, a vácuo. Esses pacotes eram forrados com várias camadas de papel jornal e fita plástica bege e em seguida por plástico incolor e uma nova fita bege-clara que imitava papel crepom. Essa última fita absorvia finíssimos grãos de argila. O formato irregular (28 centímetros de comprimento por 14 de diâmetro) finalizava o perfeito disfarce de inhame. Essas falsas raízes seriam misturadas a inhames de verdade pela empresa Nevraska e embarcadas no porto de Mucuripe, em Fortaleza, com destino a Nova York.

Na manhã seguinte, enquanto equipes da base de Cuiabá prendiam o advogado Viana, o delegado Winston e o piloto João Lopes, eu e outros agentes fomos ao galpão da Nevraska. Encontramos um funcionário que nos disse que os donos da empresa ficavam na matriz, em São Paulo, e se chamavam Eduardo, um colombiano, e Geraldo. Logo em seguida o telefone tocou. Orientamos o homem a atender o telefone e não denunciar nossa presença. Eduardo disse que tomaria um voo para a capital cearense e chegaria naquele dia à noite a fim de cuidar dos trâmites burocráticos da exportação do inhame — eles não sabiam que o carregamento já estava apreendido. Às 22 horas, quando o avião pousou no aeroporto, prendemos Eduardo Gonzalez Salazar e seu sócio, o brasileiro Geraldo Pacobi Filho, além de outros dois bolivianos integrantes do grupo. Nos interrogatórios e na análise da documentação da Nevraska em São Paulo e Fortaleza, descobrimos que o grupo já havia feito cinco exportações de inhame

— provavelmente com cocaína de Pablo Escobar — para os Estados Unidos. Só não alcançamos o colombiano Robayo em Porto Alegre, que após a operação da PF desapareceu do mapa.

Quando tudo parecia resolvido e encaminhado, vieram os problemas. Primeiro, o delegado superintendente no Ceará informou à imprensa a apreensão de 900 quilos de cocaína, ignorando que esse era o peso da droga com o falso inhame. Aí, quando apresentamos 646 quilos, o procurador quis saber onde estava o restante da droga. Penamos para desfazermos o mal-entendido.

Depois, já no decorrer da ação penal na Justiça contra o grupo, um perito da PF disse que era impossível eu ter sentido o cheiro da cocaína, já que as embalagens eram a vácuo. Eu reafirmei em depoimento que senti o cheiro, sim, tinha certeza, afinal o caminhão havia percorrido centenas de quilômetros durante duas semanas. E ele dizendo que eu estava mentindo...

Como condutor do maior flagrante de cocaína no Brasil na época — antes das 7 toneladas no Tocantins — fui obrigado a engolir a perícia. E ainda assistir a todos os presos na sala de julgamento da Justiça Federal cearense, com o Silvestre em uma maca ao lado de duas enfermeiras. Simulavam cenas de violência para me intimidar. Fiquei por mais de oito horas sendo ameaçado. A certa altura, fui advertido pelo juiz para não responder mais sobre a minha investigação. E somente dizer sim ou não para mais dez advogados de defesa, o que acabava com a minha possibilidade de argumentar. Já não distinguia quem era mocinho e quem era bandido na sala.

Todos foram denunciados pelo Ministério Público por tráfico e associação ao tráfico. Mas, em dezembro de 1991, o juiz da 4ª Vara Federal de Fortaleza absolveu todo mundo, determinando a imediata soltura do grupo. Ele alegou que as escutas telefônicas foram ilegais, mesmo tendo autorização da Justiça.

— O único que ficou preso é o motorista, mas ele não tem condição de ser o dono de mais de 600 quilos de cocaína — disse o diretor-geral da PF, Romeu Tuma[2].

---

[2] "Juiz liberta 8º acusado de tráfico", *O Estado de S. Paulo*, 26/12/1991.

O Ministério Público recorreu e, em fevereiro de 1992, o Tribunal Regional Federal condenou Silvestre, Geraldo e o colombiano Eduardo, além dos dois caminhoneiros flagrados no posto. Manteve a absolvição do advogado Viana, do delegado Winston e do piloto João Lopes, por falta de provas. Apesar de inocentado na Justiça, o delegado foi expulso da Polícia Federal.

Os delegados Elton e Winston, inconformados, me ameaçaram e provocaram minha denúncia ao Ministério Público Federal por falso testemunho, uma vez que as escutas telefônicas foram descaracterizadas como prova no processo pelo juiz federal — assim, todo o meu depoimento prestado à Justiça com base nas escutas foram invalidados. Por várias vezes fui depor na Superintendência Regional do Mato Grosso e na Justiça Federal de Fortaleza, com escolta policial devido às ameaças. O processo acabou prescrito, mas tive de bancar um advogado do meu próprio bolso.

De todo modo, cumpri meu dever. Fico imaginando que, na mansão La Catedral, Pablo Escobar deve ter se aborrecido ao saber que um lote grande de cocaína embalada com tanto zelo ficara nas mãos da Polícia Federal brasileira. Pelo menos isso já vale todo o esforço e aborrecimento.

Capítulo 10

NELORE PURO

Investigar a cocaína em forma de inhames foi um divisor de águas na minha carreira de agente e também nas estratégias antitráfico da Polícia Federal. A operação no Ceará provou a importância da inteligência policial no combate aos grandes chefes do narcotráfico, com o uso sistemático de escutas com autorização judicial e também de longas campanas. Por isso, em 1992, quando a Superintendência da PF em Mato Grosso do Sul era chefiada pelo delegado Vantuir Jacini, coordenei a montagem de uma base de inteligência em Campo Grande, em um apartamento acima de qualquer suspeita no centro da cidade, longe do prédio da Superintendência — é necessária máxima discrição para trabalhos assim. Na base havia avançados equipamentos de escutas telefônicas, por meio dos quais ouvíamos em tempo real dezenas de traficantes sul-mato-grossenses.

A base, que anos depois seria batizada de Paiaguás, referência a uma região do Pantanal, foi uma das pioneiras do Brasil no combate ao narcotráfico. Em mais de uma década de operação, o trabalho da Paiaguás resultaria em 420 operações policiais país afora, com a prisão de mais de mil traficantes e a apreensão de 18,8 toneladas de cocaína, 20,7 toneladas de maconha e a apreensão de 42 aviões e quase 600 veículos, entre carros e caminhões. No início, as gravações telefônicas eram feitas em fitas cassete, que precisavam ser trocadas com frequência no aparelho, e os diálogos eram transcritos manualmente. Se havia dúvidas na transcrição, debatíamos em grupo até chegar a uma leitura fidedigna.

Um trabalho exaustivo que não raro destruía casamentos e desaguava em alcoolismo, problemas gástricos, cardíacos, insônia, irritação e depressão.

As prisões e apreensões de droga viriam logo nos primeiros meses de trabalho na base. No início de 1993, começamos a acompanhar a rotina e as conversas ao telefone de Carlos Alberto Fortes Dotto, dono de aeronaves a serviço do narcotráfico, baseadas em Ponta Porã e um dos primeiros alvos do escritório em Campo Grande. As escutas telefônicas de Dotto levariam aos seus fornecedores no Paraguai, os irmãos Hélio Gimenez Morinigo e Emídio Gimenez Morinigo. Em junho de 1993, Emídio e um funcionário da quadrilha levaram um lote de 100 quilos de cocaína até o interior de São Paulo no fundo falso da carroceria de uma Saveiro vermelha. Emídio dirigia um Gol, atuando como batedor do carregamento. Eu e o agente Geofran acompanhamos todo o trajeto, de Ponta Porã até Paraguaçu Paulista (SP), onde fizemos o flagrante. Emídio, o motorista; e Oswaldo Lopes, o piloto de avião que receberia a droga e era ligado a Dotto, foram presos em flagrante.

As escutas contra Dotto nos levariam a uma grande apreensão de cocaína, fruto de um trabalho de investigação da Superintendência da PF no Rio Grande do Sul. A droga era levada por Dotto de avião da Bolívia para Goiás. Em seguida, o entorpecente era despachado para São Leopoldo (RS), de onde seria exportado para Gênova, na Itália, via porto de Rio Grande, disfarçado em um carregamento de couro. No dia 2 de julho de 1993, a PF deflagrou a Operação Pinhais. Foram presas 16 pessoas, incluindo o piloto, o chefe do esquema, Leandro Luís Militão da Silva; e outro membro da quadrilha baseado em Corumbá (MS), Luiz Antônio Menegazzo. Também foram apreendidas 2,1 toneladas de cocaína pura escondida em latas, que por sua vez estavam dentro de caixas com fardos de couro bovino. Na época, foi a maior apreensão da droga no Brasil, só superada no ano seguinte, com as 7 toneladas no Tocantins. Eu voltaria a prender Militão 15 anos mais tarde, no interior paulista, com 260 quilos de cocaína. O avião PT-RIF desceu com a droga nas imediações de Itatiba (SP), onde foi recebido por Militão e um auxiliar. A dupla levaria o entorpecente para uma chácara, mas no caminho Militão desconfiou que estava sendo seguido e acelerou o veículo. Tivemos de atirar no pneu para ele parar. Na caminhonete, além da droga, havia um fuzil.

O trabalho na base era intermitente. Não tínhamos fim de semana nem feriado. A ordem era só dormir depois que os alvos parassem de falar ao telefone. E muito traficante costuma trocar o dia pela noite. Era cansativo e estressante. Mas rendia ótimos resultados.

Um dos nossos alvos permanentes de acompanhamento era João Freitas de Carvalho, o João Jacaré. Em novembro de 1995, soubemos que um avião dele desceria nas proximidades de Guararapes (SP) com cocaína. Fomos até a região e chegamos até o hotel em Araçatuba (SP) onde se hospedaria o motorista da Saveiro que resgataria a droga do avião. Saímos de Campo Grande em duas equipes e passamos a acompanhá-lo, porque sabíamos que ele nos levaria à pista de pouso em que o avião desceria. No dia 10, para nossa surpresa, ele entrou no aeroporto de Guararapes, que é regularizado e tem movimentação considerável de pessoas, por isso não seria usual ter utilizado para o narcotráfico. Vimos o avião descer e ir para o hangar onde a Saveiro ingressara minutos antes. Quando João Jacaré e seu braço direito Luiz Dias de Souza, o Luizinho, saíram do galpão, foram rendidos. Dentro da Saveiro, 140 quilos de *crack*, o que nos surpreendeu, já que na época não era uma droga comum e raramente chegava da Bolívia já pronta para o consumo. Eu voltaria a me deparar com João Jacaré oito anos mais tarde, quando flagramos um avião descendo na fazenda dele em Alcinópolis (MS) abarrotado com droga. Foram apreendidos 179 quilos de cocaína, armamento pesado e dois telefones satelitais. Também apreendemos notórios ex-contrabandistas de Ponta Porã que migraram para o narcotráfico: os irmãos João e Jairo Aguilar Martins e Ricardo Uemura, filho de Célio Uemura, um dos pioneiros do contrabando na fronteira com o Paraguai.

Tempos depois, foi no rastro de um adesivo com a figura de um gado da raça nelore que o trabalho da nossa base chegaria a um grande laboratório de refino de pasta base boliviana encravado no vale do Rio Araguaia, Mato Grosso. Em 1994, houve seguidas apreensões de carregamentos entre 20 e 60 quilos de cocaína com alto grau de pureza em São Paulo, Rio de Janeiro, Minas Gerais e Santa Catarina. Em comum, tinham o tal selo com a simpática figura do bovino, um indicativo da origem da droga. Restava saber o local, o que não seria nada fácil.

Somente no início de 1995 foi que surgiu a suspeita de que o fornecimento daquela cocaína partisse de três traficantes poderosos em Mato Grosso: Nilton Andrade dos Santos, o Pepito, um homem violento, suspeito de ser o mandante do assassinato de um capitão da PM em Mato Grosso e de um delegado em Campo Grande, no início da década de 1990; Antonio Borges de Oliveira e Maria Luíza Almirão dos Santos, a Branca. Como o esquema era complexo, a CGPRE solicitou o auxílio do escritório de inteligência de Campo Grande. Foi assim que eu e mais alguns agentes da base fomos para a região de Alto Araguaia, sudeste do Estado, área de atuação da quadrilha.

Fincamos base no hotel de uma cidade vizinha, Alto Garças, e fomos ao trabalho. Após alguns dias de campana, descobrimos três fazendas usadas pela quadrilha: a Casa Branca Leilões, a Gaivotas e a Pássaro Preto. Com autorização judicial, o agente Rogério disfarçou-se de funcionário da empresa de telefonia do Estado para conseguir acesso aos números de telefone usados pelo grupo e também fazer as escutas. Aí surgiu o primeiro problema: a quadrilha se comunicava principalmente por aparelhos de rádio. O telefone era utilizado apenas para repassar as frequências do aparelho e acrescentava poucas informações sobre o esquema.

Eu e outros agentes, como o Vilela, entrávamos discretamente nas fazendas do trio, nos escondíamos no meio do mato e lá recebíamos de Rogério as frequências. Em seguida, com um rádio de campanha e uma antena improvisada sobre árvores, tentávamos captar as conversas dos traficantes. Ficávamos dias inteiros na mata, à base de água e pão com salsicha. Era um trabalho inglório: as frequências mudavam a toda hora e o áudio era ruim. Também não podíamos perder de vista as andanças do trio, principalmente de Branca e seu indefectível jipe Toyota Bandeirante.

Identificados os líderes do grupo e as propriedades, faltava localizar a pista de pouso onde os aviões de Pepito, vindos da Bolívia, descarregavam a pasta base. Como as fazendas eram imensas, só havia um jeito: sobrevoar a área. Conseguimos um avião da CGPRE, que pousaria estrategicamente em Pedra Preta, município um pouco distante para não chamar a atenção dos nossos alvos, onde eu e o agente Ari estávamos esperando.

Aí aconteceu o pior: o nosso piloto, agente Pires, juntamente com o agente Marquinhos, do COT, encarregados da missão, tiveram problemas durante o pouso e a aeronave ficou avariada. Para evitar que a notícia se espalhasse, acionamos rapidamente um caminhão que levaria o Seneca III para algum galpão das redondezas.

Sem o avião, o jeito era se arriscar em solo. Naquela noite, eu e os agentes Machado, Ari e Lima nos embrenhamos no mato da fazenda. Lima levava o rádio da PF, para acionarmos a base no hotel caso localizássemos a pista. Usando minha ótima habilidade de caminhar no mato, mesmo na escuridão, me deparei com um descampado extenso.

— Aqui, achei a pista, é de cascalho, Ari.

Esperamos então o dia clarear para ter certeza absoluta e pegar as coordenadas geográficas. Quando chegaram os primeiros raios do sol, estava lá, a pista bem conservada. Eu me espreguicei e fui para um canto urinar. Quando me preparava para subir o zíper da calça, senti uma dor súbita bem naquele lugar. Era o ferrão de uma abelha, que aproveitou a oportunidade. Não bastasse a dor lancinante, sou alérgico a abelhas. Em poucos minutos os genitais e a virilha começaram a inchar.

— Pede ajuda pelo rádio! — pedi para o Lima. Só aí ele viu que se esquecera de levar parte do equipamento, o PTT.

Não sei onde arranjei forças durante todo o dia para caminhar de volta à base. Fui levado para um hospital na região. Depois de ser medicado, no dia seguinte, já estava melhor e tive alta médica.

Passadas várias semanas da investigação, esperávamos o momento certo para fazer a abordagem. Sabíamos que não poderíamos errar: se não houvesse droga no flagrante, não havia crime e todos fugiriam. Na manhã do dia 17 de setembro de 1995, sabíamos pelas escutas que a quadrilha preparava o transporte de uma partida de droga. Os agentes rumaram para vários endereços combinados previamente e ficaram à espreita. Horas mais tarde, os agentes Bicudo e João Rogério viram dois automóveis: um Corsa e um Gol, saindo da Casa Branca Leilões.

— Eles saíram, dois carros! — disseram pelo rádio.

Pedi a eles que seguissem os veículos e os abordassem alguns quilômetros adiante, para não levantar suspeitas entre os líderes da quadrilha. Assim foi feito: na base da Polícia Rodoviária Federal em Santa Rita do Araguaia, município vizinho, João Rogério encontrou 12 quilos de cocaína escondidos no Corsa. Os dois motoristas foram presos.

Era o que precisávamos para desencadear a Operação Primavera e invadir os outros imóveis. Três equipes entraram em ação quase simultaneamente: uma nas casas de Branca e outros dois acólitos, em Rondonópolis (MT); outra na Casa Branca Leilões; e a terceira na Fazenda Pássaro Preto. Na Casa Branca estava o avião de Antonio Borges com resquícios de cocaína, além de duas carretas com cigarros roubados da empresa Souza Cruz, outro negócio escuso do grupo. Na Gaivotas, outra pista de pouso e dois rifles com muita munição. Já na Pássaro Preto nos deparamos com Branca, alguns bolivianos e, próximo à cabeceira da pista de pouso que eu havia identificado, ocultos por galhos, dois tambores de acetona e um de éter, todos cheios. Como são produtos utilizados no refino da pasta base, passamos a suspeitar que o grupo tivesse um laboratório nas redondezas.

Pressionamos Branca e outros presos até que confirmaram que havia uma segunda propriedade onde a pasta base era refinada. A fazenda com o sugestivo nome de Fortuna ficava a 70 quilômetros da Pássaro Preto. Lá, havia seis bolivianos contratados por Branca, entre eles um químico, responsável técnico do laboratório, e duas mulheres, que cozinhavam para os demais. Um dos bolivianos nos indicou um pequeno galpão a mil e quinhentos metros da sede da fazenda onde ficava o laboratório, escondido em uma encosta de pedras natural da região montanhosa, com água límpida e abundante. Lá, encontramos 180 quilos de pasta base prontos para serem transformados em cloridrato, além de outros apetrechos, como cinco fornos micro-ondas, dois *freezers* e quatro secadores de roupa, dez tambores de éter e outros dez de acetona, além de pequenas quantidades de amoníaco e ácido clorídrico. Em um canto, um fuzil Galil utilizado pelas Forças de Defesa Israelenses (que ainda hoje é utilizado pela CGPRE) e mil adesivos com a marca registrada da quadrilha: "nelore puro". Próximo ao laboratório, em uma vala, encontramos um cemitério de micro-ondas quebrados, utilizados no refino da pasta base.

Passados três dias, um policial civil de Alto Araguaia me apresentou um rapazote boliviano. Era o olheiro da quadrilha na fazenda Fortuna.

— Eu alertei o pessoal do laboratório pelo rádio. Disse ter visto se aproximando da fazenda uma turma de verde, parecia o Exército; outra de preto que podia ser a PF, e por fim um helicóptero da Aeronáutica. Mas ninguém acreditou. E ainda me disseram que eu estava "borracho".

Em juízo, os bolivianos disseram ser vaqueiros nas propriedades, embora o único gado encontrado estivesse devidamente morto, limpo e armazenado em um dos *freezers* da fazenda Fortuna, pronto para o churrasco. No total, o juiz Milton Pelegrini condenou 15 pessoas da quadrilha, incluindo os três líderes, por tráfico e associação para o tráfico internacional.

Branca teve pena de 21 anos de prisão e iniciou o cumprimento da pena na penitenciária da Papuda, em Brasília. Mas, em meados de 1996, dois juízes, um de Mato Grosso e outro de Alagoas, se articularam para, em troca de propina, autorizarem a transferência de Branca para a Cadeia Pública de Atalaia, interior alagoano, onde já existia um plano para a fuga dela. As tratativas foram feitas pelo advogado contratado por ela, José Ribeiro Viana, aquele preso anos antes no caso dos falsos inhames em Fortaleza. No ano seguinte a traficante de fato passou a cumprir pena em Atalaia, mas o plano foi descoberto pela polícia. Os juízes foram aposentados compulsoriamente; já Branca retornou ao presídio de Brasília para cumprir sua pena. Posteriormente, mudou-se para a Bolívia, onde seria novamente detida por tráfico em 2008. Não tenho dúvida de que Branca faz jus ao apelido.

* * *

Pepito foi o único que escapou do flagrante de Alto Araguaia. Ele estava na fazenda Gaivotas quando invadimos a propriedade, mas conseguiu fugir. Subiu em uma caminhonete e saiu a toda velocidade pelos fundos do imóvel. No desespero da fuga, capotou o veículo e teve de fugir a pé. Correu para outra fazenda nas imediações, onde tinha um avião, e decolou rumo à Bolívia.

Ficamos mais de um ano sem saber do paradeiro dele. Até que, certo dia, eu estava na base de inteligência da PF em Campo Grande, quando recebi a informação de que Pepito estaria escondido em uma fazenda de Coxim (MS). Eu e os agentes Bicudo e Milton rumamos para lá. Foram semanas vasculhando a região, sem pistas, até que um de nós viu um caminhão camuflado próximo à entrada de uma fazenda. Já sabíamos que o traficante gostava de veículos camuflados. Poderia ser um indício.

Entramos na propriedade, que era muito grande. Fomos para a beira da estrada de acesso à fazenda e ficamos à espreita. Anoitecia quando vimos uma caminhonete. Só podia ser o Pepito e mais um dos seus esquemas no tráfico.

Faltava localizar a pista de pouso onde os aviões com cocaína desciam. Solicitei à Superintendência em Campo Grande um dos sete aviões apreendidos tempos antes com drogas, para sobrevoarmos a área. Contratamos então um piloto e lá fomos nós. Realizamos o voo de reconhecimento e identificamos a pista, seria um acesso difícil. A pista ficava a 12 quilômetros da entrada. Teríamos de caminhar essa distância a pé, no meio do mato, para não chamarmos a atenção.

Tínhamos de desconfiar de tudo e de todos, do contrário todo o esforço seria perdido. Por isso, sempre que alguém de fora da equipe era envolvido em alguma fase da investigação, mantínhamos vigilância estreita do colaborador, que poderia nos dedurar ao alvo. Foi o que quase aconteceu com o piloto. Flagramos o homem a caminho da casa de um subordinado de Pepito em Coxim. Detivemos o piloto e o levamos para a Superintendência. Só sairia de lá com o fim da operação.

Chegara a hora do flagrante. À tarde, eu e os dois agentes nos embrenhamos na mata. Levávamos um garrafão com cinco litros d'água, uma estação de radiobase nada leve e armamento pesado. Subimos em um pequeno morro, onde tínhamos visão completa da pista, e esperamos o dia amanhecer. Nos primeiros raios do sol, um pequeno trator começou a aplainar o solo. Era um sinal de que de fato era aquele o local do pouso do avião.

Mas o tempo passava e nada do avião. A garrafa quebrou e ficamos sem água. É a pior sensação do mundo. Comida até pode faltar, mas água, não. O corpo desidrata, fica fraco. A aeronave só chegou às 17 e 30, quando fazia 24 horas que estávamos no meio do mato. Vinha da Colômbia carregada com 100 quilos de cocaína e muitos galões de combustível para uma autonomia de 12 horas de voo. Imediatamente o trator, acoplado a carreta, se aproximou para receber a droga.

Uma abordagem naquelas circunstâncias era praticamente impossível, já que estávamos um pouco distantes da cena. Desci o morro para me encontrar com outras equipes de policiais onde estavam João Rogério, Matsunaga, Edson Caipira e Alcir entre outros, próximo à entrada da fazenda que nos dava suporte, e nos prepararmos para a invasão da sede da fazenda. No meio do caminho havia a estrada de acesso à propriedade. Quando percebi que uma caminhonete se aproximava, corri para me esconder. Um cachorro na carroceria farejou minha presença e começou a latir. Pepito me diria depois que ficou desconfiado, mas seguiu em frente. Foi seu erro.

Como já escurecera de novo, planejamos a invasão da fazenda no início da manhã seguinte. Assim foi. Prendemos todos os homens de Pepito com a cocaína, mas o chefe não estava. Eu não acreditava na falta de sorte. Tanto esforço para o homem escapar de novo?

Um dos presos disse que o patrão havia ido a Coxim comprar uma antena parabólica. Pedi aos agentes que prendessem qualquer um que entrasse na propriedade e corri para a cidade. Na única loja que vendia as tais antenas, nada do Pepito. Voltei para a fazenda.

— Nem sinal dele. Ele veio para cá? — perguntei.

— Não. Só prendemos um aqui na estrada.

Quando fui ver, era o Pepito. Os outros agentes não conheciam o sujeito. Mas eu nunca me esqueceria do alvo que me dera tanto trabalho.

Condenado no flagrante pelo juiz Odilon de Oliveira, o traficante passou a cumprir pena na Papuda, assim como sua comparsa, Branca. Diferente dela, não corrompeu a Justiça na tentativa de escapar das grades. Foi mais direto e violento: arquitetou planos para assassinar o juiz Odilon. Em escutas autorizadas pela Justiça, captei conversas de Pepito com a família Morel, de Ponta Porã, outro alvo da caneta pesada do juiz, para acabar com o magistrado por meio de um carro-bomba. O Ministério da Justiça recebeu uma carta anônima, possivelmente de um detento da Papuda, detalhando o plano. Um inquérito foi instaurado e Pepito foi ouvido no presídio — ele negou envolvimento no caso. De todo modo, a segurança de Odilon foi reforçada e o plano maligno não se concretizou. Os Morel, no entanto, continuariam tirando o sono da Polícia Federal por muitos anos.

Capítulo 11
O CLÃ MOREL

Por muitos anos João Morel controlou com mão de ferro a produção e o comércio de maconha na empobrecida região de Capitán Bado, Paraguai. Chamado de "rei da maconha", João controlava várias fazendas produtoras de *cannabis* em solo paraguaio. Para isso, contava com o auxílio dos irmãos Israel e Lucila e dos filhos Mauro e Ramon. A venda de maconha paraguaia e da cocaína vinda da Bolívia fez a riqueza da família — a CPI do Narcotráfico na Câmara dos Deputados apontaria os Morel como os maiores fornecedores de maconha no Brasil. Tanto poder logo chamou a atenção da PF no Estado. Capturar os Morel com droga era questão de honra para a nossa base em Campo Grande.

A oportunidade viria em abril de 1996. Descobrimos que Lucila utilizava a fazenda Mangueiral, em Alto Araguaia (MT), como entreposto para receber cocaína vinda da Bolívia. O ex-governador de Mato Grosso à época cedeu sua fazenda, que ficava a sete quilômetros da Mangueiral, para nos servir de base. Eu e os agentes Waldy, Edson Caipira, Kiko e Matsunaga, entre outros, ficávamos dias de campana na Mangueiral, atolados em uma área de brejo. Foram vários dias de observação, apenas esperando o momento certo de dar o bote.

No dia 5 de abril de 1996, invadimos a fazenda e encontramos 483 recipientes com acetona, 67 com amoníaco e um tambor de ácido sulfúrico, produtos utilizados no refino da pasta base que seria enviada para a Bolívia. Apreendemos ainda três aviões da quadrilha e prendemos Fernando Aguillar Martins, uma espécie de gerente dos negócios escusos de Lucila — ele acabaria assassinado anos depois na fronteira com o Paraguai. A líder do grupo seria presa naquele mesmo dia por outra equipe de agentes com 96 quilos de cocaína em Campo Grande. Seu irmão Israel fugiu — seria preso 20 dias depois.

Na fazenda Mangueiral, incineramos os produtos químicos. A operação transcorria como o planejado até que, sem querer, o agente Kiko disparou sua puma 357 e o tiro pegou no meu pé direito. Ainda hoje carrego fragmentos de chumbo nele. Apesar disso, por sorte consigo enfrentar as sensíveis portas giratórias das agências bancárias.

Com relação ao clã Morel, o destino da maioria deles daria uma reviravolta no fim dos anos 90, quando João, o líder da família, decidiu associar-se a um certo Fernandinho Beira-Mar, traficante da Baixada Fluminense que galgava fama e poder no submundo do tráfico. A parceria durou até dezembro de 2000, quando uma operação das polícias brasileira e paraguaia invadiu uma festa com 40 pessoas em Capitán Bado e matou a tiros Jayme Amato Filho, braço direito de Beira-Mar na fronteira. Era a segunda baixa do traficante na região — sete meses antes, outro parceiro dele no Paraguai, Marcelinho Niterói, havia sido preso em Capitán Bado.

Beira-Mar suspeitou que a família Morel estaria alimentando a polícia com informações sobre seus esquemas em troca de benefícios para o *capo* João, preso por tráfico em Campo Grande. Ele não perdoaria. Em janeiro de 2001, Ramon e Mauro foram assassinados a tiros de metralhadora em Capitán Bado. Uma semana mais tarde, o próprio João foi assassinado no Presídio de Segurança Máxima de Campo Grande. Em entrevista ao jornal paraguaio *ABC Color*, Beira-Mar assumiu a autoria das mortes. Os Morel perderam força, mas nunca abandonaram de vez o comércio da *cannabis*.

* * *

Outra família que mergulhou fundo no narcotráfico foi a dos irmãos Mota Graça. Um deles, Antonio, vulgo Curica, seria absolvido no caso das 7 toneladas de cocaína em Tocantins. Mas foi seguindo seus rastros que chegamos ao irmão dele, Jorge Mota Graça, e a outro sofisticado esquema de exportação da droga.

Tudo começou pelo piloto da quadrilha, Orlando Guaracy Barros Cardoso. Nossa base sempre focava nos pilotos, por serem engrenagens relevantes na logística do tráfico — tudo gira em torno deles. Já conhecíamos Orlando da década de 80, quando foi preso com quarenta quilos de cocaína em Franca (SP), objeto de investigação de minha base operacional de Ponta Porã. Ele era subordinado direto do paraguaio Dionisio Vasques. Integrava o grupo o ex-prefeito de Maracaju (MS) Jair do Couto, sujeito boquirroto que falava abertamente de tráfico de drogas por telefone, e Sebastião Nunes Siqueira, que fazia o contato com os fornecedores colombianos.

Foram semanas de escutas e campanas na metade de 1995 até descobrirmos o entreposto da quadrilha no Brasil. Era uma fazenda em Pedro Gomes (MS), na divisa com Mato Grosso. A propriedade era imensa e de difícil acesso. Para piorar, a sede ficava em um descampado e tinha muitos cachorros, que alertariam a nossa presença. Por isso, acompanhávamos a movimentação a distância, com binóculos. No dia 30 de setembro, vimos um avião Bandeirante descendo na pista de pouso da fazenda. Certamente trazia a cocaína da Colômbia. Como estávamos muito distantes, seria impossível abordar o grupo naquele momento. O jeito então era esperar a droga sair da propriedade. Montamos então uma campana na porteira. Contamos com uma base de apoio, uma fazenda de parentes do agente Rubênio, para promover o rodízio dos agentes que vigiavam a fazenda do prefeito. Foram 21 dias de espera e nada. Até que, na noite do dia 21 de outubro, vimos um integrante do grupo, Amaury Mazzucatto, genro de Jair (àquela altura já tínhamos identificado todos os integrantes da quadrilha), se aproximar da porteira com uma caminhonete, vindo de outro lugar. Como estava bêbado, foi fácil rendê-lo.

Minha ideia era entrar com o veículo dele na propriedade, para não despertar suspeita. Chovia muito, o que dificultava a ação. Mas decidi arriscar. Obriguei Amaury a dirigir até a sede. Quando chegamos lá, eu e outros agentes, entre eles Bicudo, Edson Caipira e Edgar, descemos do carro já com as armas apontadas para os homens que estavam na propriedade. Por sorte ninguém reagiu. Em alguns minutos chegou outra equipe em um helicóptero da PF. Em um barracão próximo à sede, encontramos 670 quilos de cocaína escondidos em sacas de café. Os planos do grupo eram levar a mercadoria de caminhão até o porto de Santos, de onde seria exportada para Istambul, na Turquia. Doze pessoas foram presas em flagrante, incluindo o piloto Orlando, o ex-prefeito Jair, Sebastião Siqueira e Jorge Mota Graça. Jair morreria em 2012, aos 72 anos, vítima de câncer.

* * *

Quatro anos mais tarde, eu voltaria a combater traficantes ligados a Sebastião Siqueira. No início de outubro de 1999, eu estava a trabalho na Superintendência em São Paulo, onde havia participado de um flagrante por tráfico, quando surgiu na sala o agente Pesado, chefe do escritório de inteligência em Londrina (PR).

— Pinelli, tenho um serviço para você. Vai descer um avião com cocaína em Piracicaba e vamos dar o flagrante.

Nem pensei em recusar. Estou dentro.

Interceptar avião em pistas improvisadas é sempre uma missão difícil e arriscada. Mas é a minha especialidade como policial. Ao longo da carreira, já participei de operações que levaram à apreensão de mais de 50 aeronaves. Com o passar dos anos, desenvolvi um curso sobre o assunto para os colegas da Polícia Federal, com técnicas que aprendi em tantos anos de tentativa e erro no meio do mato.

Cada caso requer estratégias distintas, conforme o relevo que cerca a pista, o tipo de vegetação, as vias de acesso, a existência ou não de casas próximo, o clima. Mas algumas regras quase nunca se alteram. Primeiro, é preciso chegar à região aproximada em que o avião com cocaína vai pousar. Os "pisteiros", traficantes responsáveis por resgatar a droga do avião logo após o pouso, costumam informar as coordenadas geográficas por telefone, sempre em códigos. Já quebrei vários deles. O mais comum é usar palavras com dez letras em que nenhuma se repete. Assim, cada uma indica um número. Por exemplo: "ventilador". Mas também podem usar cores, frutas, animais. Vai da criatividade do crime.

Com a coordenada, é necessário ir até a área para planejar a ação policial. Costumo fazer um sobrevoo na região — hoje em dia os drones poderiam fazer essa tarefa com mais facilidade. Se usar avião, há algumas técnicas para essa identificação. A mais básica é fazer apenas um sobrevoo — mais de um pode despertar a desconfiança dos traficantes. O ideal é usar um Cessna 206, a uma velocidade de 150 milhas por hora e altitude de 5 mil pés. Tudo deve ser gravado em vídeo para análise posterior.

Se o reconhecimento é por terra, todo o cuidado é pouco para não levantar suspeitas na quadrilha investigada. Não deixar rastros de pegadas nem de pneus, muito menos lixo na pista e nas proximidades, como bitucas de cigarro. Um descuido pode colocar meses de investigação a perder.

Conhecida a pista, é necessário definir as funções da equipe. Costumo trabalhar com cinco policiais, todos em um mesmo lado da pista, para evitar fogo cruzado. Eu e mais um atiramos com fuzis calibre 762 ou 556 no motor do avião, logo atrás da hélice, para evitar que decole novamente e fuja. Enquanto isso, os outros três rendem os "pisteiros" no solo.

O posicionamento da equipe de assalto depende da extensão da pista de pouso. O comprimento médio mais comum é de 800 metros. Nesse caso, tento intuir o lado em que a aeronave vai pousar. Barreiras como árvores, galpões e fios elétricos próximos à pista indicam que o pouso vai ocorrer pelo lado oposto. A direção do vento também influencia. Posiciono então a equipe na ponta oposta, onde fatalmente o avião vai reduzir a velocidade para taxiar. Se a pista tiver de 800 a mil metros de extensão, permite o pouso e a decolagem sem a necessidade de manobrar o avião. Nesse caso, fico no meio da pista, sempre a uma distância segura de 30 metros. Assim terei tempo de correr para o lado em que o avião parar — aproveito o barulho do motor da aeronave para corrigir a distância pois, mesmo fazendo ruídos na folhagem, não vai chamar a atenção.

Mas aquela missão do agente Pesado não seria nada fácil. O grupo investigado era do norte do Paraná. Um dos seus integrantes era Valter Vicente Travaglia. Em agosto de 1999, o agente Valnir caminhava ao lado do aeroporto de Umuarama (PR) quando viu Valter, dono de uma oficina de aviões no local, conversando com o piloto Rui Sérgio Freitas de Carvalho. Minutos mais tarde, o piloto retirou um Cessna do hangar e ambos passaram a carregar a aeronave com vários sacos. Valter embarcou no Cessna, que decolou em seguida. A partir daquela data, a PF começou a seguir os passos de Valter. Descobriu que ele tinha dois aviões, que viajavam constantemente para a Bolívia e pousavam em Umuarama e Arapongas, norte paranaense. O grupo costumava se comunicar por rádio. Foi seguindo a frequência de comunicação no aparelho que os agentes descobriram o local de pouso, na região de Piracicaba.

A primeira dificuldade era localizar a pista. Não tínhamos nenhuma coordenada geográfica, apenas os deslocamentos dos alvos a partir das antenas de celulares, sempre entre Piracicaba e São Pedro, município vizinho. Montamos croquis e chegamos a três pistas possíveis. Colocamos um agente em cada pista, em campana. No segundo dia, um deles notou a chegada de um carro em pista da Fazenda Limoeiro. Era o pisteiro. O pouso seria lá. Seguimos o carro até Piracicaba, para saber o endereço dele. Bastava acompanhar seus passos para sabermos o horário aproximado do pouso.

Tudo caminhava para mais uma operação bem-sucedida. Mas na tarde daquele dia 9 de outubro de 1999 quase tudo deu errado.

Às 6 horas da manhã, com o sol ainda nascendo, o pisteiro saiu de casa com seu automóvel. Alguns quilômetros adiante, juntou-se a uma caminhonete Silverado, para o transbordo da droga que viria na aeronave. Checaram a pista e saíram. Suspeitamos que o avião chegaria no período da tarde e nos posicionamos na pista. Em uma das pontas havia postes de eletricidade, o que dificultaria o pouso. Então, por dedução, seria daquele lado dos postes que ficaríamos de campana. Éramos cinco: eu, o delegado Marlon e os agentes Delfim, Valnir e Dantas. Eu e o Delfim atiraríamos na aeronave e os demais renderiam os pisteiros. Como a cana-de-açúcar era baixa, cerca de um metro, tínhamos de caminhar bem agachados.

Calculei toda a cena: o avião desceria, taxiaria no espaço de 50 metros e pararia, já pronto para nova decolagem. Eu ficaria na reta da aeronave. Assim foi. À tarde o Cessna desceu e foi recebido por uma caminhonete com três pisteiros — dois se somaram àquele que vínhamos seguindo desde o dia anterior. Para confundir os traficantes e dar o sinal para a nossa abordagem, joguei uma bomba de efeito moral, que caiu na carroceria da caminhonete. Imediatamente comecei a atirar. Demorou para que eu percebesse que estava sozinho. Os policiais não vieram comigo, como o combinado.

Em pé, com a cana baixa, eu era um alvo fácil. Lembro-me de ter visto um dos traficantes atrás da porta da caminhonete e outro, negro, na carroceria apontando a arma na minha direção. Foi tudo muito rápido. Joguei meu fuzil e rolei no chão até cair atrás de uma curva de nível, de onde saquei minha pistola disparando 11 tiros em segundos. Depois encontrei uma granada perto de onde eu estava — por sorte não explodiu. De repente encostei no camuflado do delegado Marlon. Só deu tempo de gritar:

— Atira!

Foi uma rajada longa de metralhadora. O traficante da carroceria da caminhonete, Wanderley César de Andrade, o Negão, morreu com um tiro na cabeça. Valter, que urinava do outro lado da pista quando atacamos, fugiu pelo canavial com seu comparsa Vitor Bernardino Ribeiro, que chegou a levar um tiro em uma das mãos — eles seriam presos dias depois em Cascavel (PR) e Caarapó (MS), respectivamente. No avião havia 295 quilos de cocaína. O piloto, Ruy Sérgio Freitas de Carvalho, ficou ferido com os estilhaços do vidro do Cessna, atingido pelos tiros dos agentes.

Em nenhuma outra ocasião estive tão perto de morrer. Definitivamente, sou um homem de sorte.

Capítulo 12

UM MAJOR NO TRÁFICO

Sérgio Roberto de Carvalho, conhecido como Major Carvalho, era um homem respeitado em Campo Grande nos anos 1990. Oficial da Polícia Militar, comandou a corporação em Amambaí, próximo à fronteira com o Paraguai, e também foi diretor da Ciretran do Estado. De origem humilde, o major tinha fazendas, empresa transportadora com uma frota de caminhões, aviões e um posto de combustível, bens que o salário honesto de um policial jamais poderia comprar, como apontaria tempos depois o então juiz federal Fausto Martin de Sanctis: "Sérgio, sem dúvida, valendo-se da sua condição de policial, detendo poder de liderança, não encontrou maiores dificuldades para ingressar nesse rentável comércio [de cocaína]. Cercou-se de pessoas entusiastas pela obtenção de lucro fácil e acesso aos confortos que somente o dinheiro poderia propiciar".

Em meados de 1994, seu nome surgiu em escutas captadas pela base da Polícia Federal em Campo Grande. Eu e o agente João Rogério fomos então até o juiz federal Odilon de Oliveira solicitar autorização para investigarmos o major. Pensávamos que seria uma operação simples, de apenas um mês.

Demorou três anos.

Por ser PM, conhecedor das técnicas de investigação policial, Carvalho usava de muitos truques para escapar da nossa vigilância. Só se comunicava por rádio ou por encontros pessoais, nada de telefone. Mesmo assim, falava em códigos:

— Vai na cavalo ou na bonita — dizia.

Ele usava muito o sistema de comunicação de números utilizando letras, que só eram decifradas por quem soubesse a palavra-chave. Essas frequências de radiotransmissor operadas em USB ou LSB eram alternadas em questão de minutos, em uma mesma conversa. Nossa equipe contava com o papiloscopista Barbosa, especialista em radiocomunicação, que passava horas e dias gastando seus neurônios captando fragmentos de conversas do grupo do Major.

Demorou meses para mapearmos todo o esquema do Major. Ele tinha dois aviões para trazer cocaína da Bolívia e Colômbia em propriedades rurais de Bodoquena, e a fazenda Nova Cordilheira, que de fato era dele, mas estava registrada em nome de laranjas, situada em Rio Verde de Mato Grosso (MS). De lá, a droga seguia para a região de Ribeirão Preto (SP), onde era negociada com Douglas Kennedy Lisboa Jorge, o Biggie.

Carvalho era arisco e também cruel. Certo dia, um de seus aviões desapareceu em solo boliviano com US$ 60 mil, pagamento aos fornecedores por uma remessa de cocaína. Para justificar o sumiço da aeronave, solicitou o apoio do Grupamento de Resgate da Força Aérea em Pirassununga, mas forneceu um plano de voo falso para que o Cessna 206 não fosse encontrado. Enquanto isso, o Major ordenou a um grupo de bolivianos que localizassem a aeronave no país vizinho. Dias depois, o *capo* foi informado que o Cessna estava no meio da selva e que o piloto Emerson de Carvalho, o Grilo, estava morto na cabine, mas que o dinheiro fora recuperado. O Major determinou então que a aeronave fosse incendiada com o piloto dentro.

Em outubro de 1997, o Major Carvalho perderia outra aeronave, dessa vez na Colômbia. Outra pane derrubou e matou o piloto Cornel Ramos logo depois da decolagem do avião carregado com cocaína. Ramos já havia sido preso em flagrante nos anos 80, com 3,5 quilos de cocaína em Copacabana, Rio. O piloto fazia outra rota de tráfico do Major, a partir da Colômbia, passando por Roraima até Mato Grosso do Sul. Carvalho determinou que o corpo de Ramos fosse levado clandestinamente até o Paraguai, onde forjou uma ocorrência de acidente de trânsito para justificar a morte e evitar suspeitas sobre o seu esquema na Colômbia. Do

Paraguai, o corpo foi trasladado formalmente até Campo Grande, onde foi entregue à família e sepultado.

A investigação teve uma reviravolta a partir de uma estratégia ousada. Fizemos marcação cerrada sobre um dos pilotos, de apelido Dunga, que morava em Ribeirão e era ligado tanto ao Major quanto a Biggie. Certo dia, ele voou do interior paulista até a Bolívia para buscar uma carga de pó, com uma parada no aeroporto de Ocorema, em Ladário, cidade vizinha a Corumbá. Veio então uma forte chuva, o que obrigou Dunga a ficar três dias parado. Sabíamos, pelas escutas, que o avião tinha alguma irregularidade administrativa. Por isso eu e mais três agentes combinamos com a direção do aeroporto que nos passaríamos por fiscais do Departamento de Aviação Civil (DAC), atual Anac, para abordar Dunga. Enquanto meus colegas Milton e Lucena da PF levavam o piloto para uma sala no setor administrativo do aeroporto, eu entrei no avião e peguei o aparelho de GPS. Estava tudo lá: os códigos do Major com as respectivas coordenadas geográficas.

Os flagrantes começaram a surgir. No total, a PF apreendeu mais que uma tonelada de cocaína e um dos aviões do Major. Cheguei a montar uma base de inteligência em Ribeirão Preto apenas para investigar o Major Carvalho. Mas a iniciativa não deu resultado — havia policiais federais suspeitos de corrupção na delegacia da cidade e temíamos que nossa operação, batizada de Caserna em referência ao Major, chegasse até os nossos alvos. Passamos então a vigiar a fazenda Nova Cordilheira, em Rio Verde. Era um local de difícil acesso. Por dez vezes ao longo de um ano tínhamos de subir um morro muito íngreme para fazer a vigilância. Dois agentes chegaram a passar mal de tanto cansaço. De lá víamos a pista extensa, com cerca de mil metros de comprimento. Ficava em um descampado, o que dificultaria nossa aproximação. Minha sorte foi que descobri uma erosão próxima à pista. Era lá que nos escondíamos à espera dos aviões do Major abarrotados de droga.

Mas faltava vincular o *capo* às apreensões. Sabíamos que o Major costumava viajar de Campo Grande até a região de Ribeirão para conferir a qualidade e a quantidade da cocaína entregue a Biggie, além de receber deste último o pagamento pelas remessas. Mas fracassamos em duas oportunidades. Na primeira, o Major entregou a Biggie 400 quilos da droga, transportada em um de seus aviões. Mas perdemos o carro em que ele estava. Na segunda, chegamos muito, mas muito perto do flagrante ideal. O Major se associou a João Morel para fornecer 100 quilos de cocaína para Biggie, levados até o interior de São Paulo de avião. Queríamos descobrir onde era o depósito em que Biggie guardava o entorpecente e flagrar o trio com a droga. Para isso, acompanhamos o caminhão que saiu vazio de Campo Grande até a região de Ribeirão, onde seria carregado com a droga e possivelmente levado até o Rio de Janeiro. Na rodovia Anhanguera, já próximo de Ribeirão, o caminhão entrou em uma estrada vicinal, sem movimento, e parou no acostamento. A estratégia da quadrilha era esperar anoitecer para seguir até o depósito de Biggie. Nesse momento, eu vi, em um posto de combustível próximo, o trio reunido: Major Carvalho, João Morel e Biggie. Meus olhos brilharam — era a grande oportunidade de um flagrante incrível. Bastava ter um pouco de paciência.

Mas um lance de distração pôs tudo a perder: quando o caminhão pegou a estrada novamente, nós o perdemos de vista. E o trio também sumira do nosso radar. Eu não acreditava. Fiquei furioso.

Demoraria mais um pouco para que a sorte virasse para o nosso lado. Na tarde do dia 6 de novembro, agentes em Campo Grande bisbilhotaram uma reunião do Major com seus subordinados no tráfico na transportadora dele. Ele estava organizando uma nova remessa de droga. Imediatamente eu e os colegas fomos para a Nova Cordilheira e preparamos o bote. Na manhã do dia seguinte, da erosão onde nos escondíamos, vi um dos peões da fazenda levando galões de combustível de avião até a beira da pista. Era o sinal de que a aeronave pousaria em breve com a cocaína.

Por volta das 11 horas da manhã, o Corisco se aproximou da pista de pouso. Metralhamos o motor do avião e rendemos o piloto e dois dos funcionários da fazenda. O piloto estava chapado, era viciado em cocaína, caso raro de ver. Na abordagem ele deu um soco na cara do Kiko, agarrou no meu fuzil, tentando retirar das minhas mãos. Sem pestanejar, Matsunaga atirou com sua pistola na perna do piloto, que assim foi contido. Dentro da aeronave, 250 quilos de pasta base, avaliada na época em R$ 4,5 milhões, escondidos em sacos de farinha de trigo com a inscrição "indústria boliviana". No celular de um dos acólitos do Major, os policiais encontraram ligações para a Guiana, Martinica, no Caribe, e São Tomé e Príncipe, África.

Imediatamente acionei por rádio nossa equipe em Campo Grande. A ordem era ir até o quartel da Polícia Militar e prender o Major. O problema é que ninguém da equipe da Superintendência conhecia o oficial. Resultado: prenderam o Major Carvalho errado. O verdadeiro fugiu. Só seria encontrado porque, dias mais tarde, de um orelhão da praia da Enseada, Guarujá, litoral paulista, ele telefonou para parentes em Mato Grosso do Sul. Seria preso em pleno feriadão da Proclamação da República em um hotel na cidade. Meses mais tarde, o Major foi flagrado com US$ 180 mil escondidos debaixo do colchão dele no presídio especial da Polícia Militar de Mato Grosso do Sul. Em 2000, foi condenado a 15 anos de prisão por tráfico e associação ao tráfico internacional pelo TRF, processo relatado pelo juiz convocado Fausto de Sanctis. Após recursos nos tribunais superiores, todos negados, o processo foi encerrado. O major acabaria expulso da PM de Mato Grosso do Sul. Em 2009, foi alvo de outra operação policial por envolvimento com a exploração de jogos caça-níqueis na capital do Estado.

Biggie também era investigado pela Polícia Civil de Ribeirão. Em 1996, os policiais suspeitavam que ele fosse um dos ocupantes de um Corisco branco de listras azuis que descarregava pasta base de cocaína boliviana em um sítio de Santa Rosa de Viterbo, norte paulista, onde funcionava o laboratório de refino de *crack* e cloridrato de cocaína de Biggie. O traficante chegou a ser denunciado por tráfico e associação, mas acabou absolvido pela Justiça paulista. Antes da sentença, fugiu da cadeia e desde então seu paradeiro é ignorado pela polícia.

* * *

Em 1998, fui transferido para a CGPRE, em Brasília. Mas o conhecimento que adquiri da criminalidade em Mato Grosso do Sul me levaria a retornar ao Estado muitas vezes. Uma das primeiras não teve relação com o narcotráfico, mas com um crime de pistolagem cruel em Mundo Novo, a 18 quilômetros da fronteira com o Paraguai. No fim da tarde de 30 de outubro de 1999, Dorcelina Folador, prefeita da cidade, estava em casa, uma edícula simples. De sua cadeira de rodas, já que era paraplégica, observava distraída os cômodos que ela e o marido erguiam no terreno em frente à edícula. Por isso ela não percebeu a aproximação, por trás, de um homem carregando uma pistola. Com a ajuda de uma escada, ele havia escalado o muro de 1,80 metro que separava a casa de um terreno baldio ao lado. Dorcelina levou oito tiros pelas costas. Morte instantânea.

Era uma tragédia anunciada. Dorcelina ganhara respeito e popularidade como líder sem-terra em um Estado com graves problemas fundiários. Militante petista em um tempo pré-Mensalão e pré-Lava-Jato, candidatou-se a prefeita de Mundo Novo com a promessa de combater a corrupção da cidade — sua campanha exibia uma vassoura com o lema: "Vamos varrer a corrupção, Dorcelina é a solução". Não seria uma tarefa fácil. Em 1995, a população do município, na época com pouco mais de 20 mil habitantes, havia pressionado pela renúncia do então prefeito, o médico José Carlos da Silva, acossado por denúncias de corrupção. Silva deu lugar ao vice, também envolvido em supostas irregularidades administrativas e nepotismo. A instabilidade política se refletia nas ruas. Mundo Novo era uma cidade decadente, com comércio à míngua e pecuária em crise. Para piorar, o município é uma tradicional rota do narcotráfico e do contrabando a partir do Paraguai.

Com o apoio da Igreja Católica e de pequenos comerciantes, Dorcelina foi eleita com 42% dos votos. Na posse, em janeiro de 1997, prometeu acabar com a corrupção e denunciar as máfias que operavam o narcotráfico e o contrabando na cidade.

"Mundo Novo estava nas mãos da máfia havia 20 anos. Conseguimos mobilizar a população, gritando por ética e moralidade. Isso abriu uma porta de esperança, de que seria possível mudar as coisas aqui na fronteira, controlada pelas máfias do narcotráfico, do contrabando de carros e do contrabando de bebês", disse a recém-eleita em entrevista ao jornal *Folha de S.Paulo*.

A petista prometeu e cumpriu. Meses antes de morrer, ela entregou à Comissão de Direitos Humanos da Câmara dos Deputados um relatório que denunciava o tráfico de bebês na região de Mundo Novo, com o envolvimento de advogados e juízes.

A coragem da prefeita fez brotar inimigos por todos os lados. Dorcelina era uma voz a ser silenciada. E foi. O crime teve repercussão em todo o Brasil. Era preciso chegar aos culpados. O então ministro da Justiça, José Carlos Dias, determinou que a Polícia Federal auxiliasse nas investigações. Então eu e o João Rogério, lotado em Campo Grande, fomos designados para a missão.

Chegamos a Mundo Novo uma semana após o assassinato. O inquérito estava sob a presidência da delegada Sidnéia, chefe do Garras da Polícia Civil, com um grupo de policiais altamente qualificados. Mesmo assim, o caso demorou mais de dois meses para ser desvendado. Diariamente, um grupo de fiéis católicos acendia uma vela na escadaria da Igreja Matriz da cidade para lembrar os dias que se passavam sem que o crime fosse solucionado, o que aumentava a pressão sobre a equipe de investigação.

Tomamos conhecimento que o cenário do crime havia sido todo modificado, para atrapalhar a perícia. O suspeito inicial era o próprio marido de Dorcelina, dirigente do PT na cidade, descartado em seguida. Passamos a "caçar" os pistoleiros, comuns na região. Eles eram detidos e levados para oitiva na delegacia de Guaíra (PR). Ouvimos vários, até que um decidiu contar o que sabia:

— Me chamaram para o "serviço", mas não pude aceitar porque na ocasião estava preparando um assassinato em Guaíra.

— Quem foi o mandante?

— O Jusmar.

Jusmar Martins da Silva era o secretário de Fazenda de Mundo Novo, funcionário de confiança de Dorcelina. Fomos atrás dele. Não demorou para que confessasse o crime. O motivo era uma dívida que a prefeitura tinha com o Banco Santos, no valor de R$ 4,5 milhões, em valores da época. Havia sido contraída na administração de José Carlos da Silva. Em um esquema orquestrado com prefeitos de cidades vizinhas (um deles, Laércio José Balan, envolvido com contrabando, que também foi preso), o débito seria saldado em troca de propina. Mas Dorcelina teria se recusado a participar da fraude. Segundo ela, o dinheiro do empréstimo havia desaparecido do caixa da prefeitura. Revoltado, Jusmar contratou um pistoleiro para executá-la: Getúlio Machado. O secretário era filho do delegado da cidade, o que explica a cena do crime adulterada.

A investigação também levou à prisão de vários outros envolvidos direta ou indiretamente no crime, incluindo outros pistoleiros que atuavam na região.

Dorcelina se tornou mártir na luta contra todo tipo de crime que impera na fronteira.

Capítulo 13

DOIS FILMES E UM SEQUESTRO

O Ratinho Encrenqueiro e *A História da Bíblia*. Separados, são apenas dois filmes modestos. Juntos, foram decisivos no desfecho de um dos mais longos e dramáticos sequestros do país, no fim dos anos 1990: o de Wellington José de Camargo, irmão da dupla sertaneja Zezé di Camargo & Luciano. Um caso resolvido com o puro faro policial a partir de pistas esparsas e muita, muita sorte.

Mas afinal, o que dois filmes têm a ver com um sequestro? Explico melhor.

Antes, é preciso voltar no tempo. Fim dos anos 80, Campo Grande, Mato Grosso do Sul. Eu era agente da Polícia Federal especializado no combate ao narcotráfico. "Especializado" pode soar forçado em uma época em que o setor de inteligência da PF engatinhava. Apelávamos para o jogo bruto e pouco produtivo, com barreiras na região de fronteira para abordar veículos aleatoriamente à procura de drogas. Como em uma pescaria, prendíamos muita gente grande, mas também peixes pequenos do tráfico, sem saber suas origens.

José Luiz Montanha era um deles. Em 1989 eu o prendi em flagrante com cinco quilos de cocaína. Mais uma prisão rotineira. Montanha foi para a cadeia e eu continuei na base de Campo Grande.

Em um outro caso, de 1997, investimos vários dias seguindo os passos de uma advogada da cidade que suspeitávamos estivesse envolvida com o tráfico. Com autorização judicial, grampeamos o telefone dela e passamos a ouvir suas conversas 24 horas por dia. Uma delas foi muito estranha, com um homem de Goiânia.

— Vou entrar no banco com um colar de abacaxi pendurado no pescoço.

Só podiam ser granadas. Um assalto a banco.

O homem disse que iria de avião para Campo Grande, encontrar-se com a advogada. No dia combinado, eu e o agente Matsunaga, companheiro de muitas aventuras, fomos até o aeroporto para identificarmos o tal goiano. O problema é que a advogada não estava no saguão, talvez tivesse encarregado outra pessoa para buscá-lo. O avião vindo de Goiás pousou, os passageiros desembarcaram. Como saber quem era o homem?

Tínhamos de pensar rápido. Só havia um jeito: pedi para o Matsunaga correr para um orelhão e telefonar para o número do suspeito. Enquanto isso, fiquei ali na saída para ver quem atenderia o celular. É uma estratégia arriscada, porque pode assustar o alvo e colocar todo o trabalho de inteligência a perder. Quem sacou o aparelho foi um homem baixo e magro, com uma maleta típica de executivo e um terno azul-claro impecável, a mesma cor dos seus olhos grandes. Parecia tudo, menos um assaltante.

No estacionamento do aeroporto, quando vimos o rapaz entrar no carro da advogada, tivemos certeza de que era o tal goiano. A investigação avançou. Descobrimos o nome dele, Osmar Martins, e vimos quando os dois alugaram uma caminhonete. Dias depois, chegou um grupo de homens e todos seguiram até Rio Brilhante, cidadezinha entre Campo Grande e Dourados. Fomos no encalço. Eles passaram várias vezes em frente a uma agência do Banco do Brasil. Só podia ser o alvo da quadrilha.

Avisamos o serviço reservado da Polícia Militar, que, juntamente com a Polícia Civil, armou uma estratégia para prender todos. Ficamos só na retaguarda, auxiliando na inteligência. A PM optou por deixar o assalto ocorrer e pegar todos na saída. Assim foi.

Na tarde do dia 14 de julho, o bando estacionou a caminhonete alugada em frente à agência. A invasão foi rápida. Em poucos minutos os assaltantes saíram com os malotes de dinheiro: R$ 60 mil. A polícia sabia que eles voltariam a Campo Grande, por isso montaram uma grande barreira na saída de Rio Brilhante. Ao avistarem os PMs, três homens saíram de dentro da carroceria do veículo armados com fuzis — um deles levava o tal colar de "abacaxis". Os policiais revidaram e feriram o trio. Um deles levou um tiro de fuzil no peito. Era o tal Osmar Martins, dos olhos azuis. Foi socorrido e levado para a Santa Casa de Campo Grande. Sobreviveu. Após semanas na UTI, foi levado para um quarto do hospital, sob escolta permanente de dois PMs, que se revezaram ao lado da cama. No fim da recuperação, quando a alta parecia próxima, Osmar não titubeou: cooptou o militar e, uma noite, os dois fugiram do hospital. O PM seria preso tempos depois. Osmar, não.

* * *

Segui com minhas operações policiais antitráfico na minha nova lotação, na CGPRE em Brasília, até ser chamado para participar de uma grande investigação para identificar e prender a quadrilha que sequestrou Wellington.

Era noite de 16 de dezembro de 1998 quando quatro homens encapuzados e armados com pistolas pularam o muro e invadiram a casa no Jardim Europa, bairro de classe média baixa em Goiânia, onde Wellington morava com a mulher, Ângela Camargo, e o filho Daniel, na época com cinco anos. A casa humilde, com telhas de amianto, contrastava com a vida de luxo dos dois irmãos famosos, o que indignava os vizinhos do bairro. Wellington, que é paraplégico desde bebê devido a uma poliomielite, foi levado no colo pelos sequestradores e colocado no banco de trás de um Escort com placas clonadas. Começava ali um drama de 94 dias que mobilizou o país.

Foram poucos os contatos da quadrilha com a família Camargo. No primeiro deles, cinco dias após o sequestro, pediram US$ 5 milhões e colocaram Wellington para falar com a família e provar que estava vivo. Depois, um longo período de silêncio, só rompido no início de janeiro de 1999. Zezé di Camargo e Luciano passaram a cogitar a hipótese de que Wellington e a mulher tivessem forjado o sequestro para tirar dinheiro dos irmãos milionários. A polícia goiana pressionou Ângela em vários depoimentos. Em entrevistas à imprensa,

Emanuel Camargo, irmão da dupla, chegou a dizer que acreditava que parentes estivessem por trás do sequestro. Zezé di Camargo afirmou ainda que um irmão de Ângela era viciado em drogas.

Como a grande imprensa noticiava a suspeita de envolvimento de familiares, o valor do resgate vinha decrescendo. Foi quando uma campanha do apresentador Carlos Massa, o Ratinho, no seu programa no SBT, para levantar dinheiro e pagar o resgate, atrapalhou muito as investigações. No dia 17 de março, em mais uma ligação telefônica, os sequestradores fixaram o valor para US$ 3 milhões, diante do tal "disque sequestro".

— Quando vi o programa, tive vontade de pular no pescoço do Ratinho — disse Zezé para a imprensa na época.[3]

Dias mais tarde, sob fortes críticas da Secretaria de Segurança Pública de Goiás, o apresentador pediu desculpas à dupla sertaneja.

As negociações entre a quadrilha e a família voltaram à estaca zero. Na madrugada de 13 de março, um sábado, um pedaço da orelha de Wellington foi deixado em frente à sede da TV Serra Dourada, afiliada do SBT em Goiânia, acompanhado de um bilhete escrito pelo refém:

"Para o meu pai o dinheiro é muito mais importante do que eu. Meu irmão é arrogante e sempre gostou muito de dinheiro. Pelo que vi, o Ratinho é mais irmão meu do que todos os outros..."[4]

A pedido do então ministro da Justiça, Renan Calheiros, a Polícia Federal entrou no caso. Foram montadas três bases de inteligência: em Brasília, Goiânia e São Paulo, já que as ligações dos sequestradores vinham de Campinas e não se descartava a hipótese de o cativeiro estar no interior paulista.

Mas enquanto a PF seguia sem avançar um milímetro nas investigações, a Polícia Civil goiana falhava nos seus botes. Na tarde de 17 de março, o delegado José Pinheiro, chefe do Grupo Antissequestro da Polícia Civil de Goiás, mobilizou todo o grupo: a

---

[3] "Família diz que perdoou apresentador por incidente." *O Estado de S.Paulo*, 19/3/1999.

[4] "Batendo cabeça." *IstoÉ*, 24/3/1999.

PM, dois helicópteros e a imprensa para a cidadezinha de Abadiânia, entre Goiânia e Brasília. Tinha certeza de que o cativeiro estava nas redondezas. Deixou policiais com fuzis à beira da rodovia e saiu com os helicópteros. Quatro horas depois, voltou cabisbaixo. Mais uma falsa pista.

Até então eu não participava das investigações. Mas, nos monitoramentos telefônicos, a base de Brasília encontrou um número de celular com prefixo de Campo Grande. Como sabiam que eu tinha sido lotado na Superintendência do Estado do Mato Grosso do Sul durante dezesseis anos, me designaram para lá. Na época, quando se adquiria um celular, a loja pedia um telefone fixo para inserir no cadastro do usuário. Quando consegui esse número, fiquei animado. Mas era um orelhão no meio de uma rodovia que ligava Campo Grande à cidade de Aquidauana. Para piorar, o grampo naquele número do celular não trazia informações relevantes: simplesmente não se falava nada nele.

Os sequestradores venciam o jogo. Na noite de sexta-feira, dia 19 de março, foi pago o resgate: US$ 300 mil, valor reduzido após nova rodada de negociações. A mando da quadrilha, quem entregou o dinheiro foi um motoqueiro da pamonharia de Wellington Camargo em Goiânia. As cédulas foram acondicionadas no baú da moto onde se levavam as pamonhas. Com um celular, ele seguia as ordens dos sequestradores. Seguiu até Abadia de Goiás, vizinha à capital goiana, e depois tomou a direção de Trindade por uma estrada de terra, sem ultrapassar 30 km/h. Em certo ponto, viu uma caixa na beira da pista. Parou a moto e colocou o dinheiro dentro. Quando saiu, viu no retrovisor um homem encapuzado que saiu do mato e pegou o dinheiro.

Dois dias depois, às 8h30 de domingo, Wellington foi encontrado em um matagal próximo a uma estrada vicinal em Guapó, região metropolitana de Goiânia, por um operário que passava de moto pelo local. Na noite do dia anterior, o refém fora abandonado em uma vala de 1,5 metro de profundidade no meio do mato. Com muito esforço, Wellington arrastou-se até a beira da estrada para pedir socorro. Tinha a orelha esquerda muito infeccionada.

O operário o colocou na garupa e o levou para um hospital em Goiânia. À polícia, Wellington disse que ficou encapuzado a maior parte dos dias e era constantemente ameaçado de morte. Sua orelha foi cortada com uma faca, sem anestesia. Para estancar o sangue, os sequestradores colocaram borra de café e açúcar.

Ninguém na PF escondia o desânimo. Os sequestradores conseguiram o resgate e escapavam impunes. E nem sabíamos quem eram. Até que a agente federal Luciane, que trabalhava na base em Brasília, me telefonou na noite daquele domingo. Minutos antes, ela decidiu ouvir novamente as fitas cassete antigas das gravações daquele celular de Mato Grosso do Sul. E encontrou um diálogo que julgou relevante: uma moça de Campo Grande dizia para o namorado em Ribeirão Preto que havia pego em uma locadora cinco filmes para assistir no fim de semana e citou o nome de dois: *O Ratinho Encrenqueiro* — a presença do filme soa como ironia diante do protagonismo do apresentador Ratinho no caso — e *A História da Bíblia*.

Na hora, admito que não dei muita importância para a informação. Mas era a única que possuía. Chamei o agente Kiko, que me ajudava no caso.

— Quantas locadoras de filme tem na cidade?

Minutos depois, ele voltou com a informação: 40.

— Vamos em uma por uma amanhã cedinho perguntar quem alugou esses dois filmes ao mesmo tempo no início do ano.

Kiko riu alto da missão ingrata. Mas concordou.

Na segunda-feira cedinho lá estávamos eu e o Kiko, prontos para a tarefa. Para começar a peregrinação, escolhemos uma locadora na Avenida Afonso Pena, a mais famosa de Campo Grande, por estar no centro da cidade e próxima à base da PF. Os funcionários nem haviam chegado para trabalhar, somente uma faxineira varria o estabelecimento. Kiko foi perguntar, enquanto fiquei no carro. Dez minutos depois, o agente, piadista por natureza, voltou sorrindo:

— Pinelli, achei.

Pensei que fosse mais uma brincadeira, mas ele jurou dizer a verdade. Fomos para o balcão da locadora e conseguimos acesso ao cadastro do locador dos dois filmes. Quando li o nome, senti minha estrela de policial chegando sem pressa: "José Luiz Montanha". Na hora me lembrei do homem moreno que prendera dez anos antes por tráfico. A moça dos diálogos era Taciana, sobrinha dele. O endereço do cadastro ficava a quatro quarteirões de lá, em uma rua perpendicular à Afonso Pena. Não tive dúvida. Chamei reforços dos caçadores de bandidos, da nossa base de inteligência e também da Superintendência Regional e corri para lá. Montamos campana próximo da casa, que tinha um automóvel Fiat Uno estacionado em frente. Uma hora mais tarde, dois homens saíram no veículo. Antes de chegar à Avenida Afonso Pena, eu e o agente João Rogério saímos do nosso carro e, com pistolas nas mãos, fizemos a abordagem. João foi do lado do motorista e tirou o primeiro. Era o Montanha. Quando tirei o passageiro, seus óculos escuros caíram no asfalto. Fitei seu rosto e reconheci de imediato os grandes olhos azuis do homem do colar de granada no assalto ao banco em Rio Brilhante. Não tive dúvida: era o Osmar Martins. A certeza só aumentou quando ele desabafou:

— Puta que pariu, não tenho sorte em Campo Grande.

Na hora eu pensei: "Eu, pelo contrário, tenho muita sorte..."

— No chão, *tá* preso!

Ele achava que já sabíamos de tudo. E foi logo dizendo:

— Os irmãos Oliveira estão aí dentro da casa com o dinheiro. A gente *tava* esperando escurecer pra fugir pro Paraguai.

Entramos com tudo na casa e encontramos dois homens e quatro mulheres, entre eles os irmãos Moacir Francisco de Oliveira e José Francisco de Oliveira, além da mulher desse último, Maria Lúcia Paixão. Junto deles, US$ 260 mil — os US$ 40 mil restantes seriam recuperados tempos depois.

Assim como toda a polícia do Brasil, eu conhecia bem os irmãos Oliveira. Eles integravam uma conhecida família de assaltantes e sequestradores que mergulhou no mundo do crime depois que o patriarca, Quintino Francisco de Oliveira, um agricultor humilde, foi assassinado por um delegado no interior do Paraná em 1976 após esfaquear um açougueiro em uma discussão.

Os nove filhos tramaram então vingar a morte do pai e matar o delegado. Conseguiram, e nunca mais se separaram da violência. A matriarca Oda, a Velha, morreria na cadeia em 1986, condenada por assalto a banco — ela entrava nas agências em uma cadeira de rodas, coberta com uma manta que escondia as armas que os filhos usariam no interior do estabelecimento. Nos anos 90, a família trocou os assaltos a banco por sequestro — se bem-sucedidos, eram muito mais rentáveis. A quadrilha dos Oliveira chegou a ter 27 integrantes, entre irmãos, mulheres, cunhados, concunhados, primos e sobrinhos.

Voltando à cena da nossa abordagem em Campo Grande, o policial Barbosa ligou sua câmera de vídeo em VHS — muito antes do atual mundo digital — e gravou as entrevistas com todos na casa. Gostamos de fazer isso, porque é o momento em que o bandido, ainda assustado e no calor dos acontecimentos, costuma ser sincero. É possível saber se o que dizem corresponde à realidade.

O que ouvi no interrogatório foi espantoso.

Montanha disse que auxiliou no sequestro emprestando sua casa para que os sequestradores se escondessem. Fez isso em consideração a Manoel Francisco de Oliveira, condenado por roubos a banco e sequestro, com quem dividiu cela na Penitenciária de Campo Grande. Com ficha criminal que na época chegava a dez metros de papel, Manoel era considerado o mentor do grupo. O sequestro de Wellington foi pensado pelos irmãos para subornar agentes penitenciários e tirar o irmão da cadeia.

Osmar Martins se aliou ao esquema por ter sido casado com Maria Francisca, irmã dos Oliveira. O clã alugou uma chácara próxima a Goiânia que serviu de cativeiro. O plano inicial era sequestrar Wanessa, filha de Zezé di Camargo. Mas uma entrevista da dupla no programa *Domingo Legal* no SBT mudou os planos da quadrilha: ao Gugu, os irmãos sertanejos se derramavam em amores ao irmão paraplégico Wellington. Aí, decidiram que o sequestrado seria o irmão, que era um alvo mais frágil e renderia mais dinheiro à quadrilha. Os criminosos também revelaram que Ademir Francisco de Oliveira, outro dos irmãos, era quem fazia contato com a família do refém a partir de Campinas, para confundir a polícia.

O problema, disseram os Oliveira, é que havia rumores de que foram as próprias vítimas que teriam supostamente forjado o sequestro. Isso, segundo eles, contribuiu para a demora no desfecho do caso e aumentou os gastos da quadrilha. Foram necessários US$ 100 mil, disseram, para manter o sequestro até aquele momento, e não tinham mais recursos para continuar com o cativeiro. O impasse chegou a um ponto, nas palavras deles, que o próprio Wellington teria pedido para cortarem uma de suas pernas para que os irmãos acreditassem no sequestro. Mas o grupo considerou as dificuldades do procedimento, já que precisariam de um médico, e optou por cortar a orelha com o consentimento do refém.

Confidenciaram também que, com milhares de policiais no encalço, a fuga seria audaciosa e extremamente arriscada. Como empurraram as polícias para o Estado de São Paulo com a falsa pista das ligações originadas em Campinas, planejaram deixar Goiás rumo à fronteira com o Paraguai, mapeando todos os postos de fiscalização policial. A estratégia consistia em utilizar as mulheres como batedoras. E assim foi: em cada posto ocupado por policiais, os irmãos Oliveira e Osmar eram avisados por elas. Desciam do Volkswagen Pointer azul e atravessavam as barreiras por trás, caminhando pelo mato, e eram resgatados um pouco à frente dos postos. Pelo caminho, foram se desfazendo das armas. Receberam apoio de Montanha pela manhã, na entrada de Campo Grande, onde pretendiam descansar e pela noite prosseguir a saga até o Paraguai.

Enquanto os bandidos falavam para a câmera, uma multidão se reunia na rua. Gritava palavrões contra a quadrilha, ameaçava linchar todos. Tivemos de levá-los rapidamente até a carceragem da Superintendência da PF na capital.

Ainda no fim de 1999, Osmar, Moacir e José Francisco foram condenados a 41 anos de prisão cada um pelo crime; Maria Paixão teve pena de 23 anos de reclusão e Montanha, seis meses.

Osmar comandou uma rebelião na Casa de Prisão Provisória de Goiânia em 2000, quando tentou fugir. Posteriormente foi transferido para a penitenciária da Papuda, em Brasília, e foi assassinado a facadas em janeiro de 2001, durante uma outra rebelião. Naquele mesmo mês, Ademir Francisco de Oliveira, que se autointitulava "o Romário dos sequestros", foi capturado em Sumaré, região de Campinas.

A cúpula da Polícia Federal de Goiânia na época desconhecia a história da investigação a partir de dois filmes. Decidiu então criar um outro enredo para a imprensa, à la Sherlock Holmes: um *microchip* colocado nos clipes das notas do dinheiro do resgate levou à prisão da quadrilha. Era uma estratégia arriscada, já que outros órgãos de segurança poderiam solicitar o tal *chip* para investigar outros casos de sequestros. De todo modo, foi uma farsa engolida pelos jornalistas de todo o país, que disseram ainda que a nova tecnologia teria sido fornecida pelo FBI.

Exceto eu e uns poucos agentes, ninguém soube da verdadeira história, muito mais singela e, por isso mesmo, surpreendente.

Para agradecer o trabalho da Polícia Federal no caso, Zezé di Camargo e Luciano convidaram todos os agentes e delegados que cuidaram do caso para uma grande festa em Goiânia.

Fiz questão de não ir.

Capítulo 14

LIBERTEM CECÍLIA!

As mansões de Laguna Grande, um bairro estreito em San Lorenzo, na Grande Assunção, abrigam boa parte da elite econômica do Paraguai. Entre os seus ilustres moradores está a família Cubas, uma das artífices da turbulência política que desde sempre acometeu o país vizinho. Temidos e respeitados, os Cubas pagaram um alto preço por seu protagonismo na sociedade paraguaia.

Os ponteiros do relógio marcavam 6 da tarde do dia 21 de setembro de 2004 quando Cecília Cubas Gusinsky deixou a empresa que tinha com sua mãe, Mirtha, em Assunção, e rumou para a casa dos pais, em Laguna Grande, onde morava, dirigindo a sua caminhonete Nissan Patrol bordô. Cecília estava animada — naquela noite, depois do banho, sairia com algumas amigas.

Aos 31 anos e solteira, a bela Cecília, cabelos louros, lábios finos e corpo esguio, era presença constante nas colunas sociais paraguaias. Além de empresária, praticava esportes, com destaque para as competições de *rally*, em que era copilota do pai, o ex-presidente da República Raúl Cubas Grau. Por isso era habilidosa ao volante. Mas isso não foi suficiente para impedir o que aconteceria minutos depois daquele fim de tarde do dia 21.

Cecília estava próxima de casa, na Rua Coronel Machuca, quando na esquina surgiu um automóvel Volkswagen Santana, que bloqueou a passagem da caminhonete. A moça intuiu o perigo e agiu com rapidez. Engatou a marcha a ré para tentar escapar. Mas a Nissan andou poucos metros e bateu em um segundo veículo, um Ford Escort vermelho. Testemunhas viram cinco homens saírem dos dois carros e dispararem dezenas de tiros contra os pneus e a fuselagem da caminhonete — a perícia contaria 26 disparos de pistolas calibre nove milímetros. Não havia saída. Com uma marreta, um deles quebrou o vidro da porta direita da Nissan, abriu a porta e rendeu Cecília. Ela teve a boca, os pulsos e os tornozelos amarrados e foi colocada em um saco preto no banco de trás do Santana. A ação foi muito rápida. Cecília Cubas fora vítima de um sequestro, o quinto só naquele ano. Uma escalada criminosa que desafiava a frágil polícia paraguaia.

Para entender o contexto daquele episódio de 21 de setembro é necessário entender a participação dos Cubas na vida política do país. Raúl Cubas, o patriarca, era um engenheiro elétrico que desde cedo ingressou nas fileiras do Partido Colorado. Fundou uma empreiteira e com ela venceu contratos milionários em obras públicas durante a ditadura do general Alfredo Stroessner (1954-1989). Quando Juan Carlos Wasmosy, também engenheiro, assumiu a presidência do país pela via democrática, Cubas foi seu ministro de Finanças. A transição democrática no Paraguai parecia consumada quando, em abril de 1996, o general Lino Oviedo, comandante do Exército e muito próximo de Cubas, tentou um fracassado golpe de Estado contra Wasmosy. Imediatamente o presidente destituiu Oviedo do posto e ordenou sua prisão. Entre os dois aliados, Cubas ficou ao lado do general, pediu demissão do ministério e migrou para a oposição política ao presidente.

No ano seguinte, Oviedo apresentou sua candidatura à presidência pelo Partido Colorado, com Cubas como vice-presidente. Mas o general acabou barrado na convenção do partido. Diante do impasse, Cubas saiu candidato a presidente com Luís Maria Argaña como vice. O problema era que Argaña era aliado de Wasmosy e um antigo rival de Cubas no partido. A chapa venceu as eleições de maio de 1998 com 54,5% dos votos e o lema "Cubas al gobierno, Oviedo al poder". Ao assumir a presidência, imediatamente anistiou o general, o que provocou a ira da ala colorada ligada a Wasmosy e Argaña, além de protestos do Poder Judiciário.

No início de 1999 o país estava à beira de uma guerra civil, com protestos populares tanto entre os oviedistas quanto os ligados a Argaña. O Congresso paraguaio começava a discutir a destituição de Raúl Cubas da presidência quando, em março, Argaña foi assassinado a tiros em uma emboscada na capital paraguaia. As suspeitas recaíram imediatamente em Cubas e Oviedo, e a pressão do Parlamento contra o presidente cresceu ainda mais. Três dias após o crime, um protesto de partidários de Argaña em Assunção foi reprimido a tiros por franco-atiradores ligados a Oviedo. Nove manifestantes acabaram mortos. No dia 28 de março, Cubas renunciou ao cargo e solicitou asilo político na Embaixada do Brasil, enquanto Oviedo fugia para a Argentina. Cubas viveria em Florianópolis e Curitiba por três anos. Em fevereiro de 2002, voltou ao Paraguai. Acabaria absolvido de todas as acusações. Mas o sobrenome Cubas não sairia mais do noticiário político e policial paraguaio.

Ainda naquela noite de 21 de setembro de 2004, os sequestradores contataram a família Cubas pelo celular da empresária. Disseram que ela estava bem e pediram US$ 1 milhão de resgate. No dia 5 de outubro, a família receberia uma carta de Cecília: "Não sei por que demoram tanto [para pagar o resgate]. Por favor, tenham piedade de mim. Não sei quanto mais eu posso aguentar". Em seguida, enviavam *e-mails*, em que se referiam a Cecília como "a fruta": "Não acreditamos que a fruta possa aguentar mais tempo. Já está apodrecendo".

A família não suportou tanta pressão. No dia 13 de novembro de 2004, um resgate de US$ 800 mil, segundo Cubas, foi pago aos sequestradores em uma estrada de terra erma na zona rural de Coronel Oviedo, município a 120 quilômetros de Assunção. Os Cubas esperavam que Cecília fosse liberada já no dia seguinte. Mas não. Nunca mais houve contatos dos sequestradores, nem pistas de Cecília.

O sequestro, então o mais longo na história do Paraguai, comoveu o país e pôs à prova a polícia paraguaia. Os dias se passavam e a falta de pistas da vítima provocava críticas cada vez mais intensas aos policiais. A gota d'água viria na metade de dezembro, quando o jornal paraguaio *Popular* publicou uma foto de Cecília no cativeiro, enviada à sua família, o endereço de *e-mail* usado pelos sequestradores e todas as instruções seguidas pelos Cubas para pagar o resgate no mês anterior. A foto e as informações haviam sido vazadas ao jornal pela Divisão Antissequestro da polícia paraguaia, a quem a família havia entregue dias antes o material. "Essa situação pode criar uma situação de perigo para a vítima. É um fato grave", disse o procurador-geral do Estado, Oscar Latorre. "Esses dados deveriam ser manipulados com absoluta reserva." Os dois delegados que estavam à frente do caso acabaram destituídos em 20 de dezembro.

O desespero fez o governo paraguaio pedir ajuda ao Brasil. Era dia de Natal e eu estava em Brasília quando meu telefone tocou. O delegado Ronaldo Magalhães Martins tinha nas mãos um pedido do Ministério da Justiça para que a Polícia Federal auxiliasse a polícia do país vizinho no caso Cecília Cubas. Fomos designados eu e os agentes Luciano Nascimento e Alzino Fernandes de Lima. Não sou de recusar missão, ainda mais vinda do alto escalão. No dia 28 de dezembro, nós três rumamos para ao Paraguai. Levávamos um equipamento de escuta telefônica em forma de maleta. Era um serviço ultrassecreto. Por isso optamos por viajar de carro e não de avião comercial.

Em Assunção, contatamos o serviço antissequestro da polícia local e recebemos a missão de percorrer bairros da periferia da cidade com nosso equipamento, em busca de alguma conversa suspeita. Levávamos um policial paraguaio, que nos traduzia os diálogos captados, sobretudo aqueles em guarani, uma língua muito difícil de compreender. Em uma dessas andanças, fomos parados por policiais do patrulhamento de rua. Tivemos de pagar propina para não sermos incomodados.

As pistas nos levaram a uma fazenda a cerca de 200 quilômetros da capital. Era o local em que integrantes das Farc (Forças Armadas Revolucionárias da Colômbia) treinavam uma ala radical de integrantes do Partido Pátria Livre (PPL), uma pequena sigla de esquerda do Paraguai, sem muita expressão política. Um vídeo encontrado em uma casa de San Lorenzo, cidade onde a jovem fora raptada, mostrava os colombianos treinando os paraguaios para o sequestro de Cecília. A quebra do sigilo telefônico de Osmar Martínez, um dos principais dirigentes do PPL, apontava ligações suspeitas do telefone dele no dia do sequestro. Martínez entregou-se à polícia no dia 26 de janeiro, quando o sumiço de Cecília Cubas completava 128 dias. A partir dele seriam presos outros dois integrantes da quadrilha: Anastasio Mieres e Francisca Andino, uma ex-freira.

No fim daquele mês, com a prisão do grupo, retornamos ao Brasil. Mas faltava encontrar Cecília. Na manhã de 16 de fevereiro de 2005, com um grupo de policiais, a promotora Sandra Quiñonéz entrou em uma casa simples na cidade de Ñemby, na Grande Assunção. Queria confirmar se as cenas daquele vídeo das Farc, apreendido dias antes, haviam sido gravadas no imóvel, como suspeitava. Na casa abandonada, confirmou suas suspeitas e mais. Em um dos cômodos, os policiais notaram que o concreto do chão era recente e estava oco.

A suspeita era de que debaixo do cimento haveria um depósito de armas da quadrilha. Com a chegada de reforços, começou-se a escavar o local. Havia um pequeno túnel que dava acesso a um cômodo subterrâneo. Quando os bombeiros chegaram nele, veio um forte cheiro de cadáver em decomposição. Deitada no centro do espaço, o corpo de uma mulher. A perícia comprovaria ser Cecília, morta havia mais de 60 dias — por isso havia deixado de mandar cartas à família e mesmo de se comunicar por telefone. A suposta decisão de assassinar Cecília teria sido em comum acordo entre Martínez e guerrilheiros das Farc que coordenavam o treinamento de sequestro do PPL.

Em 2006, Martínez, Mieres e Francisca foram condenados cada um a 25 anos de prisão, a máxima pena do Código Penal paraguaio. Martínez morreria na cadeia em dezembro de 2015, vítima de um infarto. O PPL daria origem ao Exército del Pueblo Paraguayo, uma guerrilha marxista inspirada nas Farc que atua na zona rural do norte do país e ainda tem nos sequestros sua principal fonte de renda. Para o povo mais humilde do país, Cecília tornou-se milagreira, quase uma santa.

* * *

Fui protagonista de outra caçada a sequestradores em Jaú, interior de São Paulo. Em outubro de 2004, recebi um telefonema da Superintendência da PF em Goiânia. Eram agentes de lá, que vinham investigando uma quadrilha de Ribeirão Preto (SP) que aplicava um golpe de estelionato para sequestrar suas vítimas. Funcionava assim: o grupo anunciava em classificados de jornais a venda de maquinário agrícola a preços bem abaixo dos de mercado. A oferta tentadora atraía a atenção de sitiantes e fazendeiros de todo o país. Na hora de fechar o negócio no interior paulista, no entanto, os criminosos sequestravam e torturavam a vítima, que só era liberada mediante pagamento de resgate em valores próximos aos da falsa oferta do maquinário — o grupo compreendia que, se o fazendeiro mostrara interesse pela máquina, tinha aquele dinheiro para pagar seu próprio resgate.

Muitas das vítimas do golpe eram goianas, daí a investigação naquele Estado. Com autorização judicial, os agentes vinham monitorando os telefones da quadrilha e acompanhavam todos os passos do grupo:

— Pinelli, eles estão negociando a venda de uma pá carregadeira por R$ 80 mil com dois irmãos do Paraná. O negócio vai ser fechado em Jaú. Precisamos ir para lá — me disse um agente da Superintendência.

Não havia tempo a perder. Na madrugada do dia 9 de novembro eu e mais um agente fomos para o hotel Realce, em Jaú. Era lá que os irmãos estavam hospedados, à espera da negociação que ocorreria já naquela manhã. Chegamos à recepção, nos identificamos como policiais federais e pedimos que nos avisassem quando os irmãos acordassem. Pouco mais de uma hora depois a recepcionista nos apontou para a dupla, que se preparava para o café da manhã.

— Somos da Polícia Federal e viemos ajudar vocês. Sabemos que vieram até aqui para negociar um maquinário com um tal de Claudio. Isso é um golpe. Eles vão sequestrar vocês dois e pedir resgate no valor que eles ofereceram por essa pá carregadeira, que nem existe. Vocês precisam nos ajudar a prender essa quadrilha.

Osvaldo, um dos irmãos, entrou em pânico. Primeiro, custou a acreditar na nossa versão. Depois, queria ir embora naquele momento. Já o irmão Jean, passado o susto inicial, foi mais solícito e aceitou nos auxiliar. No horário combinado com a quadrilha, ele telefonou para Claudio. O encontro seria ao meio-dia em um ponto de ônibus em frente a uma concessionária de veículos.

Nosso plano era o seguinte: eu iria no carro com Jean, como se fosse o seu irmão. Quando a quadrilha se aproximasse, outros três agentes — dois deles vieram de São Paulo para nos ajudar — renderiam o grupo. O problema é que Jean enxergava pouco e por isso mal sabia dirigir — era o seu irmão Osvaldo quem viera ao volante desde o Paraná. E Osvaldo não queria participar da nossa emboscada. Eu não poderia dirigir, já que precisava estar livre para ajudar nas prisões em flagrante.

— Jean, vai ter que ser você mesmo. Dirige devagar, vai dar tudo certo — eu disse a ele.

Era uma operação arriscada. Um erro poderia custar a minha vida e a de Jean. Confesso que fiquei tenso.

Passaram-se alguns minutos do meio-dia quando um carro com três ocupantes se aproximou e parou na nossa frente, do outro lado da rua. Do banco de trás desceu um homem corpulento, que veio em nossa direção — era Claudio Adriano da Silva, saberíamos depois.

— Vou levar vocês até o local onde está a pá carregadeira — disse.

Rapidamente ele se encaminhou para a porta de trás do carro em que estávamos. Percebi que ele iria nos render se eu o deixasse entrar e se sentar no banco de trás. Saquei a minha pistola e me identifiquei como policial, sempre tentando ser discreto para não chamar a atenção do carro em que estavam os outros sequestrados.

Nesse momento os agentes Philipe e Miltão, que me davam cobertura, se aproximaram. A ideia era rendê-lo sem apontar nossas armas e levá-lo para dentro do nosso carro, onde ele seria algemado. Só que Claudio era forte e reagiu. Foi para cima do Philipe. Só depois de alguns minutos é que o agente conseguiu imobilizá-lo com um "mata-leão" e o Miltão o algemou. Para piorar o quiproquó, surgiu uma viatura da Polícia Militar. Quando nos demos conta, só Claudio fora rendido. O Golf com os outros dois ocupantes fugira no meio da confusão. Pressionado, Claudio revelou o local do cativeiro, uma chácara na periferia de Jaú. Quando chegamos lá, não havia mais ninguém, apenas uma panela de arroz carreteiro ainda no fogo.

Como o grupo era de Ribeirão Preto, intuímos que os dois estavam a caminho da cidade. Acionamos então a delegacia da PF local, que montou uma barreira na rodovia. Gilson Barbosa Buriti e uma mulher foram presos minutos depois, na estrada. Claudio, Gilson e a mulher seriam condenados por outros sequestros na região de Ribeirão. Mas naquele caso dos irmãos Jean e Osvaldo, acabariam soltos graças à extrema lentidão da Justiça. Somente em 2012, oito anos mais tarde, a 1ª Vara Criminal de Jaú condenaria Gilson e Claudio a 16 e 14 anos de prisão, respectivamente, por extorsão mediante sequestro e formação de quadrilha. Mas, dois anos mais tarde, o Tribunal de Justiça absolveria a dupla do primeiro crime — para os desembargadores, devido à nossa intervenção, o delito não chegou a ser consumado. "No caso vertente não houve a prática de atos executórios suficientes para caracterizar a tentativa de sequestro de Jean, que, como visto, se dirigiu ao local da prisão de Claudio ciente de toda a situação e na companhia de agente federal auxiliado por uma equipe", escreveu o desembargador Xavier de Souza. Já a pena para o crime de formação de quadrilha acabou prescrita e os dois ganharam novamente a liberdade. Eu mentiria se dissesse que decisões desse tipo não causam revolta em um policial honesto. Mas tenho a consciência serena de que cumpri meu papel.

Capítulo 15

A ROTA AMAZÔNICA

A imagem é quase um chavão do Brasil ufanista: vista do alto, a floresta amazônica se transforma em um imenso tapete verde-escuro, rasgado por milhares de rios, riachos e igarapés. O branco intenso da cocaína muitas vezes polvilha esse verde sem fim: pela imensa planície, o narcotráfico escoa toneladas de cocaína produzida nos altiplanos colombiano e peruano, com destino à Europa. Seja pelo céu ou pelos rios transformados em grandes vias expressas, sobretudo o Solimões, o narcotráfico fatura R$ 1,5 bilhão por ano na região, estima o governo do Estado do Amazonas.

A fiscalização precária, aliada à imensidão geográfica, fez com que vários atores desse submundo atuassem no transporte da cocaína pela Amazônia. O goiano Leonardo Dias Mendonça está entre os principais protagonistas. Entre o fim dos anos 1990 e o início da década seguinte, Leonardo foi considerado o maior traficante em atividade no Brasil. Seu esquema começou a ser montado ainda na década de 1980, quando o então garimpeiro de família pobre abandonou as jazidas de ouro de Roraima para se arriscar nos garimpos do Suriname. No país vizinho, fez contatos com o então ditador surinamês, Dési Bouterse, e com seu filho, Dino Bouterse, na época funcionário da Embaixada do Suriname em Brasília, e criou um megaesquema de tráfico de drogas e armas. Leonardo recolhia o pesado armamento que Bouterse desviava do Exército surinamês e levava até a selva colombiana. Lá, trocava as armas por cocaína, primeiro com as Farc, depois com os cartéis. A droga era levada por aeronaves até pistas de pouso clandestinas na Amazônia brasileira, na Guiana e no Suriname, e de lá seguiam para Europa e Estados Unidos, muitas vezes pelo porto de Belém, escondida em carregamentos de madeira. Outros destinos, em menor escala, eram São Paulo e Rio de Janeiro.

Leonardo movimentava quantidades superlativas de cocaína. Em depoimento à Polícia Federal, um dos seus comparsas, Emival Borges das Dores, o Goiano, disse que Leonardo comprava na Colômbia uma média de 200 quilos de cocaína por mês em 1998, número que cresceu para 400 quilos em 2001. Nesse período, segundo Emival, Leonardo enviou à Colômbia aproximadamente 500 fuzis, entre AR-15 e AK-47, além de milhares de pistolas.

Mas há pistas na investigação da PF de que essa estatística fosse ainda maior. Em abril de 2001, Leonardo disse a Emival que estava à procura de uma pista de pouso para fazer dez viagens e trazer para o Brasil duas toneladas de cocaína. Meses depois, afirmou ter 3 toneladas de droga "paradas", que precisavam ser vendidas.

Investigar a quadrilha não seria tarefa fácil. O traficante utilizava um emaranhado de códigos em suas conversas ao telefone. Além disso, Leonardo trocava de telefone constantemente — nos três anos em que foi investigado pela Polícia Federal, o *capo* utilizou pelo menos 31 aparelhos diferentes, incluindo telefones via satélite, que na época eram de difícil interceptação. Além disso, criou vários códigos para despistar possível monitoramento telefônico, o que fez com que a PF montasse um "dicionário" da quadrilha após analisar 450 horas de conversas telefônicas — um dos responsáveis por quebrar os códigos era o agente Álvaro.

    Bezerros
    Caminhão Trucado
    Caminhão ou Carro
    Camionhonete
    Conta Corrente
    Documento ou Papel
    Endereço

> Estrada
> Ferramentas
> Madeira de primeira
> Madeira de segunda
> Motor ou Rotor
> Refrigerante
> Touro

O uso desses códigos deixava a conversa cifrada. Era preciso muito estudo para decifrá-la:

— Cinco, papel; terceiro data meia dúzia "m", cinco "p", na volta.

Leonardo indicava ao interlocutor que o pagamento pela remessa de cocaína era de US$ 500 mil, na quarta-feira, por 300 quilos, recebendo o dinheiro no retorno (6 x "M", onde "M" é igual a "motor", que é 50 quilos, para pagamento na volta de US$ 500 mil).

Com as toneladas de droga, Leonardo amealhou milhões em patrimônio, incluindo fazendas e postos de combustível. Sua quadrilha era numerosa e diversificada. Na operação que investigou o grupo, batizada de Diamante, a PF identificou pelo menos 36 integrantes, incluindo o então deputado federal Pinheiro Landim, do PMDB do Ceará, que servia de ponte para que Leonardo corrompesse magistrados do Tribunal Regional Federal da 1ª Região e do STJ, em Brasília.

O principal comprador da cocaína que Leonardo destinava ao Brasil era Luiz Fernando da Costa, o Fernandinho Beira-Mar, traficante violento e poderoso da Baixada Fluminense. Leonardo vendia a cocaína com que Beira-Mar abastecia os morros cariocas. Mas a relação entre ambos azedou em 2002, quando o goiano passou a dever US$ 1,35 milhão para Beira-Mar. Já preso em Bangu (RJ), o traficante carioca transmitia recados ameaçadores a comparsas de Leonardo. Assustado, o goiano doou um terreno de R$ 400 mil para pagar parte da dívida. As ameaças cessaram e a parceria continuou.

A Operação Diamante resultou em várias apreensões de cocaína do grupo de Leonardo. Em agosto de 1999, a PF flagrou um carregamento de 327 quilos de cocaína em uma fazenda de

Cocalzinho (MT). A droga fora transportada de avião desde a Colômbia. Foi a primeira grande apreensão de droga da quadrilha do traficante de Goiás. O próprio Leonardo seria preso quatro meses depois devido a esse flagrante. Mas ficou apenas dez meses atrás das grades. Graças a uma liminar suspeita do STJ, foi solto e continuou a tocar os seus negócios escusos.

Em maio de 2001, a PF voltaria a apreender cocaína de Leonardo, desta vez em Caldas Novas (GO). O carregamento, 195 quilos, havia sido levado por avião da Colômbia até a cidade goiana, de onde seguiria por caminhão até o Estado de São Paulo. A droga havia sido adquirida de Leonardo por Romilton Queiroz Hosi, outro grande cliente do traficante goiano. Romilton nasceu e cresceu em Três Lagoas (MS). Foi preso pela primeira vez em 1991, aos 22 anos, por tráfico. Depois mudou-se para Ribeirão Preto e São José do Rio Preto. Foi nessa última cidade que conheceu o advogado de Leonardo, Amaury Perez, também envolvido na quadrilha, dono de um bar chamado Porcada do Jabá. A PF suspeita que Amaury tenha aproximado os dois traficantes.

Em abril de 2001, um piloto ligado a Leonardo viajou até São Paulo e negociou com Romilton o transporte dos 195 quilos de cocaína a US$ 200 mil. No mês seguinte, Leonardo esteve reunido em São Paulo com Romilton — a PF acompanhou o encontro a distância. No dia do flagrante em Caldas Novas, os agentes montaram uma campana para prender Romilton e Leonardo em flagrante na capital paulista, onde esperavam a droga. Mas não conseguiram localizar a dupla.

As negociações entre ambos prosseguiram.

Cinco meses depois, em outubro de 2001, Romilton contratou por R$ 10 mil o piloto Iram Tabô Faria para que transportasse 180 quilos de cocaína pura de Vilhena (RO) para Bariri, região de Bauru (SP). A viagem foi bem-sucedida e a droga chegou a São Paulo. Iram era o principal laranja de Romilton — o piloto o chamava de Toni. Estavam em nome de Iram dois aviões e uma fazenda de Romilton com mil hectares e 337 cabeças de gado em Mato Grosso do Sul, avaliada no fim dos anos 90 em R$ 1,1 milhão.

A dupla só viria a ser presa em abril do ano seguinte. As suspeitas da PF contra Romilton voltaram com força logo no início de 2002, quando um dos seus aviões, com ele de tripulante, teve de fazer um pouso forçado na fazenda do ex-piloto de Fórmula 1 Emerson Fittipaldi em Araraquara (SP). Não havia droga na aeronave, mas como os bancos traseiros haviam sido arrancados para liberar espaço, os agentes logo suspeitaram que o Cessna estava sendo usado para internar cocaína no Estado de São Paulo. Romilton já era foragido na época, mas apresentou identidade falsa e conseguiu escapar da polícia.

No dia 16 de abril daquele ano, a PF soube que Iram decolara do aeroporto de Dourados (MS) com destino a Rondônia. Voava em um dos Cessnas de Romilton. Fui então acionado para participar do flagrante. Sabíamos que Iram costumava parar no aeródromo de Rio Verde (MS) para reabastecer, então um grupo de agentes montou campana no local. Foram 48 horas de vigilância ininterrupta, até que avistaram o avião de Romilton no céu nublado. Os agentes Jabá e Valtinho renderam o piloto já dentro do avião, pronto para retomar o voo.

Dentro do Cessna havia um grande volume de carga coberta com lona preta. Debaixo, 404 tabletes de cocaína, divididos em 15 fardos. Um total de 449 quilos de cocaína boliviana, avaliada em US$ 1 milhão. Alguns dos pacotes exibiam a inscrição em espanhol *nada les pasa* — nada acontece com eles...

Iram confessou aos agentes que a droga era de Romilton e que receberia outros R$ 10 mil pelo transporte de Cacoal (RO) até o aeroporto de Bariri.

Faltava apreender o dono da droga, que receberia a carga no interior paulista. Aí entrei em cena. Eu já conhecia Romilton. Havia flagrado o traficante com 40 quilos de *crack* seis anos antes, droga que foi transportada via aérea pelo conhecido piloto traficante Ilmar de Souza Chaves, o Pixoxó, em uma pista de pouso no município de Guariba, também no interior paulista. Na ocasião do flagrante, Romilton tentou fugir. Enquanto dispensava a droga pela janela do carro, foi perseguido por nossa equipe e outra de policiais de São Paulo, chefiada pelo Dr. Troncon e preso no interior da cidade de Guariba.

Romilton falou de mim para Leonardo. Certo dia, o *capo* acionou o advogado Amaury por telefone. Queria que ele levantasse minha ficha — a conversa foi captada pela PF:

— Esse primo branco é osso. Fica trinta dias no mato sem comer para dar flagrante. Ele não aceita propina, então levanta algum podre dele pra gente, que possa ser usado em nossa defesa.

Amaury Perez pediu auxílio a um agente da PF de Campinas. Depois de algumas semanas, o advogado deu retorno a Leonardo: "o primo branco não tem nada, cara, ficha limpa. É casca grossa. Só que gosta de uma cachaça".

Um dia antes do flagrante, fui para Bariri, onde inicialmente a droga seria descarregada em uma pista clandestina no meio de um canavial. No dia do transporte da cocaína, vi Romilton e outro rapaz circulando nas imediações da pista em um Renault Scénic escuro. Quando recebemos a notícia do flagrante do piloto Iram em Rio Verde, notamos que Romilton deixou a área da pista em direção a uma rodovia próxima. Imediatamente concluí que ele soubera do flagrante e estava fugindo. Acionei agentes que me davam cobertura para localizar o veículo. A dupla foi parada no posto da Polícia Rodoviária em São Carlos (SP). Romilton estava acompanhado por Osvaldo Altino Juliano Filho, o Finofo, traficante foragido do Cadeião de São José de Rio Preto. Levamos os dois de carro até Campo Grande para serem autuados em flagrante pelo carregamento de Rio Verde. Romilton foi condenado em 2005 a 20 anos e sete meses de prisão, e Iram a 13 anos, ambos por tráfico e associação para o tráfico internacional. Mas cumpriu apenas alguns meses da pena. Fugiria em 2003, após prestar depoimento no Fórum da cidade. Cinco policiais militares acabaram exonerados da corporação, acusados de facilitar a fuga do traficante. Dois meses depois, ironicamente, prendi o Romilton pela terceira vez. Mas pouco tempo depois ele fugiu novamente.

Sete anos depois, em 2012, Iram foi encontrado morto às margens da estrada que liga Paranhos a Coronel Sapucaia (MS), fronteira com o Paraguai. O corpo estava enrolado em uma lona, repleto de hematomas. Fora espancado até a morte. Para a polícia, uma vingança do tráfico: Iram sabia demais.

* * *

Em 9 de dezembro de 2002, a PF desencadeou a Operação Diamante, e prendeu 23 pessoas em oito Estados, entre elas Leonardo, o advogado Amaury Perez e Emival Borges das Dores. Na época, foi uma das maiores operações contra o tráfico de drogas no Brasil. Efetuei pessoalmente a prisão do Amaury em São José do Rio Preto:

— Estou de volta antes do Natal — disse ele para a esposa, esnobando sua própria detenção.

Não foi bem assim. O advogado ficaria anos preso em Goiás. Em novembro do ano seguinte, o juiz José Godinho Filho condenou Leonardo a 15 anos e dois meses de prisão por tráfico e associação para o tráfico internacional, além de lavagem de dinheiro; Beira-Mar, a sete anos e 11 meses de reclusão por associação ao tráfico internacional; Romilton a 10 anos e três meses de prisão por tráfico e associação ao tráfico internacional; Emival a sete anos e cinco meses e Amaury a sete anos de reclusão, ambos por associação ao tráfico internacional. Posteriormente, o TRF retirou a internacionalidade do delito e reduziu parte das penas do grupo. Amaury Perez deixou a cadeia anos depois, e morreria em 2016, vítima de infarto.

* * *

Misilvan Chavier dos Santos uniu a política ao narcotráfico. Sua vida nos palanques eleitorais era conhecida no interior do Tocantins. Em 2002, candidatou-se a deputado estadual pelo PSL. Obteve 2,9 mil votos e ficou na suplência. Em 2004, disputou a Prefeitura de Tupiratins (TO) pelo PSDB. Com 47,7% dos votos, não teve sucesso.

As derrotas na política destoavam do desempenho de Parceirinho, como era chamado no comércio atacadista da cocaína. Conversas dele com traficantes da Colômbia e do Suriname surgiram em monitoramentos da PF em Goiânia ainda em 2002. Mas os flagrantes demoraram a ocorrer. A oportunidade só surgiria em novembro de 2005, quando os agentes Fred e Emival ouviram conversas de Parceirinho combinando o transporte por avião de um grande carregamento de cocaína do Suriname para a região de Uberaba (MG). A droga seguiria para São Paulo, de onde, tudo leva a crer, acabaria exportada para a Europa via porto de Santos.

Com um Cessna, Parceirinho e o piloto Claudionor Rodrigues buscaram, no dia 25 de novembro daquele ano, 560 quilos de cocaína pura no Suriname para levar até o Triângulo Mineiro. No entanto, o traficante ficou inseguro com a área escolhida pela quadrilha para a descida da aeronave, uma pista no meio de um canavial a 30 quilômetros de Uberaba. Além disso, uma falha de comunicação deixou o local do pouso sem os pisteiros, a quem caberia recolher a cocaína desembarcada. Por isso, ainda durante o trajeto, o traficante visualizou uma pista improvisada em meio à floresta em uma reserva indígena em Santana do Araguaia (PA), às margens do Rio Xingu. Desceram e esconderam a droga. Depois de plotar as coordenadas geográficas do local, Parceirinho separou 57 quilos da droga — segundo ele diria depois à Justiça, seria para pagar os seus custos com a viagem — colocou no avião e retomou o trajeto com o piloto, deixando dois asseclas na mata tomando conta do carregamento.

O que ele não sabia era que, àquela altura, a PF acionara a Força Aérea Brasileira (FAB). Após uma hora de voo, um avião militar Tucano se aproximou do Cessna. Imediatamente o piloto da FAB contatou Claudionor pelo rádio e pediu para que eles pousassem o quanto antes. Parceirinho se desesperou:

— Não responde! Não fala nada! — gritou para o piloto, já exasperado.

Apesar das ameaças, o Tucano não atirou na aeronave — a lei do abate permitiria a ação, mas a norma nunca foi aplicada no Brasil. Como o Cessna se aproximava de Tupiratins, Parceirinho deu a ordem:

— A gente desce no aeroporto e some!

Assim foi feito. O avião desceu na acanhada pista de chão batido e a dupla fugiu pelo mato. Parceirinho pegou uma motocicleta e foi para Guaraí, cidade próxima — no dia seguinte, iria de ônibus para São Paulo, onde estavam os compradores da cocaína. Enquanto isso, uma equipe da PF apreendia a droga dentro do avião.

Faltava resgatar os 505 quilos deixados na floresta amazônica. O GPS encontrado dentro do Cessna era uma pista. Nele, estavam marcadas várias coordenadas, algumas às margens do Xingu que poderiam ser o esconderijo. A inteligência da PF em Goiânia, comandada pelo agente Fred, demarcou uma pista suspeita. Era uma corrida contra o tempo. A PF tinha de chegar até lá antes que outros traficantes do grupo resgatassem a droga.

Fui acionado em Brasília. Era uma missão delicada, já que suspeitávamos que havia pessoas guardando a droga na mata e elas poderiam fugir com o carregamento se um avião suspeito sobrevoasse a área — e só era possível chegar ao local pelo ar. Mas também prevíamos que os guardiães da droga poderiam estar famintos, desesperados à espera de socorro, já que estavam havia cerca de uma semana no local. Então armamos uma armadilha: na tarde do dia 2 de dezembro, um avião descaracterizado da PF se aproximou da coordenada. Após alguns rasantes, um dos homens saiu do meio da mata e acenou. Pensou ser o socorro dos traficantes. Não viu que, na sequência, um helicóptero com vários agentes, inclusive eu e o agente Emival, descia na pista. Ele se entregou imediatamente. O outro fugiu, mas minutos depois também se entregou. Eles disseram que, para sobreviver, pescavam pacus com isca de frutas silvestres e dormiam em redes a cerca de cinco metros de altura em árvores com medo de uma onça que rondava o acampamento todas as noites. Em seguida, indicaram o local onde os tabletes de cocaína estavam armazenados.

Na manhã de sábado, Parceirinho foi preso em Castanhal (PA), dentro de um ônibus. Ia de São Paulo para Belém — acreditamos que ele tentava fugir para o Suriname. No mesmo dia, o PSDB anunciou sua expulsão do partido. Tanto na delegacia quanto diante do juiz, Parceirinho admitiu ser traficante. "Encontrando-se endividado em razão de gastos em campanhas políticas [...], o interrogando aceitou a proposta para transportar para o Brasil 500 quilos de cocaína, recebendo, em pagamento, US$ 500 mil."

Parceirinho e outros cinco integrantes do grupo seriam condenados pelo Tribunal Regional Federal em Brasília por tráfico e associação para o tráfico. Sete anos depois, quando deixou a cadeia, Parceirinho escreveu o livro *Ganhar é também saber perder*. No prefácio, afirma: "Este livro é um alerta às pessoas que, porventura, estejam tentadas a se envolver com qualquer aventura ilícita. É preciso saber que é um caminho que não vale a pena, pois mais cedo ou mais tarde a polícia acaba descobrindo e o castelo desmorona da noite para o dia".

* * *

A N'Dranghetta, máfia calabresa, fez do tráfico de cocaína em larga escala uma das principais fontes de financiamento para as suas práticas criminosas. Por isso, fincou bases pelas franjas das principais rotas da droga desde os seus centros produtores. Uma delas é a rota amazônica. Em meados de 2006, o italiano Massimo Martigli foi enviado pela N'Dranghetta até Manaus. Caberia a ele negociar com o colombiano Jaime Enrique Velasques Meneses, o Dom Jaime, um grande carregamento de cocaína que seria exportada via porto de Belém, escondida em motores de veículos.

A movimentação de Dom Jaime pela capital do Amazonas foi captada pela Superintendência da PF em São Paulo, que monitorava os telefones do colombiano e de seu parceiro no mundo do crime, o brasileiro Wendel Pires de Lima, dono de uma transportadora em Manaus. Em agosto daquele ano, agentes lotados na capital do Amazonas, que vigiavam a empresa, viram uma carreta saindo da sede e tomando o rumo de Boa Vista via BR-174.

Fui acionado em Brasília com a missão de seguir a carreta, que era conduzida por Luiz Dantas do Nascimento. Quando cheguei à capital de Roraima, me juntei ao grupo de policiais de inteligência da Superintendência local para traçar uma estratégia de trabalho. Sabia que seria um serviço de longa duração, um grande desafio que iria exigir muita determinação do grupo. Àquela altura, no dia 4 de setembro, a carreta chegava a Pacaraima, já na fronteira com a Venezuela. O caminhão parou em um posto, onde o motorista se encontrou com um homem que dirigia um carro Corsa. Era Dom Jaime.

O caminhoneiro trocou a placa original da carreta baú por outra, falsificada, e seguiu para o posto da Receita Federal, já na fronteira. Quando chegou do lado venezuelano, desengatou o cavalo mecânico da carreta no pátio da aduana do país vizinho e voltou para Pacaraima com apenas o cavalo. Minutos mais tarde, o mesmo motorista voltou com outro cavalo e dirigiu Venezuela adentro. Toda a ação foi filmada por mim e o escrivão Valter, para servir de prova judicial posteriormente. Notei que havia um adesivo grande de uma mão preta na frente do baú, pintado de branco, o que realçava a figura. Um detalhe importante que usaria para identificar o veículo quando retornasse.

Na Receita Federal, soube que o caminhão transportava uma carga de forro canelado de PVC com destino a Puerto Ordaz, Venezuela. Ficamos então em vigilância contínua na fronteira, aguardando pela carreta. Mas demorou dois meses para que cruzasse novamente a aduana, no dia 7 de novembro. A carreta vinha puxada por outro cavalo, mas o adesivo da mão não nos deixou dúvida de que era aquela. Esse detalhe facilitaria o acompanhamento dos mil quilômetros que separam Pacaraima de Manaus, uma vez que nossas viaturas, durante a viagem, não poderiam se aproximar muito do veículo suspeito.

A carreta foi seguida por equipes altamente qualificadas de policiais federais da Superintendência Regional de Roraima, compostas pelo delegado Renato, os agentes Fogaça, Coimbra, entre outros — o objetivo era pegar não somente a droga, mas os donos dela. O veículo chegou na noite do dia 8 a Manaus, onde eu o aguardava, e foi direto para a empresa de Massimo. Dois dias mais tarde, pela manhã, Dom Jaime e o brasileiro Francisco Antonio Rodrigues deixaram o Ibis Hotel e foram até a sede da oficina de motores, administrada pelo italiano Massimo. Às 11h30, o colombiano e o brasileiro entraram novamente no carro e saíram. Fomos atrás. Pararam em um supermercado e os dois desceram, fui conferir o que estavam comprando: ração para os cachorros que estavam soltos no pátio onde a carreta ficou estacionada com a cocaína. Aproveitei para olhar o carro, cujos vidros eram protegidos por insulfilm. Já na saída, percebi que havia algo errado, uma vez que o motorista realizou algumas evasivas no trajeto.

Foi aí que recebemos uma informação pelo telefone do grupo de inteligência que monitorava os telefonemas da quadrilha, em São Paulo:

— Eles viram vocês na vigilância e vão tentar fugir. Precisa prender todos, agora!

Aceleramos e fechamos o Corsa.

Durante a abordagem, para nossa surpresa, havia um terceiro ocupante escondido no banco de trás. O colombiano Alfonso Rico Rubiano fazia o serviço de contra-vigilância — secretamente, o traficante ficou permanentemente dentro do carro, discreto, para observar alguma movimentação estranha. Assim, conseguiu identificar as nossas ações.

Em seguida, entramos no galpão. Depois de minuciosa busca na carreta, com o auxílio do Corpo de Bombeiros, que cerrou a lataria do teto do veículo, encontramos um compartimento preparado com 550 tabletes de cocaína. O esconderijo havia sido construído na Venezuela, por isso a carreta demorou tanto para retornar ao Brasil.

Naquele mesmo instante, outra equipe de agentes prendia Wendel Pires de Lima e mais dois comparsas. Todos seriam condenados por tráfico internacional de drogas, menos Massimo, que fugiu. Ele se apresentou três dias depois, foi ouvido e liberado. Quando surgiu a ordem judicial de detenção, não foi mais localizado. Massimo seria preso em 2011 pela polícia italiana, acusado de narcotráfico, em associação com cartéis colombianos. A máfia prossegue investindo no pó.

Capítulo 16

BASE FÊNIX

Durante anos fui treinado para caçar narcotraficantes nas piores condições possíveis. Atirei em vários, levei tiro de outros tantos. Mas nunca me preparei para enfrentar uma senhora septuagenária em fúria com sua bolsa voadora.

— Seus canalhas, prendem o meu filho enquanto tem tanto bandido perigoso solto por aí!

Enquanto ela gritava, me batia inclemente com sua bolsa. Eu só me defendia, em silêncio. Esperei que cansasse. Quando ela parou com os golpes, parece ter caído em si. Paralisada, largou a bolsa no chão e caiu em prantos.

Havíamos acabado de prender o filho dela, Nelson Vicente Palchetti Júnior, traficante foragido da Justiça que naquele domingo de dezembro de 2003 estava escondido na casa da mãe em Mirassol, no interior paulista. Naquelas semanas era notória a presença dele pelas ruas da cidade onde o irmão era prefeito. Fazendeiro e ex-gerente do Banco Interior, na vizinha São José do Rio Preto, Palchetti escapara por pouco de um flagrante da PF no aeroporto de Paranaíba (MS), em agosto de 2000. Ele era dono do posto de combustível do aeroporto e cuidou de todos os preparativos para recepcionar um avião vindo de Mirassol d'Oeste (MT) com 138 quilos de cocaína, pilotado por Claudiomiro Gimenez Moraes, um dos "Irmãos Metralha" que eu prenderia anos depois em Goiás. Nelson ajudou um funcionário a retirar outra aeronave do hangar para dar espaço ao Cessna carregado com droga, reservou vaga em hotel para piloto e copiloto, cuidou do reabastecimento do monomotor e contratou um motorista de caminhão por R$ 2,4 mil para levar a droga até São Paulo.

Quando os agentes da PF invadiram o hangar, piloto, copiloto e motorista transferiam os tabletes de cocaína da aeronave para a carroceria do caminhão. Ao saber da *blitz* policial, Palchetti, que estava em outro ponto do aeroporto, fugiu. Seus advogados tentaram vários pedidos de *habeas corpus* para revogar o mandado de prisão, mas todos foram rejeitados pela Justiça. Seu paradeiro tornou-se um mistério para a PF até aquele dezembro.

Naquela tarde de domingo, eu e o escrivão Souza fomos até a casa da mãe do fazendeiro. Invadimos o imóvel e demos de cara com um longo corredor e uma porta no meio. Em silêncio, varamos o corredor, nos esquecendo de verificar o cômodo por trás daquela porta.

— Quem são vocês?

Nós nos viramos e demos de cara com o Nelson justamente naquela porta do meio do corredor — ele estava na sala assistindo à TV. Sem querer, cometemos uma falha primária: o traficante poderia muito bem ter fugido nas nossas costas. Só não fez isso porque o susto dele foi maior do que o nosso. Nelson não resistiu.

— Deita! — gritei.

Ele foi algemado e colocado no sofá da sala. Só não contávamos com a fúria da mãe. Ao ver o filho naquela situação, partiu para cima. Aguentei firme os golpes da senhora e também a gozação que inevitavelmente desabou sobre mim depois, na nossa base em São José do Rio Preto, cidade vizinha a Mirassol. Apelidada de Fênix, a base de inteligência no interior paulista funcionou entre 2000 e 2004.

O objetivo era combater as quadrilhas de narcotraficantes que operavam a chamada "rota caipira", que utilizava o interior de São Paulo como entreposto para a cocaína que saía da Bolívia e do Paraguai com destino às capitais paulista e fluminense. Bases como essa surgiram no Brasil na primeira metade dos anos 1990, quando o narcotráfico crescia e não havia estrutura suficiente nas unidades da PF para combater as quadrilhas. Criamos então bases operacionais em cidades estratégicas para a logística do tráfico, com equipes que mapeavam a ação dos grupos e obtinham mandados judiciais para as prisões, entregues às delegacias da PF. Tudo sob absoluto sigilo — apenas a sede da corporação em Brasília e alguns juízes sabiam da existência da base.

Rio Preto foi escolhida pela sua localização estratégica: ao lado da região de Ribeirão Preto, é rota obrigatória da cocaína que sai de Mato Grosso e Mato Grosso do Sul com destino a São Paulo e ao Rio de Janeiro. Em Rio Preto, os agentes encontraram um ambiente favorável, com o apoio de juízes dispostos a autorizar os procedimentos, sobretudo o Dr. Emílio Migliano Neto, na época titular da 4ª Vara Criminal da cidade, e do setor de inteligência da Polícia Militar, para as investigações de campo.

A central da Base Fênix foi instalada em uma casa comum, acima de qualquer suspeita, primeiro no bairro Santa Cruz, depois no bairro Nova Redentora. Os primeiros equipamentos, vinte no total, gravavam os telefonemas em fita cassete. Quando chegavam ao fim, era necessário trocar as fitas. Um trabalho ininterrupto, 24 horas por dia, em que se revezavam eu e cerca de 80 agentes da Polícia Federal, vindos de todas as partes do Brasil em esquema de revezamento, entre eles José Mariano Beltrame, que depois se tornaria delegado e secretário de Segurança Pública no Rio de Janeiro. Nesse último cargo ele ganhou fama ao implantar as Unidades de Polícia Pacificadora (UPPs) nas favelas cariocas dominadas pelo livre comércio de drogas. Na área administrativa, tínhamos o apoio do escrivão Hélio, profundo conhecedor dos trâmites burocráticos entre a PF, o Ministério Público e a Justiça.

Também contávamos com agentes mulheres, como a Maitê, a Luciane, a Ana Paula e a Ana Cristina, especialistas em investigações sensíveis. Ter policiais do sexo feminino na base sempre foi importante, já que facilitava nossos disfarces. Mulheres são muito perceptivas e discretas, o que ajuda no trabalho de identificação, localização e acompanhamento dos alvos.

Além de fazer as escutas, rodávamos por todo o interior paulista, Mato Grosso do Sul, Goiás e Triângulo Mineiro, seguindo os passos dos traficantes grampeados. Nesse trabalho tínhamos o auxílio de dois policiais do serviço reservado da PM paulista, os irmãos gêmeos Cláudio e Claudemir Teixeira. No trabalho de campana, andávamos sempre à paisana, fantasiados de pescadores, operários da construção civil e até de fiscais antidengue da Sucen (Superintendência de Controle de Endemias) — um meio simples de se conseguir nome e RG dos alvos. Costumávamos andar sempre de bermuda, camiseta, boné e chinelo de dedo. Sentávamos em um bar de beira de estrada ou dentro de postos de combustível, tomávamos uma cerveja... sem desgrudar o olho do alvo.

Pelo nosso visual desleixado e pelos locais que frequentávamos, às vezes éramos alvos de *blitz* da Polícia Militar, desconfiada de que fôssemos criminosos. Ainda assim, raramente revelávamos nossa condição de agentes da PF. A ordem era não vazar a investigação, muito menos a existência da base. Tanto que a maioria dos policiais federais da delegacia em Rio Preto não sabia da nossa presença na cidade.

Paralelamente à campana, buscávamos identificar, pelas escutas, o local aproximado do pouso das aeronaves com destino à rota caipira. Feita a localização, nos escondíamos em meio à cana-de-açúcar ainda na madrugada e lá ficávamos até o início da tarde, debaixo do sol inclemente do sertão paulista. Muitas vezes, o suprimento era insuficiente, e junto com o cansaço vinham a fome e a sede. Quando a ração acabava, apelávamos para pequenos frutos do mato e cana-de-açúcar.

Apesar do desgaste físico, os flagrantes sempre vinham em profusão. Nos quatro anos de funcionamento da base, a Polícia Federal apreendeu mais de 3,85 toneladas de cloridrato de cocaína e 20 toneladas de maconha, além de 81 veículos, entre carros e caminhões e oito aviões. Nesses flagrantes, 215 pessoas foram presas. Dezenas de ações penais foram instauradas nas varas das justiças Federal e Estadual.

Entre os detidos pela base estava Antônio de Souza, o Toninho Paraíba, um moreno baixinho e roliço ligado a Luiz Carlos Antunes, o Monobloco — ambos foram investigados pela CPI do Narcotráfico da Assembleia Legislativa, em 2000. Em junho de 2001, as escutas nos apontaram que um avião carregado com cocaína desceria na tarde do dia 11 em uma pista clandestina de Monte Azul Paulista (SP). Pela manhã, localizamos a pista, às margens de uma rodovia. Era pouco mais de meio-dia quando a aeronave pousou sem desligar o motor e o copiloto começou a descarregar a droga. A poucos metros, Paraíba se preparava para se aproximar do avião com uma picape pequena quando um dos passageiros do avião notou um dos nossos agentes escondido na cana-de-açúcar. Os agentes atiraram no motor do avião, mas mesmo assim o Cessna conseguiu decolar — dos seis pistões, só um foi danificado. Paraíba, dono da droga, fugiu. Os 86 quilos de cocaína e seis de *crack* foram apreendidos.

Duas horas depois, os agentes Anão e Vilela foram informados pelo escrivão de polícia federal Edson "Massa", analista do Serviço de Inteligência de Londrina, de que um avião havia feito um pouso de emergência no pasto de uma fazenda em Meridiano (SP), a 200 quilômetros dali. Machucado, o piloto foi a pé até a sede da propriedade e disse que havia batido o carro na rodovia. Ganhou carona até um posto de combustível e pegou um táxi até Araçatuba. De lá, tomou um ônibus para Mato Grosso do Sul. Mas acabou detido por agentes da PF em Três Lagoas. Dois dias depois, analisando as informações recebidas, descobrimos que os outros dois passageiros do avião estavam escondidos em uma pousada na região de Votuporanga. Ambos foram flagrados na cidade de Valentim Gentil (SP), feridos na perna e na barriga com a queda do avião.

Toninho Paraíba só seria preso cinco meses depois, quando os agentes da Polícia Federal na Base Fênix descobriram que o traficante havia comprado um avião monomotor para buscar droga no Paraguai e na Bolívia. Pelas escutas, soubemos que a aeronave pousaria em Panamá, sul de Goiás, no dia 27 de novembro, onde o grupo tinha um sítio que servia de base de apoio para receber a droga e despachá-la em caminhonetes e caminhões até a região de Rio Preto. O esquema era comandado por Paraíba, que tinha o avião, e José Aguiar Rocha Filho, o dono da cocaína.

Campana montada, durante a tarde os agentes viram o avião no céu, vindo da Bolívia, sobrevoando a região por cerca de 40 minutos. Com um binóculo, confirmaram pelo prefixo que o aparelho era mesmo de Toninho Paraíba. Como a localização exata da pista era desconhecida, a expectativa era apreender a droga quando já estivesse sendo transportada por via terrestre. Menos de 15 minutos após o avião retomar o céu, uma picape com dois comparsas de Paraíba e Rocha foi abordada na estrada por nossos agentes. Os traficantes reagiram e houve troca de tiros. Baleado, um deles morreu no hospital municipal de Goiatuba (GO). Na carroceria do veículo, 149 quilos de cocaína.

Ao mesmo tempo, outra equipe, sob meu comando, acompanhava todos os passos de Paraíba e Rocha em Severínia (SP), onde moravam. Em dois hotéis de Olímpia, Rocha e dois comparsas foram presos, entre eles Victor Souza Rivarola, piloto que desembarcara a droga horas antes em Goiás. Até então, os agentes não sabiam o seu nome, apenas que usava fraldões devido a um problema intestinal. Vasculharam todos os quartos do hotel até encontrarem, no armário de um deles, fraldas e mapas de navegação aérea. Minutos depois, Paraíba foi algemado em Severínia. Ele admitiu ser o dono do avião que estava guardado em um hangar do aeroporto de Bebedouro, cidade vizinha. Todos foram transferidos para presídios goianos e condenados pela Justiça Federal por tráfico e associação para o tráfico internacional.

O sul de Goiás também serviu como base de apoio para outro grupo de traficantes paulistas. Em junho de 2001, passamos a desconfiar que André Luiz Garcia Munhoz — o Muca —, um ex-goleiro de futebol em Tanabi (SP), gerenciava o transporte de drogas para o traficante Gilmar Felix de Freitas, preso no Carandiru, em São Paulo. No começo de agosto, os policiais militares que integravam a Base Fênix começaram a seguir Muca pelo interior paulista e notaram encontros constantes dele com o motorista de uma caminhonete. Os PMs passaram então a seguir o veículo, que deixou o território paulista e rasgou o Triângulo Mineiro até uma fazenda em Caçu (GO). No dia seguinte os militares voltaram à região, desta vez com agentes da PF, incluindo eu, e descobriram várias pistas de pouso de aviões na região. Foram duas semanas seguidas de campana até o fim da tarde do dia 12, quando os policiais notaram um avião descendo em uma das pistas. Rapidamente a caminhonete encostou na aeronave e o homem visto com Muca dias antes despejou três sacos do avião para a carroceria. Os agentes passaram a seguir a caminhonete e notaram quando o veículo entrou em uma carvoaria. Era o momento do bote.

O homem tentou fugir por uma mata, mas acabou capturado em uma cena curiosa: o elástico da bermuda que vestia se rompeu, e ele, ao ser rendido, não sabia se erguia as mãos, conforme a nossa ordem, ou se evitava que a bermuda caísse até os tornozelos... Ele admitiu ter escondido entre as árvores os três sacos, que continham 91 quilos de cocaína. Também disse que a droga era de Muca, e mais — como o avião tinha ficado com pouco combustível, teria de fazer novo pouso no aeroporto de São Simão, cidade goiana vizinha. Ao chegarem ao local, os policiais viram a distância Muca transportando combustível até a aeronave. Ele acabou preso em flagrante. O piloto, boliviano, e o copiloto foram detidos em um hotel da cidade. Com eles, um aparelho GPS com as coordenadas da pista usada para o desembarque da droga, horas antes. Todos foram condenados por tráfico.

Duas semanas antes do flagrante em São Simão, havíamos preparado um flagrante no avião de Gilmar no oeste de Mato Grosso, já próximo à fronteira com a Bolívia. Conseguimos a coordenada da pista onde o piloto pegaria a droga (seriam cerca de 300 quilos de cocaína) na Bolívia e também da pista em Mato Grosso onde a aeronave faria uma parada para abastecimento antes de seguir viagem para a base da quadrilha em Goiás. O problema era que a pista ficava em um platô a aproximadamente 3,8 mil metros de altura, um local ermo de difícil acesso e com fortes ventos. Para piorar, a pista ficava em uma grande cavidade no platô, o que dificultava muito a decolagem. Montei uma equipe da Base Fênix e fomos para Cuiabá. A estratégia era pousar na pista minutos antes do avião com a droga chegar, render o pisteiro, substituí-lo na função e abordar o piloto assim que a aeronave pousasse. Contatamos um piloto em Cuiabá, mas ele se recusou a participar pelo risco envolvido na empreitada — ele ainda nos alertou que seria impossível decolar devido à altura do morrete em frente à pista. Tivemos de chamar outro, de Campo Grande — pedimos ao delegado Rubão, na Superintendência de Mato Grosso do Sul. No dia marcado, saímos de Cuiabá até o Batalhão de Fronteira no município de Cáceres, a apenas sete minutos de voo do platô. Outra equipe monitorava o avião no aeroporto de Mirassol d'Oeste, cidade próxima. Às 5 horas da manhã, a aeronave, um Cessna 182 Skyline, decolou rumo à Bolívia. De posse da coordenada geográfica, calculei o tempo que o piloto levaria até a pista no país vizinho e o retorno para reabastecimento no platô. No horário próximo à chegada do avião, rumamos para a pista. Tiramos os bancos do Cessna 210 e ficamos agachados, eu e os agentes Watanabe e Froider, para sair rápido do nosso avião, a tempo de render o pisteiro. Tudo caminhava bem até nos aproximarmos da pista, já em procedimento de pouso. De fato, ventava muito no local. O piloto notou gente na pista, e pedimos para ele pousar o mais próximo possível daquelas pessoas. Foi quando o Watanabe gritou:

— São mourões! e não pessoas.

De fato, havia vários troncos de árvore na pista, uma estratégia para evitar o pouso de aeronaves indesejadas — os mourões só seriam retirados pelos pisteiros após o aviso do piloto da quadrilha. Senti um frio na espinha e pensei no pior fim possível. O piloto suava frio. Passou a centímetros dos troncos na tentativa de arremeter. Quando o Cessna estabilizou, havia o rochedo no fim da pista. Hábil, o piloto fez uma parábola no ar e por pouco escapou do obstáculo. Perdemos o flagrante — que viria dias depois em Goiás —, mas escapamos com vida.

Eu já havia me deparado com outras situações em que uma simples mancada compromete dias ou semanas de preparação de um flagrante. Em julho de 1997, eu, os agentes Bicudo, Valtinho e outros colegas da base de inteligência em Campo Grande fomos até a área rural de Alcinópolis, norte de Mato Grosso do Sul, para flagrarmos um avião de Hermínio Fernandes Farias, um traficante conhecido no Estado. Minha equipe contava com o apoio de outros agentes baseados em um hotel em Alcinópolis. Essa equipe nos levava até as proximidades da fazenda e nos buscava, além de servir de ponte entre nós e a base em Campo Grande. À noite, fomos deixados nas imediações da fazenda em cuja pista desceria o avião com droga. No dia seguinte de manhã, por volta das 10 horas, o avião desceu. Nós nos preparávamos para o bote quando, por impulso, pedi para todos recuarem. Pensei: "não seria possível o avião ter vindo carregado com droga da Bolívia naquele horário". Reconheci o piloto: era Cornel Ramos, um dos contratados pelo Major Carvalho. Mais tarde, recebemos da nossa equipe de apoio em Alcinópolis a informação de que o voo com a droga foi adiado para o dia seguinte. Como o deslocamento até a cidade seria penoso e sensível, já que poderíamos ser descobertos, optamos por passar mais uma noite no meio do mato. Seria o meu calvário. Após uma chuva breve, o frio veio com tudo. Com a roupa molhada, tremíamos. Eu jogava terra sobre o corpo para improvisar um cobertor. Alguns colegas se abraçavam para se aquecer. Quando o dia clareou, vimos os peões saírem da casa com um trator puxando uma carreta. Havia um pé de laranja na fazenda e a fome incomodava. O problema é que entre o local onde nos escondíamos e a árvore estava a pista. Pegamos então um galho e com ele apagávamos nossas pegadas. Colhemos um saco de laranjas e voltamos para o nosso esconderijo. Aí recebi mensagem pelo rádio do agente Barbosa, de Campo Grande, dizendo que o voo havia sido cancelado mais uma vez desde a noite anterior, e que havia perdido o contato com os agentes no hotel em Alcinópolis. Ficamos muito irritados e iniciamos o caminho de volta. Mas nesse momento percebemos o retorno dos peões. Passaram pelo local onde estávamos escondidos e em seguida, agitados, começaram a vasculhar as redondezas. A certa altura, fomos encurralados e tivemos de reagir.

— Somos da polícia florestal e estamos atrás de uns caçadores de veado.

Claro que eles não acreditaram na história. Um deles me disse que encontrou casca de laranja perto da pista — era bem o local do nosso ponto de observação. O autor da trapalhada nunca se identificou. Só dias depois, em 16 de julho, apreendemos parte da cocaína, 66 quilos, em uma caminhonete em Três Lagoas (MS). Herminio Farias foi preso em flagrante. Ele levaria a droga para o Rio de Janeiro.

* * *

As investigações da Base Fênix nos levariam à constatação de um laboratório no interior paulista onde grandes partidas de cocaína eram "batizadas" com outros produtos químicos. Ficava em um sítio modesto na zona rural de Barretos (SP), gerenciado por José Alberto Junqueira Santos, o Passarinho. Além de manipular a droga, o traficante também tinha seus próprios meios de transportá-la. No dia 8 de agosto de 2001, um caminhão deixou Barretos com destino a Cuiabá, onde seria carregado com pasta base. Dez dias depois, retornou, acompanhado por policiais federais de Cuiabá (MT), e logo que chegou à cidade o motorista foi recepcionado por Passarinho, que passou a seguir o veículo até o sítio.

No meio do trajeto, porém, o traficante notou que estava sendo seguido por uma caminhonete vermelha e um carro branco — ambos carros frios da Polícia Federal. Estava seguindo o alvo com o PF Valtinho, quando Passarinho pisou fundo no acelerador. Na estrada de chão batido, o carro levantava poeira espessa, o que dificultava a nossa perseguição. O solo irregular chacoalhava o carro da PF, até o motor fundir. A outra equipe prosseguiu no rastro do traficante e viu quando o carro de Passarinho também quebrou ao passar em um buraco na pista. O traficante ainda teve tempo de sair do carro e desaparecer.

Enquanto isso, agentes da PF apreenderam a droga no caminhão e invadiram o sítio. Próximo à casa, desenterraram quatro galões cheios de cloridrato de cocaína. No quintal, frascos e baldes com vários produtos usados no refino da droga. No total, foram apreendidos 143 quilos de cocaína. Passarinho só seria preso anos depois, em Mato Grosso. Ficou pouco tempo atrás das grades — foi assassinado dentro de um presídio em Mato Grosso.

Entre os dois flagrantes do grupo chefiado por Toninho Paraíba e a descoberta da logística de Muca, nos deparamos com outro esquema, comandado por Adriano Wilson Faccin, cunhado do boliviano Willian Rosales Suarez. Já vínhamos monitorando Willian, que aguçou nosso faro ao ostentar um alto padrão de vida em Jales (SP), onde passou a morar no fim dos anos 1990. Com a prisão de Willian por tráfico na Bolívia, em 2000, coube a Adriano assumir a frente dos negócios ilícitos do cunhado com o auxílio de outro boliviano, Jesus Geraldo Ardaya Tellez, padrasto de Adriano. Mesmo preso, Willian cuidava de tudo, por telefone.

Começamos então a seguir todos os passos de Adriano pela região de Rio Preto. Até que, no dia 18 de agosto, um sábado, descobrimos pelas interceptações telefônicas que o rapaz receberia grande quantidade de drogas naquele fim de semana e que alugara um rancho em Santa Fé do Sul (SP) para armazenar o entorpecente. Por volta das 11 horas do dia seguinte, meus companheiros da Polícia Militar, comandados pelo sargento Teixeira, localizou o rancho e iniciou campana em um imóvel em frente, convidado por um grupo de amigos para comer churrasco. Três horas depois, ele notou a chegada de um carro e em seguida uma caminhonete com o pneu traseiro do lado direito estourado e a suspensão rebaixada, indício de que levava algo bastante pesado. Claudemir ligou o rádio e me acionou em Jales, cidade vizinha.

— Eles chegaram, estão com a droga.

— Mas não é possível, ainda não foi feito o arremesso — respondi. Pelas escutas, a droga seria despejada de avião dali a duas horas.

A incerteza adiou o bote. Nisso, Adriano deixou o rancho e seguiu para Jales, onde nós o perdemos de vista — depois, saberíamos que ele fora atrás de um veículo maior para distribuir a droga.

A certeza de que a caminhonete levava cocaína só veio no fim da tarde, quando a base da PM de Santa Fé recebeu telegrama do dono de uma fazenda em Ilha Solteira (SP), distante apenas trinta quilômetros, informando que, por volta do meio-dia, um avião dera três voos rasantes na propriedade, onde também funcionava um pesqueiro. Nesse momento, o homem notou que um ex-funcionário da fazenda, que pescava, deixou o imóvel às pressas e saiu em uma caminhonete com as mesmas características daquela vista no rancho. Era a hora de invadirmos o esconderijo da quadrilha em Santa Fé.

Dois comparsas de Adriano tentaram fugir do cerco policial, mas acabaram rendidos pelo cabo Teixeira. Dentro do rancho, empilhados, vários pacotes com 116,5 quilos de cocaína. Faltava prender o dono da droga. Decidimos então preparar a armadilha. Adriano retornou ao rancho às 16 horas do dia seguinte. Mal pisou no imóvel, foi rendido e algemado. Depois, descobriríamos que, diferentemente do que fora ordenado pelo chefe Willian a partir da Bolívia, a droga não seguiria de caminhão para São Paulo. Logo que o entorpecente chegou ao interior paulista, Adriano disse que toda a cocaína havia sido pega pela polícia. Ele tinha planos de desviar o entorpecente, revendê-lo e ficar com o dinheiro apenas para si. Mas Willian logo desconfiou da armação e passou a ameaçar o cunhado de morte. Só quando a notícia da *blitz* policial chegou ao boliviano foi que os ânimos se acalmaram. Ao prendê-lo, sem querer, salvamos a vida de Adriano.

Após cumprir pena, Willian voltou para o Brasil em 2005 e passou a morar em São Paulo. Mas já no ano seguinte retornou ao seu país. Em maio de 2010, foi sequestrado por um cartel de narcotraficantes rivais em San Ramón, próximo a Rondônia, após seis de seus guarda-costas, três deles mercenários sérvios, serem assassinados em uma emboscada. Mesmo ferido com vários tiros, ele sobreviveu e aliou-se ao PCC.

A segunda e maior apreensão de maconha feita pela Base Fênix veio quatro meses depois, quando suspeitamos que uma central de reciclagem em Barretos acobertaria um depósito de drogas. O entorpecente era comprado no Paraguai e transportado oculto debaixo de uma carga de papelão. Decidimos então montar duas campanas: uma em Barretos e outra na empresa onde o grupo comprava o papelão, em Ponta Porã (MS). O veículo entrou em Pedro Juan Caballero, Paraguai, e horas depois, na empresa do lado brasileiro, os agentes Jabá e Valtinho seguiram o caminhão até o destino, para prender em flagrante os receptadores da droga em Barretos. Em três carros, eu, Claudemir, Luciane, Watanabe e Beltrame nos revezávamos atrás do caminhão, uma estratégia para que o motorista não desconfiasse da vigilância. No segundo dia de viagem, às duas da tarde, o caminhão parou na longa fila de carretas da Receita em Presidente Prudente (SP). Sem café da manhã nem almoço, calculávamos que o caminhão com a droga demoraria algum tempo no local e aproveitamos para almoçar em um restaurante na beira da estrada, alguns metros à frente do posto da Receita. Eu me lembro muito bem da bisteca bovina grande, suculenta, assando na chapa. Quando o cozinheiro virou a carne e todos ainda comiam a salada, prato de entrada, observei o caminhão seguindo viagem. Só deu tempo de pagar pela refeição que não comemos e comprar alguns pacotes de bolacha. Dali em diante, a operação foi batizada de Bisteca...

No dia 21 de novembro de 2001, pela manhã, o carregamento chegou à cidade de Barretos e foi recepcionado por outros três homens. Naquele instante, anunciamos o flagrante. O caminhão foi levado até a central de reciclagem e os agentes começaram a retirar o papelão e a maconha. No total, havia 3,1 toneladas do entorpecente. Na época, foi a segunda maior apreensão da droga no Estado.

* * *

Um velho índio da região do Chapare, interior boliviano, foi decisivo para o destino de Edson Ferreira no tráfico. Com ele, Pequeno, como era conhecido o brasileiro de Sumaré, na região de Campinas, aprendeu a produzir cloridrato de cocaína de alta qualidade. Ao estabelecer vínculos com um fornecedor no país vizinho, Pequeno passou a trazer grandes quantidades da droga até um sítio em Altinópolis, região de Ribeirão Preto, onde aplicava todo o conhecimento adquirido na Bolívia. Depois, o cloridrato era vendido em Campinas.

Pequeno cercou-se de vários cuidados. Comprou uma propriedade rural distante da cidade e sem vizinhos próximos, e lá construiu uma pequena casa de madeira vizinha a uma mata fechada e um riacho, cuja água era bombeada para o laboratório. Para evitar traições ou vazamentos à polícia, empregou gente de confiança, todos familiares seus: a mulher Rosaine, o sobrinho Eldes e a mulher dele, Josiane.

Foram quatro meses, em 2002, seguindo os passos da família em Sumaré. No dia 18 de outubro, eu e o agente Edson Caipira chegamos ao "ninho" em Altinópolis ao seguir uma caminhonete em nome de Josiane desde a região de Campinas. De um pequeno morro, com binóculo, o policial Claudemir vigiava a movimentação no casebre. Em um dia em que não havia ninguém na propriedade, fizemos uma incursão pelo mato até o imóvel. Aparentemente, não havia sinal de droga nem de que ali funcionava um laboratório de refino, exceto por uma prensa industrial. A cocaína só poderia estar enterrada. Claudemir retirou da mochila uma barra de ferro circular, usada na construção civil, e passou a afundá-la no solo nos trechos em que a terra parecia mexida recentemente. O ferro mergulhado na terra parou em um obstáculo. Meio metro abaixo da superfície havia um latão forrado com cocaína até a tampa.

Era a prova de que os policiais precisavam. Só faltava flagrar a quadrilha com a droga. O latão foi fechado e enterrado novamente, sem deixar vestígios.

No dia seguinte, vimos Eldes entrar no sítio com uma caminhonete. Os demais da quadrilha já estavam lá. Era o momento perfeito para o flagrante, mas éramos poucos policiais e havia o risco de os traficantes fugirem pela mata. Por isso, esperamos Eldes carregar a caminhonete com droga e o paramos a caminho de Altinópolis. Na lateral, havia cinco pacotes com cocaína. Horas depois, Edson, Josiane e Rosaine também deixaram o sítio e foram presos na estrada. No casebre, enterrados, estavam o latão com mais cocaína e produtos químicos para o refino da droga, adquiridos em Rio Preto. Todos foram condenados pelo TJ por tráfico e associação para o tráfico.

* * *

O ano de 2002 ainda nos reservaria boas surpresas. Foi nele que pegamos um dos nossos maiores "troféus" na Base Fênix: João Faria, o homem que era vendedor de ovos nas ruas de Fernandópolis

(SP) nos anos 1970 e se tornou fazendeiro e rico empresário. Entre 1997 e 2002, Faria movimentou R$ 19,2 milhões em suas contas bancárias, de acordo com o Ministério Público. Ele já havia sido preso em flagrante em 1991 com 60 quilos de cocaína em Santo André, na Grande São Paulo. Foi condenado por isso, mas a pena seria reduzida de 12 para apenas três anos de prisão, em uma medida judicial cercada de suspeitas.

Beneficiado pela Justiça com a redução da pena no flagrante de Santo André, Faria logo ganhou a liberdade e passou a encabeçar um esquema que reprisava a rota caipira: a pasta base de cocaína atravessava a fronteira com a Bolívia até uma de suas fazendas em Porto Esperidião (MT), de onde era levada em uma caminhonete do fazendeiro até a propriedade de um comparsa em Cassilândia (MS), Antonio Corradini Sobrinho, o Toninho. De lá, o entorpecente era transportado até o sítio de Faria em Ouroeste (SP) ou à casa do corretor de imóveis Zaqueu Manente, em Fernandópolis.

Em 14 de março de 2003, as escutas flagraram a chegada de um novo carregamento de cocaína à fazenda em Cassilândia. Armamos então uma campana na rodovia que liga Iturama, em Minas, a Ouroeste, do lado paulista, porque sabíamos que a droga passaria por lá. Já era fim da manhã quando, com binóculos, avistamos uma Peugeot branca nas margens da pista, próximo a um canavial. Hora de dar o bote. Quem dirigia o veículo era João Batista Corradini, irmão de Toninho e um dos comparsas do fazendeiro. Escondido na caçamba, dezenas de tabletes com 90 quilos de cocaína. Mas faltava capturar Faria. Ele e Zaqueu estavam a alguns metros da Peugeot — o fazendeiro parara para urinar na beira da estrada e, ao notarem os policiais parando perto da Peugeot, deram meia-volta. Tentamos persegui-los, sem sucesso. Durante a fuga, sem saber que estava grampeado, Faria telefonou para Toninho. Disse que "deu uma zebra" na estrada e que estava fugindo para Mato Grosso. Perguntou ainda se o irmão de Corradini, motorista da Peugeot, assumia a propriedade da droga. Também deu a entender que negociaria a droga em São Paulo. "Eu *tô* fudido, cara, eu *tô* numa situação aqui…"

Nós até tentamos segui-lo, sem sucesso. Em Chapadão do Sul (MS), Faria e Zaqueu foram resgatados por um avião do grupo e desapareceram. Nossa única pista eram fazendas que sabíamos que ele tinha em nome de testas de ferro em Mato Grosso e Rondônia. Um deles era Vanderlei Asalin, que era dono de uma loja de defensivos agrícolas em Rolim de Moura (RO). Quatro dias depois do flagrante malsucedido, o agente Luna, do Gise de Curitiba, me telefonou na base em Rio Preto:

— Pinelli, você não acredita no que acabamos de ouvir aqui em uns grampos. O Vanderlei ligou para o pai dele aqui em Curitiba dizendo que "o patrão chegou".

Só poderia ser o João Faria. No dia seguinte eu e o agente Philipe estávamos dentro de um avião com destino a Porto Velho. Fui à sede do Incra e solicitei um mapa com a localização de todas as fazendas em nome do Asalin. Na Superintendência da PF, conseguimos uma caminhonete Toyota para encarar as estradas enlameadas e cheias de buraco do Estado e fomos para a delegacia de uma cidade próxima a Rolim de Moura. A fazenda do testa de ferro ficava a cerca de 30 quilômetros da cidade. Na sede da propriedade, vimos o carro de Asalin, um Fiat 147. Tínhamos a forte suspeita de que Faria estava na sede, mas era preciso certeza. Então, dei equipamento de rádio e binóculos para, a uma boa distância, oculto na mata, Philipe acompanhar a movimentação na casa. Enquanto isso, eu vigiaria a estrada de acesso à fazenda e, a cada duas horas, me aproximaria de onde ele estava para conseguirmos contato via rádio.

Assim fizemos. Mas logo na primeira aproximação, chamava o Philipe e nada de resposta. Fiquei preocupado. Cheguei a pensar em invadir a sede sozinho, achava que tinham capturado meu parceiro. Para piorar, anoiteceu. Foi aí que eu o vi acenando. Só quando me aproximei é que vi o corpo dele encharcado de lama. Caíra em um brejo e se afundara até o pescoço. Além de molhar o rádio, atraiu um cachorro da fazenda, que começou a latir. Por sorte, conseguiu fugir antes de os peões de Asalin chegarem.

Ficamos 26 dias em Rondônia na caça de João Faria. A CGPRE já nos pressionava para voltarmos à base em Rio Preto. Fomos então procurados por um coronel do Exército. Ele já investigava alguns traficantes da região e se dispôs a nos ajudar com algumas informações de inteligência. Uma delas dizia que João Faria estaria em Costa Marques (RO), a 300 quilômetros de Rolim de Moura, já na fronteira com a Bolívia. Com um agente da PF de Rondônia, o Mouri, fui para lá, enquanto o Philipe ficou em Rolim. Eu estava no caminho quando o Philipe me chamou no rádio.

— O Asalin saiu para Vilhena. Acho que o João Faria pode estar junto. Estou seguindo o carro dele.

Dei meia-volta e também segui viagem para Vilhena, no sul de Rondônia. Cheguei no início da manhã. Philipe já estava lá. Asalin chegara na noite do dia anterior, debaixo de muita chuva — por isso não foi possível saber se havia mais alguém no carro além do testa de ferro. Por volta das 8 horas, uma mulher saiu pelo portão e começou a varrer as folhas das árvores que impregnavam a calçada devido ao dilúvio de horas antes. O Philipe teve então a ideia de caminhar pela rua e olhar para dentro da casa. Quando chegou ao outro lado da quadra, me chamou pelo rádio, rindo:

— O João *tá* deitado na rede, na varanda. Dá pra acreditar?

Não havia o que esperar — invadimos a casa. Faria ficou lívido ao nos ver. Parecia não acreditar que havia sido localizado tão longe de casa. O susto foi tão grande, que evacuou nas calças e precisou tomar banho antes de ser algemado e levado para Porto Velho. Chegaríamos ao Estado de São Paulo com ele no dia seguinte. Em 2005, o juiz Emílio Migliano Neto condenou Faria a vinte anos e quatro meses de prisão por tráfico de drogas e associação para o tráfico. Mas ele recorreu da sentença e conseguiu sucessivos benefícios, até a anulação de todo o processo. Primeiro, o Tribunal de Justiça reduziu sua pena para dezessete anos de reclusão. Depois, decisão do STJ permitiu que ele deixasse o regime fechado com apenas um sexto da pena cumprida, e não dois quintos, conforme a Lei 11.343, de 2006. Por último, em outubro de 2008, o STF concedeu *habeas corpus* anulando a condenação imposta pela Justiça de Rio Preto. Os ministros do STF entenderam que houve cerceamento de defesa, já que o fazendeiro não pôde se manifestar antes do recebimento da denúncia do Ministério Público pela Justiça. Com a decisão, o processo voltou à estaca zero, e Faria só seria condenado novamente no início de 2018. Aguarda em liberdade o trânsito em julgado dessa nova condenação.

* * *

Waldemar Ribeiro de Lima já era um piloto experiente quando foi cooptado pelo mundo do narcotráfico. Em 1994, ele trabalhava como instrutor de voo no aeroporto de Itápolis, no interior paulista, quando conheceu colegas de profissão que trabalhavam para traficantes de drogas. Não demorou para surgir o primeiro convite para buscar uma carga de cocaína na Bolívia, depois que outro piloto recusou o serviço por considerar a pista no país vizinho muito curta. Lima acertou a viagem por US$ 4 mil, o dobro do que ganhava como instrutor. Veio outra proposta e mais outra — algumas para o traficante carioca Beira-Mar. Eram tantas, que ele passou a recusar algumas. Até que uma quadrilha de traficantes comprou um avião Sêneca e o contratou diretamente, agora como piloto fixo do esquema, pagando US$ 10 mil por voo. Com dois anos no tráfico, Lima comprou seu próprio avião, um Carioca, e passou a cobrar US$ 25 mil pelo frete até a Bolívia e US$ 50 mil para voos no Peru e Colômbia, com carga de até 500 quilos de cocaína. Com tanto dinheiro levava uma vida de luxos, mas também de constrangimentos, conforme disse em entrevista à repórter Rita Magalhães, do *Jornal da Tarde*, em 2006:

— Ganha-se muito no narcotráfico. Sempre tive boa moradia, bons carros, aviões. Saía de São Paulo, com o avião, para almoçar no Rio de Janeiro, passear um pouco, e voltar a tempo de pegar minha filha na escola. Só que é um dinheiro caro, que não compra de volta o que eu dei em troca. Perdi minha paz de espírito, meus amigos de infância — porque tive de me fechar para todos eles. Porque passam a ter curiosidade sobre o que você faz, para quem você trabalha. Eles te veem morando em mansão, andando de Mercedes, tendo avião próprio… Como é que você explica?

Não gosto muito de falar dessa parte material, porque pode servir de incentivo para quem está fora. Não compensa. Isso tudo não é motivo de orgulho nem de glória, mas de arrependimento. Pelo custo de tudo isso na minha vida pessoal.

No fim de 1997, Lima foi preso com um colombiano e um peruano em Sorocaba. Após oito meses na cadeia, trabalhou por algum tempo no transporte aéreo de malotes do Banco do Brasil "até baixar a poeira", mas já em 1999 regressou com força ao narcotráfico. No fim do ano seguinte, comprou um Bonanza e passou a trabalhar para Adinael Zampieri, um traficante baseado no interior paulista que mantinha contato com cartéis de drogas na Bolívia e Colômbia. Em 1994, Zampieri havia sido preso em flagrante com 50 quilos de cocaína no bairro do Bom Retiro, em São Paulo. Sete anos mais tarde, em fevereiro de 2001, ele voltaria aos radares da polícia, agora na Base Fênix. Sabíamos que o piloto de Zampieri era Lima, na época residente em Marília (SP). Ele tinha seus esquemas paralelos, como o transporte aéreo de maconha do Paraguai até o aeroporto de Vera Cruz, cidade vizinha — naquele mesmo fevereiro, uma operação da PF a partir de informações da nossa base levaria à apreensão de 43 quilos de maconha do esquema. Lima não foi encontrado e tornou-se foragido.

Zampieri morava em uma chácara em Frutal, no Triângulo Mineiro. Como falava muito pouco ao telefone (um deles era satelital, à prova de grampos), decidimos seguir todos os seus passos. No dia 26 de março de 2001, juntamente com a agente Ana Paula, acompanhei Zampieri e outro integrante da quadrilha indo até uma pista clandestina na zona rural da região de Frutal — possivelmente o local que seria utilizado para o pouso do Bonanza de Lima carregado com drogas. Deixaram ferramentas para capinar o mato da pista e, no dia seguinte, buscaram Lima em um hotel de Frutal e foram até o aeroporto de Mirassol, na região de Rio Preto. Lá estava o Bonanza e outro avião da quadrilha. Dentro das aeronaves foram acondicionados vários tambores com combustível, o que indicava que a viagem seria longa. Às 13h30 os dois aviões decolaram — primeiro o Bonanza de Lima, depois o segundo avião. Acreditamos que essa segunda aeronave transportaria a cocaína da Colômbia até a Bolívia, e que Lima completaria a viagem da Bolívia até o interior paulista.

No dia seguinte, 28 de março, uma equipe da PF viu o Bonanza no aeroporto de Ocorema, em Corumbá. Como Zampieri não falava nada por telefone, a única maneira de fazer o flagrante seria seguir todos os passos dele. Pedimos apoio de outras delegacias, e uma equipe de agentes de Belo Horizonte e Londrina veio até Rio Preto para nos dar apoio. Na manhã daquele dia, Zampieri foi até um posto de combustível de Catanduva, sua cidade natal, onde se encontrou com o colombiano William Abraham Castillo Lopez, representante dos fornecedores do país vizinho que viera ao Brasil acompanhar o transporte da cocaína. Minutos depois chegou um caminhão dirigido por um funcionário de Zampieri — provavelmente o veículo levaria a droga até São Paulo. Após a conversa, o caminhão foi para a chácara de Zampieri em Frutal para ser carregado com móveis, a carga lícita para disfarçar a de cocaína.

No dia 30 de março, pouco antes das 8 horas, o caminhão voltou ao posto de combustível em Catanduva, para se encontrar novamente com Zampieri. Naquele momento, interceptamos um raro diálogo por telefone do chefe para o piloto Lima. Nele, Zampieri disse que encontraria o comparsa "no lugar que nos vimos pela última vez". Era o aeroporto de Mirassol. Instantes depois, o caminhão entrou em um canavial de Santa Adélia, município vizinho, seguido a certa distância por Zampieri em um automóvel. Em meia hora o caminhão com os móveis — e a droga — retornou à rodovia SP-310 e rumou para São Paulo. À frente, Zampieri e o colombiano seguiam de carro, na função de batedores. Nossas equipes de agentes da PF ficaram no primeiro pedágio da rodovia. Zampieri e o caminhão foram parados. Em um fundo falso da carroceria havia sete sacos de *nylon* contendo, cada um, 32 tabletes de cocaína, um total de 193 quilos da droga. Imediatamente o então agente Mariano Beltrame prendia o piloto Lima em Mirassol, para onde rumou depois de descarregar a droga no meio do canavial. Beltrame o "algemou" com seu próprio cinto no aeroclube de Mirassol (SP), já que estava sozinho e se esquecera das algemas.

Zampieri ficou apenas dois meses preso. Em maio de 2001, fugiu com mais dois detentos da penitenciária de Araraquara, escalando as muralhas do presídio. Desde então segue foragido, provavelmente na Bolívia ou Colômbia. O piloto Lima foi condenado por tráfico internacional e formação de quadrilha. Em 2006, ainda cumprindo pena na Penitenciária 2 de Tremembé (SP), foi entrevistado pelo *Jornal da Tarde*:

— Eu sempre fui uma pessoa fria, determinada. Tudo o que faço, procuro fazer bem-feito. E no tráfico, eu dei o melhor de mim. E é uma das queixas que eu tenho. Atirei pérolas aos porcos. Na cadeia, tendo tempo para refletir, cheguei à conclusão de que se eu tive capacidade para fazer operações mirabolantes no tráfico, organizar transporte aéreo e terrestre, também posso usar essa capacidade para o bem, para algo mais bonito, mais digno. Coisa que eu possa mostrar para todo o mundo. Não ter de ficar escondendo como eu tive de fazer a vida inteira.

* * *

As investigações da Base Fênix nos levariam até outro grande traficante de cocaína no interior paulista: Edivaldo Muniz da Silva, o Cigano, que morava em uma mansão em Campinas e tinha uma chácara em Itu onde depositava a droga que recebia de aeronaves vindas da Bolívia. No dia 16 de fevereiro de 2003, Cigano marcou dois encontros com homens que recebiam os aviões nas pistas clandestinas. Ao telefone, disse apenas que o local da reunião seria no "passarinho". Demorou para que eu descobrisse que ele se referia ao Shopping Dom Pedro, em Campinas, cujo logotipo é um passarinho verde. Nos encontros, vimos a distância Cigano repassar grande quantia de dinheiro retirada de uma Saveiro estacionada no *shopping*. Aquela movimentação era um sinal de que a quadrilha receberia em breve mais um carregamento de droga, conforme atestavam nossas investigações.

Graças ao trabalho de acompanhamento, descobrimos o sítio de Itu, onde três integrantes da quadrilha faziam vigilância constante. Na tarde do dia 17, caiu na região um forte chuva, alagando vários bairros de Campinas e Itu. Às 18 horas, a base captou ligação de um dos três para Cigano dizendo que o "buraco" corria o risco de ser inundado e que poderiam perder a "mercadoria". O chefe então orientou o homem a retirar a droga do sítio. Às 20 horas, notamos que um Gol verde entrou na propriedade e saiu uma hora mais tarde. Passamos a seguir o veículo até um hotel em Jundiaí.

No dia seguinte, pela manhã, uma Parati entrou no sítio e saiu minutos depois. De lá, foi para Campinas, na casa de Cigano. Quando ele abriu o portão da garagem para a entrada do veículo, invadimos a casa. No automóvel, encontramos 39 pacotes de cocaína e um de *crack* escondidos nas laterais. Em seguida, contatamos a equipe que estava no hotel que abordasse o Gol, no qual foram encontrados mais 28 pacotes de cocaína ocultos também na lateral. Em Itu, por fim, nos deparamos com vários equipamentos e produtos utilizados para "batizar" a droga, ou seja, aumentar o seu volume, como baldes, lâmpadas para secagem da droga e uma prensa para confeccionar os tijolos de cocaína, enterrados no quintal e na garagem. Todos foram presos em flagrante.

* * *

As investigações da Base Fênix alcançariam grandes esquemas de tráfico que abasteciam os morros cariocas e também a Europa. Em abril de 2002, descobrimos que Antonio Carlos de Oliveira, o Carlinhos, um rapaz de cabelos crespos e suíças, assumiu as rédeas do tráfico capitaneado por Gilmar Queiroz Pereira após a prisão desse último em uma chácara de Itapira, próximo a Mogi-Guaçu (SP), com 100 quilos de pasta base de cocaína. Seguimos todos os passos de Carlinhos por semanas, até que, em 29 de maio, ele deixou Santa Rita do Passa Quatro, região de Ribeirão Preto, e seguiu com uma picape até São Paulo. Já sabíamos pelas escutas que ele iria buscar uma prensa e dois pistões hidráulicos para incrementar seu laboratório de refino.

De fato, ao retornar da capital, Carlinhos trazia uma prensa na carroceria do veículo, que deixou em uma chácara na zona rural de Santa Rita, depois de passar na sua casa na cidade.

Na manhã do dia seguinte, nós, da PF, e os irmãos Teixeira já fazíamos vigilância na casa e na chácara de Carlinhos. O PM Claudemir procurou o dono de uma chácara vizinha, que estava em reforma. Disse estar à toa, de férias na casa de um parente ali perto, e se ofereceu para ajudar a assentar as lajes do teto. Uma desculpa perfeita para acompanhar o movimento na propriedade vizinha. Por volta das 8 horas, ele viu Carlinhos aparecer na chácara, sair novamente e retornar minutos depois com outras duas pessoas — o traficante precisava de ajuda para retirar a prensa da picape. Nesse momento, invadimos o imóvel e rendemos todos. Na sala, encontramos quatro sacos plásticos cheios de pasta base pronta para o refino, dentro de caixas de papelão. Carlinhos e os dois comparsas foram presos em flagrante. No mesmo instante, Jabá e outros agentes, que vigiavam a casa do traficante, invadiram o imóvel. Dentro da edícula que ficava nos fundos, encontraram, sobre um fogão, uma panela e uma forma retangular esbranquiçadas de cocaína. No chão, duas bacias plásticas, uma com a droga petrificada e outra já na forma de pó — no total, eram 6,8 quilos. No carro estacionado na garagem, mais dois pacotes recheados com o entorpecente. A mulher que cuidava da casa, comparsa de Carlinhos, também foi presa em flagrante. Em depoimento à polícia, o traficante disse que no dia seguinte receberia cerca de 300 quilos de pasta base da Bolívia. Por um dia, deixamos de fazer uma apreensão bem maior de droga.

À polícia, o traficante disse que comprava a pasta base em Cochabamba, Bolívia, e trazia a droga de avião até o interior paulista. No laboratório em Santa Rita, fazia até 6 quilos de cloridrato com 1 quilo de pasta base, e revendia 100 quilos por semana para o Comando Vermelho distribuir nos morros da Mangueira e do Alemão, no Rio de Janeiro. Como Carlinhos vendia o quilo a R$ 6 mil, tinha um faturamento bruto mensal de R$ 2,4 milhões. Em outubro de 2006, ele foi condenado pelo TRF a sete anos de prisão por tráfico e associação para o tráfico internacional.

A Base Fênix se despede do interior paulista com a sensação do dever cumprido.

Foi por essa mesma rota caipira que chegamos até o poderoso e temido Fernandinho Beira-Mar.

Capítulo 17

BEIRA-MAR

O corpo esquálido era uma severa desvantagem para o jovem Luiz Fernando durante os implacáveis exercícios físicos no Exército. Impossível competir com outros adolescentes muito mais bem criados do que ele. Mas Luiz sabia manejar uma arma que a maioria daqueles corpanzis desconhecia: a inteligência e a capacidade de raciocinar rapidamente.

Naquele verão de 1985, o Rio de Janeiro vivia uma ebulição cultural, com a primeira edição do Rock in Rio e o sucesso absoluto de Cazuza e seu Barão Vermelho. Mas Luiz Fernando estava ao largo de tudo isso, às voltas com a forte disciplina militar. O Exército era o que a vida propiciara a ele, menino pobre, nascido e criado na favela Beira-Mar, em Duque de Caxias, Baixada Fluminense. Quando o serviço militar obrigatório chegou ao fim, Beira-Mar quis ficar. Virou soldado, para a alegria da mãe Zelina, faxineira e cozinheira que apelava a bicos na Zona Sul do Rio para sustentar a família.

O que era orgulho, no entanto, não demorou para se transmudar em decepção para dona Zelina. Com dois anos na carreira militar, foi preso e expulso do Exército por furtar fuzis do quartel. Era 1987. Naquele mesmo ano, acabaria preso novamente, dessa vez por assaltar uma joalheria no centro do Rio. Na cadeia, tornou-se Fernandinho Beira-Mar e soube por parentes da morte da mãe, atropelada certo dia a caminho do Rio.

Por ser réu primário, Beira-Mar cumpriu apenas dois anos de prisão. Com os contatos da cadeia, tornou-se gerente das bocas de fumo na favela que lhe deu o apelido com que ficaria conhecido mundialmente. Em um ano subiria de posto para se transformar no dono do morro.

Entre 1991 e 1995, Beira-Mar tomaria decisões que o diferenciariam de praticamente todos os demais "donos de morro" da Baixada Fluminense: o traficante conseguiu contato com cartéis na Bolívia e criou rotas próprias de abastecimento de cocaína, livrando-se de atravessadores bolivianos e brasileiros. Ao mesmo tempo, não evitava subornar policiais civis e militares para que fizessem vistas grossas às entregas de drogas e armas. Com os lucros nas alturas e com a polícia no bolso, Beira-Mar cresceu no tráfico. Mas em 1996 ele se reencontraria com as grades, ao ser preso e condenado a 30 anos de reclusão por roubo e tráfico de drogas em Belo Horizonte. Não se passaram nem 12 meses e, em 1997, ele escapou da cadeia e fugiu para o Paraguai, o único refúgio possível naquele momento. De lá, voou para a Colômbia, onde ganhou a proteção de antigos aliados, as Farc, guerrilha colombiana que sempre se financiou com a compra e venda de drogas e armas.

Beira-Mar estava na selva colombiana quando eu, lotado na Superintendência da PF em Mato Grosso do Sul, fui chamado pelo comando da Polícia Federal para participar de um curso de inteligência policial nos Estados Unidos, patrocinado pelo DEA, em 1998. Antes, porém, os norte-americanos decidiram selecionar 22 agentes brasileiros, recrutados pelo DPF, incluindo eu. Viajamos para Miami para participar de dois testes: o de urina, para verificar vestígios de uso de drogas; e o polígrafo, que detecta mentiras. No primeiro, todos aprovados. Mas, no segundo, seis ficaram pelo caminho, provavelmente pelo nervosismo nas respostas. Além disso, é realizada uma pesquisa pelo governo americano nas Cortes Internacionais de Direitos Humanos para saber se consta algo contra algum dos indicados para compor o grupo em formação.

Voltamos ao Brasil e, três meses depois, os 16 aprovados voamos para Washington para participar do curso: análise e montagem de banco de dados, testes de tiro e de defesa pessoal. Quando retornamos ao Brasil, algumas semanas depois, implantamos o Gise,

Grupo de Investigações Sensíveis, em Brasília, voltado ao combate ao narcotráfico em larga escala no Brasil. Seria algo parecido com o SIU (Sensive Investigative United) implantado nos Estados Unidos pelo DEA. Deu tão certo que, da unidade pioneira de Brasília, os Gises se espalharam Brasil afora e existem até hoje.

Uma das minhas primeiras missões dentro do Gise em Brasília, em maio de 1999, foi apreender um grande carregamento de cocaína que Beira-Mar estava prestes a enviar da Colômbia para um de seus gerentes no Brasil: Ubiratan Brescovit, o Cheiroso, baseado em Aral Moreira (MS), fronteira com o Paraguai. Pelas nossas análises de inteligência, Brescovit vinha utilizando uma fazenda em Juara, norte do Mato Grosso, para receber aviões com cocaína vindos da Colômbia. De lá, a droga seguia em caminhões até a Baixada Fluminense. Viajamos para Sorriso, cidade vizinha, e de lá fazíamos incursões em Juara para não levantarmos suspeitas nos nossos alvos. Em uma dessas campanas, seguimos o carro do pisteiro e chegamos até a fazenda da quadrilha. Descoberto o local e a pista, faltava apenas saber quando o avião chegaria. Eu e a agente Luciane nos passamos por pescadores e ficamos em um riacho próximo à entrada da propriedade. Com poucos dias de campana, no meio da tarde, notamos uma caminhonete carregada com tambores de combustível passar pela ponte onde estávamos e entrar na fazenda. Concluímos que só poderia ser o combustível para o avião, que deveria descer no dia seguinte.

Voltamos para Sorriso e planejamos nossa emboscada. Por volta da meia-noite, eu e mais quatro agentes e um delegado chegamos cerca de cinco quilômetros próximo à entrada da fazenda. Para não chamarmos a atenção, teríamos de chegar à pista a pé, um trajeto longo e difícil, no meio do mato. Caminhamos a noite toda nos guiando por um aparelho de GPS que falhava com frequência. Só por volta das 8 horas da manhã, com o dia claro, chegamos a 600 metros da pista. Avançamos mais um pouco até ficarmos a apenas cinco metros. No fim da manhã, um caminhão se aproximou com o tambor de querosene de aviação e dois peões da fazenda. Perto das 13 horas o avião desceu e o piloto desligou o motor — parecia ter certeza de que jamais seria flagrado naquele fim de mundo. Quando desceu da aeronave para urinar, eu o reconheci: era José Nunes Pereira Neto, o Xororó, um dos principais pilotos de Beira-Mar, loiro de olhos azuis, baseado na região de Ponta Porã (MS). Vinha acompanhado de um copiloto.

Enquanto aguardávamos o melhor momento para o flagrante, um dos agentes pisou sem querer em um galho ressequido. O estalo alertou os traficantes. Começamos a atirar para amedrontar e invadimos a pista. Xororó e um dos peões fugiram pelo mato — esse último seria capturado horas depois pela Polícia Militar. Dentro do avião, 400 quilos de cocaína. Com o copiloto e o motorista presos e a droga apreendida, rumamos para Juara, a 100 quilômetros do local, para formalizar o flagrante. Mas faltava encontrar o piloto. No dia seguinte, começamos a rodar por toda a região buscando notícia do fugitivo. Mas nem pista do Xororó. No terceiro dia de buscas, cruzamos com um caminhão de boi em estrada de terra. Pedimos para o motorista parar. Na carroceria, em vez de boi, gente, peões de fazendas da região.

— Alguém pediu carona para o senhor nessa região?
— Não, senhor.

Não dava para confiar. Decidi olhar para dentro da carroceria. No meio de vários homens muito morenos, um loiro de olho azul.

— Pode vir, Xororó.

Ele nem reagiu. Só reclamou de sede. Ganhou dos agentes um galão d'água e uma barra de chocolate.

Levamos o piloto e o copiloto direto para Cuiabá. Não demorou nem dois meses e ele saiu da cadeia pela porta da frente, a preço de ouro. Todos, incluindo Brescovit e Beira-Mar, foram indiciados, mas os dois chefes não chegaram a ser processados judicialmente no episódio — Brescovit só seria preso em 2006 na região de Dourados (MS). Mas Beira-Mar, o alvo principal, continuaria a todo vapor no tráfico. A partir da Colômbia, decidiu dominar Capitán Bado, vizinha a Pedro Juan Caballero, Paraguai, importante depósito de cocaína e entreposto de escoamento da maconha produzida na região. O traficante fluminense conquistou um aliado importante na cidade: a família Morel, que havia muito comandava o narcotráfico por lá.

Com a ajuda dos Morel, Beira-Mar remetia toneladas de maconha e cocaína todo mês para o Brasil — parte da cocaína vinha da Colômbia para o Paraguai. O traficante carioca utilizava casas de câmbio paraguaias para enviar os lucros com o comércio da droga para paraísos fiscais — foram R$ 12 milhões em valores da época, segundo o Ministério Público. O próprio Beira-Mar, foragido da Justiça brasileira, recebeu guarida dos Morel por muitos anos em Pedro Juan Caballero.

Mas, em 2001, o traficante carioca passou a desconfiar que os irmãos Ramón e Mauro Morel estariam fornecendo informações privilegiadas sobre os seus esquemas criminosos para a Polícia Federal brasileira em troca da redução da pena do pai, João, preso por tráfico desde maio de 2000. E armou a vingança que desencadearia uma grande onda de violência na região.

No dia 13 de janeiro de 2001, Mauro e Ramón foram executados, juntamente com um segurança, por quatro pistoleiros no próprio escritório da família, que ficava em uma chácara a 3 quilômetros do centro de Capitán Bado. Participaram do triplo homicídio parceiros de Beira-Mar e pistoleiros contratados pelo carioca.

Dois dias depois, Beira-Mar telefonou para o repórter Cândido Figueiredo, do jornal paraguaio *ABC Color* e, numa entrevista de 45 minutos, assumiu a morte dos irmãos Morel. Disse que os havia matado porque se sentiu traído. Chegou a elogiar João Morel, chefão do clã e pai dos dois rapazes mortos:

— Respeito o senhor Morel, mas sei que ele não vai me perdoar por eu ter matado seus filhos — declarou.

Palavras em vão.

No dia 21, semana seguinte à morte dos irmãos, o patriarca da família, João Morel, foi assassinado a golpe de "chucho", uma faca artesanal, na cela 38 da Penitenciária de Campo Grande.

Quatro meses depois, Beira-Mar acabou detido pelo Exército colombiano na selva do país vizinho, onde mantinha contato com as Farc. Desde então, segue atrás das grades. Mas sua detenção não impediu que continuasse semeando a violência na fronteira com o Paraguai. O paraguaio Carlos Cabral, conhecido como Líder Cabral, aproveitou a prisão de Beira-Mar e o fim dos Morel para assumir o comando do tráfico de maconha na região. Não demorou para que também entrasse na lista de desafetos do *capo* carioca, que o acusava de, assim como os Morel, colaborar com a PF na prisão de Leomar de Oliveira Barbosa, braço direito de Beira-Mar em Mato Grosso do Sul, e assim assumir a liderança do comércio de drogas na área.

No dia 8 de janeiro de 2002, Cabral estava na sua casa, uma fortaleza fortemente armada a um quilômetro de Capitán Bado, quando recebeu um telefonema de policiais da já extinta Dinar, corrompidos por ele, recomendando que reduzisse sua segurança e retirasse os fuzis AR-15 e as metralhadoras do imóvel porque, no dia seguinte, haveria uma *blitz* da polícia no local, sob a coordenação do Ministério Público. Com a confiança de quem tinha policiais da Dinar em sua folha de pagamento, o traficante não duvidou da recomendação. Acompanhado por apenas quatro seguranças, aguardou a batida. A visita se confirmou no dia seguinte, mas a polícia não chegou sozinha.

Cabral tomava tereré (bebida feita com erva-mate, típica do Paraguai) com amigos quando viu o portão de sua casa ser perfurado por tiros. Sob o comando do líder do PCC, Douglas Ribeiro Cunha, um fugitivo da Penitenciária de Ribeirão Preto que se transformou no homem forte de Beira-Mar na fronteira, vinte homens encapuzados invadiram o QG do Líder Cabral. Armado com granadas, fuzis AR-15 e M-16 e metralhadoras Uzi, o esquadrão de Douglas arrombou os portões da casa de Cabral enquanto os agentes policiais da Dinar agiam pelas portas dos fundos, matando os seguranças. Um terceiro agente dava retaguarda numa Toyota do lado de fora. Em lugar de uma *blitz*, houve um massacre. Com o apoio policial, os traficantes lançaram granadas em direção aos capangas de Cabral. Seu filho Leonardo, de três anos, foi morto com um tiro de fuzil. Pulando um muro lateral, o chefe escapou do tiroteio. O ataque durou quinze minutos e deixou onze mortos.

— Foi uma cilada que contou com a participação da alta cúpula da Dinar, que estava do meu lado e se vendeu para o outro grupo de traficantes — afirmou Cabral à revista *IstoÉ*. O preço, segundo ele, seria de US$ 650 mil.

O contra-ataque de Cabral não tardou. Nas três semanas seguintes, ele ordenou o assassinato de 22 integrantes do grupo de Beira-Mar na região e consolidou de vez sua liderança no tráfico fronteiriço.

Em novembro de 2009, Beira-Mar foi condenado pelo Tribunal do Júri de Campo Grande a quinze anos de prisão pela morte de João Morel na capital de Mato Grosso do Sul. Todos os crimes cometidos pela guerra do tráfico em solo paraguaio ficaram impunes.

* * *

Mesmo preso, Beira-Mar se manteve ativo no tráfico graças a uma rede de gerentes pelo Brasil. Entre eles estava Sandro Mendonça do Nascimento, conhecido como Promotor. Sandro, que gerenciava a venda de drogas de Beira-Mar na favela da Rocinha, alugou uma casa em nome de laranjas em Votuporanga (SP) que servia de quartel-general do grupo. De lá, ele comandava a vinda de carregamentos de cocaína, maconha e armas do Paraguai para a Baixada Fluminense. Começamos a desmantelar o esquema do Promotor no interior paulista em setembro de 2003, quando apreendemos 243 quilos de cocaína colombiana, enviada por ele do Paraguai até o aeroclube de Biritiba-Mirim (SP).

Havia a suspeita de que um avião pousaria com droga no aeroporto de Biritiba. Na entrada do aeroporto, havia um posto de saúde lotado de pacientes. Eu e a agente Luciane nos misturamos com eles e passamos a controlar os veículos que entravam e saíam do aeroporto. Quando vimos uma Saveiro preta entrar no local, imediatamente eu reconheci o carro utilizado por Nelson Gonçalves de Aguiar, o Magrão, ligado a Promotor. Minutos depois o avião desceu e entrou no hangar, seguido da Saveiro conduzida por outra pessoa: Elias Cardoso de Souza, o Negão, gerente de Beira-Mar na região de Campinas. Quando o veículo saiu do galpão, fechamos o caminho com uma caminhonete dirigida pelo agente Miguel, enquanto a Luciane atirava nos pneus. Os agentes Cabelo e Philipe chegaram de moto, auxiliando nas prisões de Negão, do piloto paraguaio e um auxiliar. No hangar, apreendemos a aeronave PT-RCF, de Beira-Mar.

Magrão voltou para a sua casa em São José do Rio Preto (SP). Como a Base Fênix monitorava o telefone da residência, soubemos que no mês seguinte ele viajou para Rondônia para negociar outra remessa de cocaína, 60 quilos, que seriam entregues pelos fornecedores nas regiões de Ribeirão Preto ou Campinas, interior de São Paulo. Essa carga seria toda entregue a um tal Gilberto, que por sua vez era representante de um traficante libanês que exportaria a droga via porto de Santos. Seria a finalização das negociações entre Magrão e o libanês, uma vez que esse último já havia pago US$ 50 mil por 60 quilos dos 240 apreendidos em Biritiba-Mirim.

As negociações entre Magrão, Gilberto e o libanês foram feitas no estacionamento de um hipermercado de Rio Preto. Pelas escutas, soubemos que uma carreta vinda de Ribeirão aguardava nas proximidades para levar a droga a Santos. Com o número, o policial militar Claudemir Teixeira passou a vasculhar de moto avenidas e postos de combustível até encontrar a carreta em uma borracharia. Outros agentes passaram então a, discretamente, acompanhar a movimentação do grupo. O problema é que a presença dos agentes causou desconfiança nos comerciantes vizinhos, que chamaram a PM. Então, carros da corporação começaram a passar várias vezes em frente à borracharia, o que causou desconfiança na quadrilha.

Um dos agentes, o Jesus, precisou se identificar para os PMs e pedir que se afastassem do local, pois um flagrante estava próximo de acontecer. Com a saída deles, os traficantes se acalmaram e continuaram os planos. O caminhão seguiu até um distrito de Rio Preto e parou em frente à casa da cunhada de Magrão. Claudemir, que estava de moto, parou a poucas quadras do endereço e seguiu a pé, discretamente. Escondeu-se em uma casa em construção nas imediações e de lá viu que um dos homens começou a cortar a lateral de um dos tanques de combustível da carreta, enquanto Magrão e outro foram para o meio da rua observar a movimentação. Em seguida, um quarto integrante do grupo surgiu de dentro da casa com sacos grandes de *nylon*. Dentro, tabletes com cocaína, que foram colocados dentro do tanque do veículo. Eu não acreditava naquilo: esconder a droga no caminhão no meio da rua, em plena luz do dia, era muita audácia. Quando os agentes invadiram a rua pelos dois lados — éramos seis agentes e um PM –, Magrão tentou reagir e levou um tiro no abdome, foi socorrido, mas morreu dias depois. No total, apreendemos 76 quilos de cocaína. No mesmo dia, outra equipe foi até a casa de Promotor em Votuporanga, mas não encontrou o traficante, embora tenha apreendido US$ 50 mil em dinheiro, joias, armas e documentos de um avião monomotor. Em uma chácara, no município de São José do Rio Preto, gerenciada por Promotor encontramos ainda nove quilos de maconha, uma prensa hidráulica, armas e telefones satelitais, imunes a interceptações.

Tempos depois, o setor de inteligência da PF no Rio de Janeiro captou conversa telefônica entre Promotor e um advogado de Beira-Mar:

— O Fernando tem em mente colocar você pra gerenciar uma nova possibilidade de vir alguma coisa [droga] de local distinto e em condições diferentes para chegar a São Paulo.

O braço direito de Beira-Mar só seria preso um ano depois no Paraguai e deportado para o Brasil.

Leomar Barbosa, traficante de Mato Grosso do Sul, foi sócio de Beira-Mar por muito tempo. Eu participei diretamente de dois flagrantes contra ele. O primeiro, também em 1999, foi na região de Avaré, interior de São Paulo. Em janeiro daquele ano, Leomar contratou o piloto Silvio Berri Junior para transportar cocaína do Paraguai até uma pista de pouso clandestina em uma fazenda de Manduri em um avião Cessna 210 da quadrilha — posteriormente o grupo tinha planos de comprar uma propriedade rural e nela construir um aeroporto. Silvio aceitou a proposta e, dias depois, transportou 155 quilos da droga na aeronave, embalada em 145 tijolos. O entorpecente foi escondido em um matagal vizinho à pista. No dia seguinte, Leomar e mais três voltaram à fazenda e carregaram

67 pacotes de cocaína em um Fiat Palio e uma picape Corsa, para levar a carga para o Rio de Janeiro. A distância, uma equipe de agentes acompanhava a movimentação na fazenda. Seguimos os dois até Avaré, onde demos o flagrante. Leomar e um dos comparsas foram presos no centro da cidade, e o piloto e o quarto integrante do grupo no hotel onde estavam hospedados, também em Avaré. No quarto ainda encontramos R$ 5 mil, um revólver calibre 22, um aparelho de GPS, dois cigarros de maconha e três pacotes de haxixe, tudo pertencente ao líder Leomar. No Cessna havia duas pistolas escondidas no quebra-sol do avião, prontas para serem utilizadas. Todos foram condenados pelo Tribunal de Justiça de São Paulo por tráfico de drogas e associação para o narcotráfico. "Só nos resta louvar o bom trabalho da Polícia Federal neste caso", escreveu o desembargador Pedro Gagliardi no acórdão.

Eu voltaria a me deparar com Leomar muitos anos depois, em 2010, em Itumbiara (GO). Estava em Brasília quando fui acionado pela base de inteligência de Campo Grande para auxiliar na investigação de um novo esquema do traficante em Itumbiara. Ele receberia 300 quilos de cocaína, auxiliado por cinco homens que cooptou na cidade. Segui um deles, Playboy, até um encontro com Leomar em uma praça e de lá para o hotel onde o sócio de Beira-Mar se hospedava. Certo dia Playboy e os outros foram de caminhonete até Jataí — nós seguimos o grupo até um certo ponto. No retorno a Itumbiara, abordamos a caminhonete, mas não havia droga. Fomos então para a chácara de Playboy por suspeitarmos que a droga já estivesse na propriedade, mas não estava. Só encontramos fragmentos de telha de amianto enterrados — as telhas tiveram o miolo recortado para camuflar a droga na carroceria da caminhonete. Também encontramos tambores com munição de fuzil calibre 762 e um lote de minas terrestres.

De lá fomos para a casa de Playboy, onde flagramos R$ 500 mil em dinheiro vivo, escondido debaixo do colchão. Ao mesmo tempo, outra equipe prendeu Leomar no hotel onde estava hospedado com nome falso, já que havia mandado de prisão contra ele por tráfico de drogas.

Capítulo 18

FARO DE POLICIAL

A persistência talvez seja o grande segredo no combate ao narcotráfico. Porque a todo momento nos deparamos com situações de extrema dificuldade e estresse. Nessas horas, é necessário paciência e muita, muita perseverança. Em junho de 2001, nossa base de inteligência em São José do Rio Preto flagrou conversas de um piloto de avião de Catanduva com um fornecedor de maconha no interior do Paraguai. Na conversa, ele pedia as coordenadas geográficas da pista para buscar a droga no país vizinho. Seriam nove sacos de 40 quilos cada de maconha, a máxima capacidade do Cessna 206 que pilotava, um avião adaptado, sem os bancos originais, para caber mais entorpecente. Escaldado, o piloto ordenou ao fornecedor que informasse a latitude pelo celular e a longitude de um orelhão. Só se esqueceu de um detalhe: quem estava grampeado era ele, não o paraguaio.

Fui com uma equipe verificar a coordenada. Ficava perto de Penápolis, também no interior paulista. Não havia pista, só uma área de mata, o que indicava que a droga seria arremessada da aeronave. No dia do voo, o policial militar Cláudio Teixeira foi para o pequeno aeroporto de Ibitinga, município próximo onde o Cessna 206 ficava baseado. O objetivo era fazer vídeo da decolagem e saber o horário, para então calcularmos a que horas chegaria com a droga ao ponto combinado.

Enquanto o sol nascia, já estávamos de campana na área do arremesso. Durante a incursão no escuro estava acompanhado do agente Esperandil, quando caí em um buraco de aproximadamente dois metros de profundidade, sendo retirado pelo colega. Senti alguma coisa no ar, era um aviso misterioso.

Às 11 horas, uma caminhonete se aproximou em uma estrada próxima. Vinha o motorista e mais dois na caçamba. Uma hora mais tarde, ouvimos o ronco do motor do Cessna. Vinha baixo, já com a porta lateral aberta. Deu um rasante, mas não desovou nada e sumiu no céu azul.

O que ocorrera? Não sabíamos, nem os traficantes da caminhonete. Por uns 20 minutos, ficaram parados ao lado do veículo, sem saber o que fazer. Pressentimos que a droga fora desembarcada em outro local. Restava saber onde. Para piorar a situação, o trio subiu na caminhonete e veio na nossa direção. Acionamos as equipes de apoio, que chegaram rapidamente. Os agentes Pesado, Emival e Roberto foram recebidos a tiros, reagimos como pudemos. Um traficante levou um tiro nas costas e dois tentaram fugir, mas foram rendidos — um deles acabou se ferindo na cabeça.

Levamos os dois para a Santa Casa de Araçatuba e fomos para a delegacia da PF na cidade. Naquele momento, o policial Cláudio prendia piloto e tripulante em Ibitinga, logo após o pouso — como só o piloto decolara horas antes, eu determinei ao Cláudio que só abordasse a aeronave se houvesse piloto e uma segunda pessoa, que seria encarregada de arremessar a droga. No entanto, dentro do Cessna, nem vestígio de entorpecente. E ambos negavam que tivessem transportado maconha, minutos antes. Disseram apenas que haviam ido passear em Ponta Porã (MS), fronteira com o Paraguai. O tripulante tinha o dedo machucado, imprensado na porta corrediça do avião.

Tínhamos um grande problema para resolver: dois feridos no hospital em uma ocorrência sem flagrante, já que não havia droga. Nossa sorte foi que o então delegado chefe em Araçatuba era o Dr. Oslain Santana, profissional mais do que competente e que confiava no trabalho dos agentes, tanto que chegaria a diretor de investigação e combate ao crime organizado, antes de se aposentar, em 2015. Dr. Oslain apostou no meu faro: de fato havia droga naquele avião. Só era preciso paciência e perseverança.

Pedi para o PM Teixeira me levar de Ibitinga até Araçatuba o GPS do Cessna. Já era noite e toda a equipe retornava a Rio Preto. Enquanto jantava, mexia no aparelho, que tinha uma tecnologia mais avançada, com a qual eu não estava acostumado. O relógio batia três horas da madrugada quando encontrei uma coordenada plotada às 11h40 do dia anterior, o do flagrante malsucedido. Fui dar a notícia ao delegado e pedir para não liberar os detidos antes de conseguir checar aquela coordenada na manhã seguinte. Dr. Oslain concordou.

Ficava em um canavial espesso, difícil de vencer. No ponto exato da latitude e longitude, me deparei com um grande pacote próximo a uma curva de nível. Dentro, tabletes e mais tabletes de maconha. Bingo!

Só aí o piloto decidiu abrir o bico. Disse que no momento do arremesso viu um carro próximo e suspeitou — de fato, era um agente da equipe disfarçado de pescador. Por isso marcou outra coordenada em área próxima e jogou os pacotes, antes de pousar em Ibitinga.

Procuramos nas imediações e localizamos mais seis fardos. Já eram sete no total. Pelas escutas, sabíamos que faltavam dois. Encontrei nas redondezas um grupo de mulheres cortadoras de cana. Ofereci R$ 50 para quem achasse aqueles dois sacos. Animadas, elas se embrenharam na cana. Em menos de uma hora duas delas apareceram, esbaforidas, cada uma com um fardo nas costas. No total, 360 quilos de maconha. Os cinco foram autuados em flagrante por tráfico.

KD O PÓ?

Oslain Santana confiou na minha palavra e tudo deu certo naquele dia. Mas nem sempre foi assim. Em julho de 2008, fui acionado em Brasília para investigar o pouso de um avião com cocaína em Mato Grosso do Sul, a partir de uma investigação da base Paiaguás. O problema é que só tínhamos conseguido decifrar a latitude da coordenada, a partir de mensagens trocadas entre os celulares do piloto e do pisteiro. Eles utilizavam códigos em forma de cores. Passava horas quebrando a cabeça para poder decifrar aquele código. O agente Cleyton, que também cuidava do caso, tinha com algumas hipóteses:

"Branco é UM"
"Azul é CINCO"
"Amarelo é DOIS"
"Oliva é ZERO"
"Verde é TRÊS"

Faltava a longitude. Em tese, poderia ser qualquer ponto entre os dois polos da Terra. Mas algumas pistas nos ajudaram a delimitar nossa área de busca. Certo dia, a base captou telefonema do pisteiro a partir de Três Lagoas (MS). Com o auxílio de imagens de satélite, montei 12 possíveis pontos da pista. Mas não tinha 12 equipes para ficar de campana em cada uma. Então, decidi contar com a sorte e delimitei seis pistas. Reuni seis equipes de dois agentes para acompanhar a movimentação nesses locais, porque sabia que os pisteiros costumam vistoriar a área antes do pouso. Também tínhamos a informação de que os voos eram feitos na madrugada, partindo de Ponta Porã. Por três dias, montamos campana na região, zona rural de Três Lagoas. No terceiro, eu dirigia o carro rumo ao meu ponto de observação, na madrugada alta, quando o agente Miltinho me chamou pelo rádio.

— Pinelli, ouvi um barulho forte de avião. Mas já sumiu.

Corri para lá. Na estrada principal, vimos latas com querosene com estopa acesa, no acostamento da rodovia, que liga as cidades de Três Lagoas a Ilha Solteira, para marcar o pouso do avião. A cocaína acabara de ser desembarcada.

— Vamos atrás deles. Qualquer carro que vocês virem podem mandar parar.

Aceleramos até nos aproximarmos de uma Saveiro e atirar no pneu. Armado com um revólver, um dos ocupantes se rendeu;

o outro fugiu para o mato, mas acabou sendo capturado um dia depois. Na carroceria, apenas uma pá com resquício de terra. Nada de droga.

Logo o dia clareou. Fomos vistoriar as imediações da pista improvisada, na rodovia. Nem sinal da droga. Fui até a delegacia da PF em Três Lagoas falar com o delegado-chefe e pedir que um deles fosse autuado em flagrante por porte ilegal de arma. Ríspido, o delegado começou a sugerir que eu plantara a arma nas mãos do detido e disse que o liberaria. Como o preso apresentava ferimentos decorrentes da tentativa de fuga no mato, também começou a me acusar de torturá-lo, e ordenou que levassem o preso ao IML da cidade.

O clima estava muito pesado.

Passei aquela madrugada em claro, matutando como resolver aquele imbróglio. Quando veio o dia seguinte, eu já tinha um plano na cabeça. Passei em uma loja de ferragens, comprei dez vigas de ferro usadas na construção civil. Fui analisar com mais calma a pá encontrada na Saveiro. A terra impregnada na ferramenta era amarelada e fina, muito diferente do solo daquele ponto próximo à estrada, escuro e compacto. Com a pá na mão, passei a procurar sitiantes da região, perguntando se sabiam onde havia uma terra parecida com aquela. Eles me indicaram uma área não muito longe dali.

Quando cheguei, vi rastros de pneu. Eram os mesmos da Saveiro. Também tinha pegadas de tênis. Peguei o par que um dos detidos no dia anterior usava, comparei: eram daquele calçado. Demarcamos um perímetro na mata e passamos a cavucar com as barras de ferro. Em alguns minutos, a barra de um dos agentes voltou branquinha. Era a cocaína. Tiramos a terra e passamos a tirar sacos e mais sacos de "farinha de trigo" repletos de cocaína. No total, 270 quilos.

Era o meu grande troféu. Levamos a carga para a delegacia. Mas, qual não foi a surpresa, o delegado não viu ligação entre a detenção do dia anterior e aquela descoberta. Voltei a Brasília muito irritado. Só alguns dias mais tarde, por determinação dos meus superiores, fui a Campo Grande para ser ouvido no inquérito decorrente do flagrante, lavrado na Superintendência, e não em Três Lagoas. Bons delegados precisam ter sensibilidade para compreender a complexidade do trabalho de um agente. Burocracia não combina com o combate ao narcotráfico.

Capítulo 19

NO RASTRO DE UM *CHIP*

Era para ser o crime perfeito. Em maio de 2005, uma quadrilha formada por pelo menos 36 pessoas alugou uma casa humilde na área central de Fortaleza. A localização era estratégica: o imóvel ficava distante exatos 80 metros da sede do Banco Central na capital cearense. Com auxílio de um engenheiro e de um mapa dos subterrâneos da cidade, o grupo, liderado por Antonio Jussivan Alves dos Santos, o Alemão, começou a cavar um túnel entre a casa e o cofre da agência. Como haviam cooptado um dos seguranças do banco, eles sabiam que o cofre continha milhões em notas com algum tempo de uso, que foram recolhidas da rede bancária e seriam avaliadas para possível destruição ou retorno ao sistema financeiro. A vantagem daquelas notas é que não eram seriadas, o que dificultaria o seu rastreamento.

Para justificar o grande volume de terra que seria retirado da casa e não despertar assim a desconfiança dos vizinhos, os ladrões, 36 no total, pintaram a fachada com o nome de uma loja de grama natural e sintética e compraram uniformes personalizados para todo o grupo. Deu certo. Diariamente, grandes quantidades de terra saíam da casa em grandes sacos — foram pelo menos 30 toneladas, quantia suficiente para encher seis caminhões. O túnel saía de um dos quartos, disfarçado sob uma tampa que imitava o piso de tacos de madeira, e avançava em direção ao Banco Central. Com quatro metros de profundidade e 70 centímetros de diâmetro, era refrigerado e iluminado. Para evitar desabamento, foram instaladas 900 escoras de madeira. A Polícia Federal calcula que a quadrilha tenha gasto R$ 400 mil com a construção do túnel, em valores da época.

Foram três meses de escavação até chegar ao cofre. Veio então a parte mais difícil do plano: vencer o piso de concreto e aço com 1,10 metro de espessura. Foram vários dias para furar a placa, com o auxílio de uma maquita — equipamento para o corte de cerâmica —, máquinas com disco de diamante adaptadas para reduzir o barulho e macaco hidráulico. Estranhamente, nenhum alarme foi disparado e não houve registro da ação pelas câmeras de segurança, que não gravavam as imagens geradas — uma delas até estava bloqueada por uma empilhadeira.

O furto começou às 18 horas do dia 5 de agosto, um sábado, e só terminou por volta do meio-dia do domingo. Dentro do cofre, os ladrões sabiam o que queriam. Além das notas usadas, havia pilhas de dinheiro novinho que não foi tocado pelos criminosos, já que eram seriadas e seriam facilmente rastreáveis. O grupo teve o cuidado de caminhar sempre rente às paredes do cofre, para não acionar os detectores de movimento. Com tambores cortados na vertical e suspensos por roldanas, o dinheiro era transportado pelo túnel.

No total, foram levados R$ 164,8 milhões em notas de R$ 50 — juntas, pesavam 3,5 toneladas. Estava consumado o maior furto da história do Brasil e o quinto do mundo. O crime só foi percebido na manhã da segunda-feira, quando os funcionários do BC retornaram ao trabalho. A Polícia Federal foi chamada e seguiu o túnel a partir do cofre furtado. Chegaram à casa, agora abandonada e repleta de cal por todo canto, uma estratégia para apagar possíveis impressões digitais. A única pista era um cartão de recarga de celular com o número de série e o código de barras raspado, abandonado pela quadrilha dentro do túnel. Na terça-feira, o cartão foi levado pelo delegado Marcelo Sabadin até a Superintendência da PF em São Paulo. Sabadin procurou o agente Philipe na DRE, porque sabia que ele tinha relacionamento próximo com as empresas de telefonia, por causa do monitoramento feito pela delegacia em investigações antitráfico. Imediatamente Philipe foi até a operadora conversar com um técnico para saber se era possível identificar o número de série do cartão. Não demorou 15 minutos ele retornou com a identificação completa.

Era a melhor notícia que se poderia ter. Com o número de série, o delegado Sabadin pediu à Justiça Federal do Ceará a quebra do sigilo telefônico do aparelho carregado com aquele cartão. Começava-se aí a desvendar os autores do maior furto da história do país.

Foi aí que eu entrei na história. Eu e o agente Philipe ficamos encarregados do caso, posteriormente auxiliados pelos policiais Silveira e Edson "Massa". Com o sigilo telefônico quebrado judicialmente, recebemos a relação das chamadas realizadas. Logo percebemos que eles haviam utilizado um circuito fechado de comunicação, em que seis telefones só conversavam entre si, em um grupo restrito. Começamos então a interceptar aquelas linhas, mas aí havia um problema: os aparelhos haviam sido abandonados pela quadrilha. A esperança era de que ainda estivessem sendo usados por pessoas ligadas indiretamente aos ladrões.

Para a nossa sorte, um deles foi acionado. O número contatado, de um telefone fixo, era de uma mulher em São Paulo. Passamos então a monitorar o aparelho. Nas conversas, ela dizia estar reformando a casa dela e reclamava do gasto excessivo. Uma expressão que ela usou certo dia nos chamou a atenção:

— E vai 50, e vai 50, e vai 50.

Tudo indicava que ela vinha pagando os pedreiros em dinheiro vivo, com notas de R$ 50. E no assalto do Banco Central foram levadas apenas notas daquele valor.

Mas o dia decisivo nas interceptações foi quando ela ligou daquele aparelho fixo para um número no Ceará. Era do seu ex-marido, Antônio Edimar Bezerra, que mais tarde saberíamos ser um dos coordenadores dos trabalhos de escavação do túnel. Passamos então a grampear o telefone de Bezerra, com autorização judicial. Certo dia, ele ligou para a atual mulher em Fortaleza e pediu para ela comprar algumas canetas e "dois quilos de liga". "Liga", no Nordeste, designa aqueles pequenos elásticos utilizados para amarrar maços de dinheiro. Já havíamos identificado o endereço dele em Fortaleza, no bairro Mondubim. Acionamos os agentes do Ceará, que invadiram o imóvel e encontraram R$ 12,2 milhões. O dinheiro estava escondido em sacos plásticos, caixas de isopor e no guarda-roupa. Seis foram presos em flagrante, incluindo Bezerra. Ele resolveu delatar os demais integrantes da quadrilha. Começava então a ser desvendado o crime.

Preso, um vigilante do Banco Central admitiu ter ajudado a quadrilha em troca de R$ 200 mil. Um pouco antes, quando ainda não havia as escutas, um deles, José Charles Morais, foi detido pela Polícia Rodoviária Federal em Minas Gerais transportando R$ 5 milhões escondidos nos bagageiros de 11 automóveis adquiridos no Ceará por R$ 980 mil e levados por um caminhão cegonha.

Um pouco antes do flagrante no bairro do Mondubim, eu havia deixado a investigação. Fui substituído pelo agente Zuzi, que passou a auxiliar Philipe e os demais. Infelizmente, parte dos suspeitos acabaram extorquidos por policiais civis e militares corruptos. Três foram assassinados. Alemão, o mentor do crime, foi detido em 2008 em Brasília. Ele foi condenado a 35 anos de prisão por furto qualificado, formação de quadrilha, lavagem de dinheiro e uso de documento falso.

Naquele mesmo ano, o Ministério Público Federal denunciou 112 por furto qualificado, formação de quadrilha e lavagem de dinheiro. A maior parte acabou condenada. Do dinheiro furtado, R$ 30 milhões em espécie foram recuperados, sem contar os bens confiscados.

* * *

No ano seguinte, em setembro de 2006, Raimundo Laurindo Barbosa Neto, aliado de Alemão no furto em Fortaleza, resolveu investir parte do dinheiro furtado do Banco Central em um novo crime, desta vez em Porto Alegre. A quadrilha comprou por R$ 1,2 milhão um prédio abandonado a poucos metros de duas agências bancárias, uma da Caixa Econômica Federal e outra do Banrisul. Com a desculpa de que iriam reformar todo o edifício, investiram R$ 1 milhão na construção de um túnel de 85 metros até o Banrisul, com uma estrutura semelhante à do construído no ano anterior em Fortaleza. Naquele caso, diferentemente de Fortaleza, a PF tinha total controle das ações da quadrilha, inclusive visualmente, a partir de um ponto de observação em um edifício vizinho, monitorado 24 horas por dia. Quando faltavam apenas 13 metros para chegarem ao cofre do banco, a Polícia Federal resolveu desencadear a operação para evitar possível confronto, o que colocaria em risco funcionários do banco e transeuntes que circulavam na região. No total, 26 foram presos. Assim como no crime em Fortaleza, policiais corruptos acompanhavam os passos da quadrilha, interessados não em levar todos para a cadeia, mas em extorquir o dinheiro que levariam do banco.

Capítulo 20

CABEÇA BRANCA

Cabeça Branca, apelido que Luiz Carlos da Rocha ganhou devido aos cabelos grisalhos, é considerado pela Polícia Federal o maior traficante de drogas do Brasil. Paranaense de Londrina, Cabeça Branca foi levado para o crime provavelmente por influência de seu pai, Paulo Bernardo da Rocha, notório contrabandista de uísque paraguaio e de café do Brasil para o país vizinho. O próprio Cabeça Branca foi flagrado com uma carga contrabandeada de café na região de Presidente Prudente, em 1987. Acabaria absolvido na Justiça, e, com o fim do contrabando de café e soja, aproveitou a logística entre o Paraguai e a região Sudeste, passando por Mato Grosso do Sul.

Cabeça Branca é o que é hoje porque soube muito bem escolher seus parceiros no tráfico. Por anos, o principal deles foi Jorge Rafaat Toumani, o Sadam, sempre conhecido e respeitado na combalida fronteira entre Ponta Porã e Pedro Juan Caballero. Dono de uma loja de materiais de construção e outra de pneus, uma em cada cidade, Sadam fez fama e fortuna com o contrabando de café do Paraguai para o Brasil nos anos 1980. Em 1986, ele foi indiciado por contrabando e corrupção ativa. Absolvido, seria indiciado novamente por contrabando no ano seguinte — dessa vez, a punição prescreveu. Novo revés viria em 1994, ao ser preso em flagrante no interior de Alagoas com um pesado arsenal — onze revólveres, 35 pistolas, quatro espingardas, quatro fuzis, três submetralhadoras e 75 caixas de munição –, vindo do Paraguai com destino a traficantes do polígono da maconha no Nordeste. Acabou absolvido pela Justiça, que considerou ilegais os grampos telefônicos produzidos em nossa base operacional de Dourados (MS). Em 1999, ambos se reuniram em Ponta Porã e firmaram sociedade no tráfico. Uma parceria que chegaria à PF ainda naquele ano, quando, em abril de 1999, agentes da delegacia em Ponta Porã abordaram um jipe que saía de uma das casas de Sadam na cidade. Dentro, um colombiano e um brasileiro, e no porta-malas, fita crepe, bacia, peneira, lanternas, papel celofane e lona preta. Os policiais sabiam que cada um daqueles materiais tinha função bem definida em laboratórios de refino de cocaína, tanto para processar a droga quanto para embalá-la. Aos agentes, o colombiano disse trabalhar em uma fazenda de Sadam, mas não disse onde a propriedade se localizava — tempos depois, o homem seria morto na Colômbia ao ter o avião que pilotava, abarrotado de cocaína, abatido pelo Exército em pleno ar. O próprio Sadam foi à delegacia da PF e, na tentativa de liberar o jipe, admitiu que o veículo era dele. O veículo continuou na delegacia, mas as provas contra o coronel da fronteira eram frágeis demais. Faltava aos agentes localizar a fazenda-laboratório de Sadam. Passado mais de um ano do episódio do jipe, os policiais não conseguiam avançar nas investigações. Mas um moreno de cabelos desgrenhados e fala acelerada mudaria o rumo da história. Em uma manhã de junho de 2000, ele entrou na delegacia em Ponta Porã. Queria uma reunião com o delegado Lázaro Moreira da Silva, que investigava Sadam. O que tinha a falar não era pouco.

Segundo o homem, até o dia do episódio do jipe o laboratório de refino de Sadam ficava na fazenda São Rafael, em Ponta Porã. Na noite daquele mesmo dia, temeroso de que os policiais descobrissem o local, o empresário decidiu transferir toda a estrutura de processamento da cocaína para outra fazenda dele, no Paraguai. Mas parte da cocaína ficou escondida em algum local dentro da São Rafael que ele desconhecia, porque Sadam e seus asseclas temiam o risco de a droga ser apreendida durante o trajeto.

Diante da informação, o delegado decidiu organizar uma operação contra Sadam. Em junho de 2000, uma equipe de dez agentes e dois delegados da PF invadiu a fazenda São Rafael. No local, encontraram apenas o caseiro, que acompanhou tudo. Os policiais fizeram uma varredura no imóvel e não encontraram nenhum vestígio de droga. Até que o agente Fernando Caldas, no meio da sala da casa-sede, mirou o forro do telhado. Pegou uma escada no galpão e alcançou o alçapão. Embaixo, um dos delegados segurava a escada, rodeado pelos outros policiais em silenciosa expectativa. Caldas vasculhou a penumbra até encontrar uma sacola plástica, que entregou ao delegado. Dentro, quase 2 quilos de cloridrato de cocaína, 170 gramas de pasta base e quase 1 quilo de bicarbonato de sódio, substância usada para "batizar" a droga.

Ao mesmo tempo, outra equipe ingressava na loja de material de construção de Sadam no centro de Ponta Porã. Lá, os agentes encontraram comprovantes de despesas com a manutenção de aviões que anos depois seriam apreendidos com cocaína, e um caderno com curiosas anotações sobre armas, substâncias e materiais típicos de um laboratório de refino de coca, incluindo solvente, soda cáustica, ácido sulfúrico, galões, luvas, micro-ondas, ventiladores, secadores, funis, 37 lençóis, sete cobertores, 31 fronhas, 30 travesseiros e 10 colchões. Tecido de sobra para impedir o contato da pasta base com o solo durante a secagem.

O caderno revelava todo o conhecimento técnico da equipe de Sadam. Segundo a PF, o laboratório transformava a pasta base vinda da Bolívia e Colômbia em cocaína base, produto intermediário obtido com a adição de etanol, amônia e ureia. Em seguida, a cocaína base era dissolvida em éter, filtrada e misturada a uma solução de ácido clorídrico e acetona. No líquido precipitava-se um sal branco, que era filtrado e seco — o cloridrato de cocaína.

Devido à apreensão da cocaína na São Rafael, a Justiça Federal decretaria a prisão temporária de Sadam nove dias depois. Mas a essa altura o empresário já havia fugido para o Paraguai. E não deixaria barato. Dias depois da operação policial, o informante da PF foi assassinado com dezenas de tiros em um hotel de Pedro Juan Caballero, um claro recado do "padrinho" para outros que se aventurassem a delatar seus negócios à polícia.

O empresário decidiu ir além, intimidando também a Polícia Federal. Na tarde de 2 de maio, dois agentes da PF aproveitavam a folga para fazer compras em um *shopping* de Pedro Juan Caballero, quando se depararam com Sadam e dois de seus seguranças, ambos com as mãos agarradas nas blusas, a esconder as pistolas. Quando um dos policiais pôs a mão no bolso para pegar seu celular, o próprio Sadam levou a mão direita à cintura e bandeou de lado a jaqueta de brim escuro para mostrar o cabo da pistola.

— Se mexer, vai levar — disse o empresário, pensando que o agente sacaria uma arma. — Aqui quem manda sou eu. Admiro o trabalho de vocês no Brasil, mas aqui não.

Assim que Sadam e seus capangas saíram do *shopping*, os agentes entraram em uma caminhonete e tomaram o rumo de Ponta Porã. Foram à delegacia da PF comunicar o ocorrido e solicitar reforços para levar os três à delegacia. Quando uma das viaturas da polícia trafegava pela avenida que divide os dois países, veio o estrondo do tiro.

Do lado paraguaio, Sadam disparava contra os policiais. Imediatamente, os agentes saíram da caminhonete, esconderam-se atrás do veículo e revidaram. Na troca de tiros, três disparos de Sadam atingiram a caminhonete, antes que ele fugisse pelas ruas de Pedro Juan. O episódio renderia a ele condenação a um ano e meio de prisão por dano qualificado. E serviria de lição para a PF. Para combater o *capo*, seria necessário muito mais do que meia dúzia de agentes. Por isso, em 2001, a Polícia Federal organizou a Operação Fronteira, da qual eu fazia parte. O objetivo era dizimar a organização criminosa de Sadam e Cabeça Branca, colocando atrás das grades tanto eles quanto seus subordinados.

A primeira providência foi solicitar à Justiça a interceptação dos telefones de Eduardo Charbel, peça-chave no esquema de Sadam por dois motivos: era amigo de infância do empresário e piloto de aviões. Pelas escutas, soubemos que em 2000, por meio de laranjas, Cabeça Branca comprara a fazenda Santa Maria, em Tapurah, Mato Grosso, para servir de entreposto para a cocaína que o *capo* adquiria dos cartéis colombianos, muitas vezes em sociedade com outros grandes traficantes brasileiros, entre eles Carlos Ivan Mendes

Mesquita. Naquele mesmo ano, passaram pela fazenda 800 quilos de cocaína apreendida pela PF em São Vicente, litoral paulista. Pela importância da fazenda na logística de Cabeça Branca, passamos a vigiá-la diuturnamente. Cheguei a sobrevoar a fazenda para identificar suas três pistas de pouso ativas.

No dia 17 de outubro de 2001, Charbel decolou com o avião Beechcraft Baron 58, matrícula PT-WSA, de Pedro Juan Caballero com destino ao interior da Colômbia. A aeronave pertencia a Sadam e Cabeça Branca, mas estava em nome de um laranja. Documentos do avião haviam sido apreendidos no ano anterior nas empresas de Sadam em Ponta Porã. Por isso, sua matrícula fora toscamente adulterada com adesivos para PT-ISA.

Na Colômbia, Charbel pousou no meio da mata, ao lado de um rio, onde havia um barco com três pessoas. Na manhã do dia 25, o trio carregou a aeronave com pesados fardos de pasta base de cocaína e o piloto partiu rumo à fazenda em Tapurah. Ele não sabia, mas a pista de destino estava cercada por policiais federais camuflados na mata. Por volta das três horas da tarde, vimos José Carlos da Silva, gerente de Cabeça Branca, e mais dois subalternos chegarem à pista com uma caminhonete preta do *capo* paranaense. Na carroceria, doze galões plásticos com combustível para aviação. Era a pista de que os agentes precisavam para ter certeza de que o avião desceria exatamente naquele ponto. E desceu, minutos depois. O Beechcraft taxiou em uma das pontas da pista, seguido pela caminhonete. De imediato, um dos homens subiu no avião e começou a descarregar a droga na caçamba do veículo. Os policiais partiram da mata para a abordagem, correndo na direção do avião, com as armas em punho. Mas o trio de traficantes revidou e passou a atirar. Na confusão, todos conseguiram fugir, inclusive José Carlos, que foi para o Paraguai. O único que não conseguiu escapar foi Charbel, ferido com um tiro de raspão na perna. Na carroceria da caminhonete, 488 quilos de cocaína.

Para o piloto, era a certeza da prisão por muitos anos. Mas para os patrões Sadam e Cabeça Branca, só um pequeno revés. Reuniões entre fornecedores colombianos e compradores europeus se repetiam com frequência em Campo Grande e São Paulo. No dia 21 de julho de 2002, Sadam, vestindo *blazer* escuro, carregando uma maleta preta em uma das mãos, cruzou a Avenida Internacional em Pedro Juan e, na cidade vizinha, entrou em uma de suas aeronaves com destino ao Campo de Marte, São Paulo. Pousou às 11 horas, foi para um hotel no Morumbi e no meio da tarde para um *shopping* no bairro, onde se encontrou com o colombiano William Miguel Herrera Garcia. Meia hora de conversa e retornaram ao hotel do Morumbi, onde Garcia também estava hospedado desde o dia anterior. Conversaram no quarto de Sadam até as 21 horas, e depois voltaram ao *shopping*, onde a reunião continuou. Percebemos que os dois sempre se deslocavam separadamente, com um intervalo de pelo menos 5 minutos.

Dois dias depois, Sadam e o colombiano se encontraram com Cabeça Branca no mesmo *shopping*. Foi uma hora de conversa intensa do trio. No dia seguinte, 24, Sadam retornou a Ponta Porã. Em fevereiro do ano seguinte, acompanharíamos novo deslocamento do empresário até a capital paulista. Após se encontrar mais uma vez com William e seu acólito Jesus Humberto Garcia na Rua Augusta, todos rumaram para o mesmo *shopping* no Morumbi, onde almoçaram juntos. Em seguida, Sadam despediu-se dos colombianos e pegou um táxi até outro *shopping*, onde Cabeça Branca o esperava — possivelmente o empresário de Ponta Porã fora repassar ao sócio o resultado da reunião. No dia seguinte, em novo encontro no mesmo *shopping*, Sadam entregou a Cabeça Branca um pedaço de papel. Os quatro voltariam a se encontrar no mês seguinte em um hotel de Campo Grande. Não havia dúvida: a dupla estava negociando mais um grande carregamento de cocaína.

Haveria, ainda na mesma época, vários outros encontros, a maioria em São Paulo, entre Cabeça Branca, Sadam e compradores de cocaína na Europa, entre eles dois italianos e o jordaniano Waleed Issa Khmays, ligado ao italiano Rocco Morabito, preso na região da Calábria em março de 2013. Rocco era um dos expoentes da 'Ndrangheta, a máfia calabresa que domina boa parte do tráfico no sul da Europa.

Sadam só seria detido em 16 de abril de 2003, em Marília (SP), onde os policiais federais cumpriram mandado de prisão em ação penal por lavagem de dinheiro. Por volta das 10h30, pousou no aeroporto da cidade paulista o avião Baron PT-WFO, que, embora em nome de Carlos Roberto da Silva, laranja de São José do Rio Preto (SP), pertencia de fato a Sadam e Cabeça Branca — fotografias feitas por nós meses antes mostravam Cabeça Branca embarcando na aeronave no Campo de Marte, em São Paulo.

Dentro do Baron, Sadam e os pilotos Eduardo Charbel — recém-saído da cadeia, depois de cumprir pena pelo flagrante em Tapurah — e Nélio Alves de Oliveira, que já fora vice-prefeito de Ponta Porã nos anos 1980 e era amigo de longa data de Sadam. De Marília, o trio seguiu de carro até o escritório do também empresário Fausto Jorge na cidade vizinha de Vera Cruz, onde Fausto tinha uma oficina de manutenção de aviões. Sadam era cliente e amigo de longa data de Fausto. Entre os documentos apreendidos de Sadam pela PF três anos antes na Pauliceia, estavam recibos de consertos, feitos por Fausto em aviões do empresário de Ponta Porã.

Como Sadam, Fausto tinha um currículo mais do que suspeito, com várias passagens policiais por contrabando nas décadas de 1980 e 1990. Em 2000, foi indiciado por tráfico pela CPI do Narcotráfico da Câmara dos Deputados, mas o processo não foi adiante. Anos depois, seu nome surgiria nas investigações da PF, decorrentes da apreensão de 780 quilos de cocaína no Pará. A droga toda foi transportada em um avião Carajá, da Embraer, cujos bancos haviam sido retirados e deixados na sua empresa em Vera Cruz. Apesar das fortes suspeitas, nada ficou provado contra ele.

Na manhã daquele dia 16 de abril, Sadam queria comprar um avião de Fausto. O empresário de Ponta Porã e seus pilotos foram recebidos por Fausto na empresa de Vera Cruz. Após alguns minutos de conversa, Sadam, Charbel e Fausto foram até o aeroporto da cidade ver algumas aeronaves. Nesse momento, decidimos invadir o aeroporto e prender Sadam. Enquanto isso, outra equipe de policiais entrava no hangar em Marília onde o Baron PT-WFO estava estacionado. No GPS da aeronave havia dezessete coordenadas geográficas no Paraguai, Bolívia, Colômbia e interior de São Paulo, incluindo a fazenda em Tapurah, onde o avião estivera dezenove dias antes da apreensão dos 488 quilos de cocaína em outubro de 2001, e a Estância Suíça, uma das fazendas de Cabeça Branca em solo paraguaio.

Sadam foi levado ao Instituto Penal de Campo Grande. Mas nem por isso ficaria impedido de seguir no comando do esquema de tráfico no atacado. No dia 16 de junho de 2003, segui os passos de Cabeça Branca na capital de Mato Grosso do Sul e registrei vídeo da entrada dele na penitenciária. O paranaense carregava uma sacola de plástico branca que parecia conter papéis. Ficou mais de uma hora dentro do presídio. Saiu sem a sacola. Certamente Cabeça Branca fora discutir com o sócio preso uma nova remessa de cocaína a partir da Colômbia.

A movimentação da quadrilha nas semanas seguintes confirmaria a suspeita. Por meio de um informante paraguaio, descobriríamos que Cabeça Branca vinha se reunindo com seu gerente José Carlos da Silva em Pedro Juan. Em agosto de 2003, um subordinado a José Carlos comprou, a mando do chefe, uma carreta Volvo e dois semirreboques na região de Sorocaba. Na mesma época, por ordem de Cabeça Branca, José Carlos comprara a fazenda Bigo Rill, em Marcelândia, norte do Mato Grosso, por R$ 1,7 milhão, em valores da época — a primeira parcela, de R$ 600 mil, foi paga à vista, em dinheiro vivo, levado em um dos aviões do grupo. Outra fazenda, Bonsucesso, havia sido adquirida semanas antes na cidade vizinha de Matupá. Estava assim montada a nova logística de Cabeça Branca e Sadam: a cocaína viria de avião da Colômbia até a fazenda e de lá seguiria no bitrem até o Rio de Janeiro, passando pelo norte paulista. A aeronave utilizada era um Cessna 210, matrícula PT-OUK, em nome de Nélio, mas pertencente de fato a Cabeça Branca. Nossa certeza sobre o real dono do avião veio em julho de 2003. Nélio voava no Cessna de Vera Cruz, onde a aeronave passara por manutenção, para Campo Grande quando, já próximo ao destino, o motor começou a trepidar. Quase em pânico, o piloto avistou do alto a rodovia BR-262. Era a única alternativa de pouso. Inclinou com dificuldade as asas do avião, que tremiam muito, abaixou o trem de pouso. O Cessna tinha pouca estabilidade e muita aceleração. Descontrolado, o avião se aproximava do solo. Nélio viu a copa de uma grande árvore. Espremeu os olhos para não ver a asa direita se espatifar contra os galhos. O Cessna girou e caiu de barriga na rodovia. Com o trem de pouso quebrado, o aço riscava o asfalto quente. O piloto desmaiou. Não viu a carreta que vinha em sentido contrário na estrada. Sorte de Nélio que a batida foi na asa esquerda. O Cessna rodopiou. Quando ele acordou, estava sendo retirado pelos bombeiros vindos de Campo Grande.

Apesar do susto, o piloto não se feriu com gravidade. Já o Cessna ficou completamente destruído e foi levado até uma oficina de aeronaves. Dez meses depois, o dono viu o piloto Nélio e um homem de cabelos grisalhos e espetados entrarem na oficina. Era Cabeça Branca.

— Vim buscar aquele Cessna — disse, apontando para o avião recém-reformado.

Em setembro daquele ano fomos até o norte de Mato Grosso para descobrir a localização das fazendas de Cabeça Branca e suas pistas de pouso. Primeiro, pedimos mapas da zona rural de Matupá na prefeitura local. Sem sucesso. Passaram-se alguns dias, e soubemos da presença de José Carlos na região, acompanhado de um subalterno apelidado de Bigode. O homenzinho mirrado seria localizado pouco depois no centro de Matupá, dirigindo uma caminhonete. Começamos a segui-lo. Naquele mesmo dia, Bigode tomou uma estrada de terra. Foram 142 quilômetros até a entrada da Bonsucesso. Logo na estrada de acesso à sede da fazenda, um grande corredor. Era a pista de pouso dos aviões de Cabeça Branca e Sadam carregados com cocaína.

Montamos um ponto de campana permanente nas imediações e, após alguns dias, vimos a carreta Volvo branca entrar na fazenda. O mesmo veículo seria visto em várias ocasiões na Bonsucesso. Em pelo menos uma saiu abarrotado de cocaína. Era março de 2004. Tempos depois, em depoimento à polícia, o administrador da fazenda daria detalhes do carregamento. Minutos antes do pouso do avião — provavelmente o mesmo Cessna PT-OUK

—, José Carlos e dois capangas correram armados para o meio da pista. Imediatamente após o pouso, entraram em uma caminhonete e foram ao encontro da aeronave. Puseram os fardos de cocaína na caminhonete e rumaram para os fundos da fazenda, onde a droga foi escondida no meio da mata à espera da carreta. Tentamos seguir o bitrem, mas perdemos contato com o veículo nos confins do Mato Grosso.

Um novo carregamento começou a ser preparado na metade daquele ano. Para não fracassar na apreensão da droga, decidimos seguir todos os passos do motorista da carreta Vandeir da Silva Domingos, um baixinho de bigode que adorava beber cachaça enquanto jogava sinuca com o chefe, José Carlos, no bar de um posto em Matupá. No dia 3 de agosto, Vandeir carregou o bitrem com calcário e rumou para a Bonsucesso. No mesmo dia, descia na fazenda o Cessna pilotado por Nélio. Vinha carregado com quase meia tonelada de cocaína embarcada na selva colombiana. No fim da tarde, Vandeir chegou com a carreta, descarregou o calcário próximo à sede e foi para uma clareira na mata, na cabeceira da pista. Lá, havia quinze fardos grandes, que foram abertos para que os tijolos de cocaína fossem dispostos lado a lado no fundo falso da carroceria do Volvo. Vandeir dormiu na fazenda e no dia seguinte pegou a estrada. Começava aí o nosso périplo para não perdermos de vista a carreta.

Foram 28 dias de campana 24 horas. Para o caminhoneiro não desconfiar, era seguido por três caminhonetes descaracterizadas. Mas Vandeir era imprevisível, não tinha hora para parar nem para pegar a estrada, o que arrebentava com a nossa equipe.

Vandeir foi até Sinop (MT), onde carregou a carreta com arroz. Depois, rumou para Rondonópolis (MT). Problemas no motor do Volvo fizeram o caminhoneiro ficar uma semana na cidade, à espera do conserto do veículo. Foi uma semana de alívio para o agente Edson Caipira que comandava a equipe de vigilância. Repuseram o sono acumulado.

No dia 18, Vandeir retomou a viagem até Itápolis (SP), onde descarregou o arroz. No dia 20, foi para São José do Rio Preto, onde morava um irmão. Às 6h30 do dia 21, o caminhoneiro seguiu pela rodovia BR-153 até uma usina de cana-de-açúcar em Orindiúva (SP), já na divisa com o Triângulo Mineiro. Vandeir estacionou a carreta no pátio da usina, à espera de um carregamento de açúcar. Enquanto isso, fomos até o escritório da empresa.

— Para onde aquele bitrem Volvo vai com a carga de açúcar? — perguntamos ao gerente da usina.

— Para o porto do Rio de Janeiro. De lá o açúcar segue para a Europa.

Sabia do risco de perder a carreta de vista dentro do Rio. Por isso decidi que era a hora da apreensão. Vandeir não reagiu. Estouramos a madeira do fundo falso da carroceria e demos de cara com os tijolos de cocaína. Em cada um, a inscrição "Totto 100% pureza". Um total de 492 quilos.

Naquele mesmo dia, decidimos desencadear a fase ostensiva da Operação Fronteira e prender o *capo* Cabeça Branca. Sabíamos que o megatraficante estava escondido no interior do Paraguai. Mas, na noite daquele dia, tivemos a informação de que ele iria até Londrina, onde comemoraria o aniversário da mãe em uma pizzaria. O local foi cercado de policiais à paisana, disfarçados de clientes e funcionários. Por volta das 20 horas, chegou a mãe do traficante, cercada de parentes, menos do alvo principal. Os minutos passavam e nada de Cabeça Branca aparecer. No dia seguinte, os agentes souberam que um surto de febre aftosa em uma das fazendas do traficante no Paraguai impedira a viagem. Decidimos então cumprir mandados de busca no apartamento dele em Ponta Porã. Lá, foram apreendidas fotos dele e do seu gerente José Carlos, que àquela altura já era considerado foragido. Nélio também fugiu. Ao saber da apreensão no interior de São Paulo, o piloto, que estava em Campo Grande, decolou com o Cessna e mergulhou em território paraguaio. Só seria capturado três meses depois, quando a polícia do país vizinho apreendeu 262 quilos de cocaína com ele, além de Ivan Carlos Mendes Mesquita.

Eu voltaria a apreender cargas de cocaína de Cabeça Branca em pelo menos outras duas oportunidades — só saberia que a droga era dele meses depois, por meio de um informante da PF em Ponta Porã. A base Gise da PF em São Paulo descobriu que, no dia 6 de fevereiro de 2013, um avião decolou da região de Marília com destino à zona rural de Porto Feliz, região de Sorocaba (SP), carregado de cocaína colombiana. Nossos planos eram esperar a droga ser descarregada e anunciar o flagrante quando a caminhonete que aguardava a aeronave deixasse o canavial — o avião seria apreendido no aeroporto de Americana (SP), onde iria descer para reabastecimento.

No entanto, no dia marcado, chovia muito forte e o avião não conseguia decolar na pista embarreada. Quando conseguiu, subiu apenas 50 metros e caiu. Nesse momento, decidimos agir. Com uma caminhonete, fomos em direção à picape dos traficantes, já carregada com 400 quilos de cocaína. Mas os traficantes não se renderam. Começaram a atirar e aceleraram a picape na nossa direção. A colisão foi frontal. Um policial ficou ferido. Após a batida, os três que estavam na picape foram presos, um deles foi baleado de raspão na perna e foi socorrido. O piloto paraguaio tinha fugido pelo canavial, foi preso no dia seguinte. O avião, destruído, foi encontrado abandonado a poucos metros.

Na segunda vez, naquele mesmo ano, a base de inteligência da PF em Uberlândia (MG) soube que traficantes da vizinha Uberaba (MG) recebiam aviões recheados de cocaína vinda do Paraguai e em seguida remetiam para a capital paulista. O grupo era liderado pelo indivíduo de nome Juliano Arruda Souza. Passamos a seguir seus passos pela região. No dia 11 daquele mês, ele e outro rapaz foram para São Paulo buscar uma caminhonete. Dez dias mais tarde, o mesmo rapaz tomou um ônibus para Ponta Porã (MS) — possivelmente fora negociar mais uma remessa de cocaína. Voltou no dia seguinte, quando seguimos Juliano e a caminhonete e notamos que ele entrou em uma estrada de terra na BR-262, zona rural de Campo Florido (MG), vizinha a Uberaba. Como o traficante poderia notar nossa presença naquele rincão ermo, decidimos abandonar o local. Fizemos um voo de reconhecimento e plotamos a pista. Retornamos horas mais tarde: após 23 quilômetros de chão batido, no meio do imenso tapete de sorgo ainda em crescimento, uma pista de pouso de 1 quilômetro de extensão por 15 metros de largura.

Era tudo o que precisávamos saber.

Na tarde do dia 25, Juliano encontrou-se com comparsas de Campo Florido, entre eles Everson Rabelo Rodrigues. Queria ajuda para descarregar a droga que viria na manhã seguinte. Por volta da meia-noite, dezenas de policiais — entre eles eu, Luciano Feinho, Philip e Felipe, os mais experientes do grupo — nos encontramos em uma cidade vizinha, de onde partimos para as proximidades da pista. Lá, outros cinco policiais federais haviam varado a madrugada acompanhando a movimentação dos traficantes. Depois de mais de vinte horas escondidos e já sem água e comida, passado das seis e meia da tarde o avião surgiu no céu ainda claro devido ao horário de verão. Vinha abarrotado com 413 quilos de cocaína, dois fuzis — um deles com lança-granadas —, além de munições, explosivos e três granadas.

Em segundos a caminhonete encostou na asa e logo o grupo começou a descarregar a droga. Todo cuidado dos agentes era pouco, já que tínhamos a informação de que a quadrilha recebera treinamento de guerrilha com as Farc colombiana no interior do Paraguai. Eu e Feinho, lado a lado, entre outros integrantes de nossa equipe, começamos a atirar no motor da aeronave com fuzis. Os traficantes revidaram. Nestor Gonzales Souza e Luís Carlos Saavedra Jara, piloto e copiloto paraguaios, feridos na troca de tiros, ainda tentaram decolar, mas seguiram apenas por 200 metros. O motor começou a pegar fogo e ambos pularam da aeronave. Em poucos segundos veio a explosão, causada pelas duas granadas e explosivos.

Juliano, Everson e Júlio César Feliciano Abrão tentaram fugir com a caminhonete, mas o veículo foi seguido de perto pelo helicóptero da PF. Ao notar a aeronave, Everson atirou e um agente lá de cima revidou. O veículo acabou cercado pelas viaturas da polícia. Juliano e Júlio César, feridos com gravidade, se renderam. Everson, atingido no peito, morreu no local.

Juliano e Júlio foram levados para um hospital de Uberaba. Mas Juliano também não resistiu. Júlio teve alta dias depois. Ele e os paraguaios seriam condenados por tráfico e associação para o tráfico internacional. Os agentes só conseguiram apreender 113 quilos de pasta base, que já haviam sido descarregados na caminhonete. O restante, cerca de 300 quilos, foi destruído pelo fogo. Prejuízo certo para Cabeça Branca.

Capítulo 21

OS NOVOS CARTÉIS COLOMBIANOS

Encravada no sertão baiano, na bacia do Rio São Francisco, a fazenda Mariad era cinematográfica. As plantações de manga, melão e uva sumiam no horizonte, alimentadas por um moderno sistema de irrigação. Depois de colhidas, as frutas eram selecionadas em *pallets*, embaladas e dispostas em caixas, prontas para serem exportadas para a Europa. Eram 200 hectares de plantio irrigado, mais de 2 mil empregados e uma produção anual de 1,2 mil tonelada de fruta. Tudo automatizado e grandioso, destoando das propriedades ao redor, muito mais acanhadas. Poderia ser mais um caso de sucesso do agronegócio brasileiro, mas não. Por trás daquele império das frutas, havia um sofisticado esquema de tráfico de cocaína para a Europa, comandado pelo colombiano Gustavo Durán Bautista.

O traficante pisou pela primeira vez no Brasil em 1994. Comprou uma mansão no Morumbi, bairro nobre de São Paulo, de onde passou a comandar seus negócios, e cercou-se de parentes, todos de sua estrita confiança. O esquema, centralizado na capital e em Sorocaba (SP), duraria longos treze anos. Nesse período, os negócios de Gustavo cresceram: sua fortuna foi estimada pela Polícia Federal em pelo menos US$ 100 milhões.

Tanta opulência chamou a atenção da PF. Em 2000, fui designado pela CGPRE para investigar os negócios de Gustavo. Com uma equipe de policiais federais da delegacia de Juazeiro (BA), minha missão era fazer um levantamento da pista de pouso que havia dentro da Mariad. Consegui um ponto de observação em uma área vizinha para monitorar a pista, já que havia a informação de que aviões com droga desceriam por lá. Fiquei um mês, e nenhum avião pousou. Paralelamente, também acompanhava os passos de Gustavo, que tinha residência em Petrolina (PE), cidade vizinha a Juazeiro. Mas esse monitoramento também não trouxe nada suspeito — o colombiano se limitava a deslocamentos entre o apartamento onde residia e a fazenda. Voltei para Brasília.

No ano seguinte, outra equipe de agentes decidiu entrar na Mariad. Para isso, simularam uma fiscalização trabalhista, coordenada por auditores fiscais escoltados por agentes, na manhã do dia 8 de outubro de 2001. Gustavo e a mulher, a venezuelana Isabel Mejias Rosales, estavam lá. Em um dos galpões da Mariad, os agentes encontraram 225 caixas para embalar mangas com fundo falso e 195 tampas para cobrir esses fundos, além de duas prensas e outros apetrechos para embalar cocaína e esconder nas caixas. Da droga, havia 108 gramas, em três invólucros que se ajustavam perfeitamente nas depressões do papelão das caixas de frutas. Foram presos em flagrante Gustavo, a mulher e mais três comparsas. Meses depois, no entanto, todos foram absolvidos pela juíza Olga Regina Santiago Guimarães, com exceção de um, o também colombiano Roberto Mardones González, que assumiu sozinho a posse da droga e seria condenado apenas por porte ilegal de entorpecente — em 2005, ele seria extraditado para a Bélgica, onde fora processado por tráfico de 100 quilos de cocaína, apreendidos nove anos antes. Como não houve recurso dos promotores baianos, o processo foi encerrado. Por causa dessa sentença, em novembro de 2016 o CNJ condenou a juíza à aposentadoria compulsória, pena máxima prevista na Lei Orgânica da Magistratura. Em seus votos, os ministros apontaram a estranha intimidade entre Olga e Gustavo.

O colombiano construiu um esquema sofisticado para levar cocaína adquirida das Farc na terra natal para a Holanda, passando pela fazenda. A droga era escondida entre duas camadas de papelão, em finas embalagens. Toda a carga tinha destino certo, a Eurosouth International BV e a South American BV, na Holanda. Embora estivessem em nome de testas de ferro, as firmas também pertenciam ao colombiano, sob administração do holandês Krishna Koemar Khoenkhoen, o Roby. Ao exportar para si mesmo, Gustavo reduzia os riscos do negócio, que alcançava vários países. O uso das frutas como disfarce também não era gratuito, conforme destacou o delegado Valdson José Rabelo em relatório da PF: "A droga segue em caixas contendo frutas altamente perecíveis e em contêineres refrigerados, os quais, pelas próprias características, dificilmente são selecionados pelas autoridades aduaneiras ou policiais para serem fiscalizados, ainda mais quando a exportação é em larga escala".

A PF calcula que Gustavo tenha remetido pelo menos 5 toneladas de cocaína com alto grau de pureza para o continente europeu. As quantias de dinheiro movimentadas na empresa Mariad Importação e Exportação de Gêneros Alimentícios, proprietária da fazenda homônima na Bahia, eram superlativas. Uma auditoria de 2005 constatou R$ 35 milhões de "recebimento de recursos sem origem precisa" — leia-se, tráfico de drogas. Gustavo via seu poder no tráfico crescer a cada ano, longe dos radares da polícia.

Mas não por muito tempo.

Após o flagrante em Juazeiro, Gustavo decidiu levar seu esquema de exportação de frutas para outras paragens. No fim de 2001, abriu outra empresa, a Natal Frutas, em Mossoró (RN), transferiu para a nova firma os bens da Mariad e permaneceu exportando frutas e cocaína para a Europa.

Dois anos depois, outro episódio faria o nome do *capo* ser relembrado pela polícia. Em 8 de fevereiro de 2003, uma funcionária do supermercado Metro, em Trier, Alemanha, pegou uma caixa de melões e notou um pó branco no meio do papelão. Com cuidado, abriu as lâminas e encontrou 556 gramas de cocaína. Na caixa de papelão, o nome da empresa exportadora das frutas não deixava dúvidas sobre a origem da droga: Natal Frutas.

Naquele mesmo mês, nova baixa para Gustavo. A polícia espanhola iria apreender 1,6 milhão de euros da empresa Kuna Bussines S.L., com sede em Barcelona, que pertencia ao colombiano.

Tanto a polícia alemã quanto a espanhola repassaram a informação das apreensões para a DEA, que retransmitiu os dados à PF no Brasil. Naquele mesmo ano começava oficialmente o inquérito da operação batizada de São Francisco, o Velho Chico, que fazia crescer as mangas, uvas e melões de Gustavo e, assim, fomentava o seu complexo esquema de tráfico.

Em 25 de outubro de 2005 viria nova apreensão de dinheiro de Gustavo. A polícia francesa encontrou 2 milhões de euros dentro de uma caixa de papelão no porta-malas de um automóvel ocupado por dois espanhóis, na fronteira com Luxemburgo. A dupla confessou ter retirado a caixa em uma empresa de Roterdã, na Holanda, em nome de Krishna, o Roby, parceiro do colombiano, em troca de mil euros, e disse ter feito sete viagens com altas somas de dinheiro nos últimos doze meses. Apenas quinze dias mais tarde, a PF apreenderia em flagrante quatro mulas venezuelanas no aeroporto de Guarulhos, recém-chegadas de um voo vindo de Amsterdã. O grupo tinha dezenas de notas de euros escondidas nas roupas, total de um milhão.

Diante do flagrante, o colombiano mudou mais uma vez sua estratégia. Decidiu transferir do Nordeste para a Argentina o entreposto para a exportação de frutas à Europa. Para isso, criou duas empresas no país: a Lontue S.A. e a Marimpex Agricultural de Argentina. A primeira empacotava as frutas e a segunda cuidava da exportação. Ambas eram gerenciadas pelo seu sobrinho Angel Andrés Durán Parra. O jovem havia trocado a Colômbia por Sorocaba, onde já morava um velho conhecido da família, David Tarazona, ex-sogro de Gustavo — o *capo* fora casado com sua filha Ingrid Jaimes Salazar. Em pouco tempo o sobrinho se tornaria o braço direito de Gustavo, uma pessoa de sua estrita confiança.

Gustavo negociava a compra da cocaína com as Farc, representadas por Orlando Rodriguez Castrillon e seu irmão Ricardo. Gustavo conheceu ambos por intermédio de sua ex-mulher Ingrid e do pai dela, Tarazona. Orlando viajou para São Paulo no dia 4 de abril de 2006 a fim de acertar os detalhes do negócio com Gustavo. Dois dias depois, eles se encontraram em um hotel dos Jardins, na capital. Inicialmente, foi acordada a compra de 300 quilos de cocaína. O próximo passo seria levar a droga para a Argentina

— comparsas de Gustavo chegaram a verificar fazendas com pista de pouso próximas a Buenos Aires disponíveis para a venda.

A PF contatou a polícia argentina para que acompanhasse a chegada da droga e fizesse a apreensão. Mas, afoitos, os policiais do país vizinho abriram dois contêineres da Marimpex no porto de Buenos Aires. Acreditavam que a cocaína estivesse lá. E não estava.

Com a ação desastrada, a caça escapou e tornou-se ainda mais arisca. Gustavo mudou novamente de planos e voltou os olhos para o Uruguai. Por US$ 5 milhões, comprou a Estância Valentim, uma fazenda de 2,4 mil hectares em Salto, e abriu uma empresa de exportação de frutas, a Basevin, por meio de outro sobrinho, Julio Cesar Durán Parra.

Foi necessário um ano de tratativas para que a primeira remessa de cocaína estocada na Bolívia chegasse ao território uruguaio. Eram idas e vindas de Gustavo e seus asseclas para o Uruguai, Colômbia, Sorocaba e São Paulo. Em abril de 2007, policiais uruguaios em campana na estância viram Gustavo, Julio Cesar e mais dois comparsas caminharem por uma das pistas de pouso da fazenda. Com aparelhos GPS, o grupo verificava as coordenadas geográficas da pista, para o pouso da aeronave com cocaína.

Um inimigo dos planos de Gustavo era a meteorologia. Chuvas intensas no leste boliviano impediam a decolagem do Baron em segurança. O transporte só seria feito três meses depois. No dia 15 de agosto, Gustavo enviou nova mensagem de *e-mail* para Pita. O colombiano confirmava o voo para sábado, dia 18, e repassava as coordenadas geográficas da pista de pouso na fazenda do Uruguai. Um dia antes do voo, na sexta-feira, os pilotos viajaram de automóvel de São Paulo até Paranavaí, noroeste do Paraná, onde estava o avião de Gustavo. Na madrugada do dia seguinte, rumaram com a aeronave até Santa Cruz, onde chegaram por volta das 9 horas. Imediatamente o avião foi carregado com 495 quilos de cocaína pura, vinda da Colômbia. Uma hora depois, os pilotos partiram rumo a Salto.

Era a hora do bote.

Desde o fim da manhã, uma equipe de policiais uruguaios se escondia em área de mata fechada a poucos metros da pista de pouso da fazenda de Gustavo em Salto. O *capo* estava lá, com os sobrinhos Angel e Julio, além de dois outros comparsas. O avião chegou por volta das 17 horas. A cocaína foi descarregada do avião e levada por uma caminhonete até um galpão a um quilômetro e meio da pista. Quando eles voltaram até a aeronave com galões para reabastecê-la, cerca de trinta policiais invadiram a pista e cercaram os sete em torno do Baron.

No galpão, a droga estava embalada em tijolos de um quilo. Minutos depois, Roby era preso em Amsterdã pela polícia holandesa, e Ingrid e Isabel, detidas em São Paulo. Eu participei das buscas na casa de Gustavo no Morumbi, Zona Sul da capital. Encontramos muitos documentos, fotografias e computadores. Outra equipe da PF apreendeu doze automóveis e outro avião de Gustavo no Campo de Marte, além de US$ 45 mil e R$ 35 mil. Pacho e Joaquin Penalosa fugiram da fazenda em Santa Cruz assim que chegou a notícia do flagrante no Uruguai. Todos foram condenados por tráfico de drogas no país vizinho.

* * *

Paralelamente à Operação São Francisco, eu participaria da prisão de um antigo parceiro de negócios dele, seu conterrâneo Juan Carlos Ramirez Abadía. Um dos maiores traficantes de droga do mundo, com patrimônio pessoal avaliado em US$ 1,8 bilhão, Abadía, um homem de rosto esticado pelas sucessivas plásticas, foi preso em 7 de agosto de 2007 pela Polícia Federal em sua mansão num condomínio de luxo em Aldeia da Serra, Barueri, Grande São Paulo. Ele era um dos chefes do cartel do Norte do Vale, na Colômbia, que está entre os maiores fornecedores de cocaína e heroína para os Estados Unidos. Entre 1990 e 2004, segundo a DEA, Abadía teria enviado cerca de mil toneladas de cocaína para o país do Hemisfério Norte.

Violento contra seus inimigos, o megatraficante é apontado como mandante da morte de 350 pessoas na Colômbia e quinze nos Estados Unidos. Por essa biografia, o Departamento de Estado norte-americano oferecia recompensa de US$ 5 milhões por informações que levassem à sua captura. Em 2004, já com mandado de extradição por tráfico expedido pelos Estados Unidos, Abadía deixou a Colômbia em meio à guerra entre facções dentro do cartel. Veio para o Brasil, onde morou em Curitiba, no Rio Grande do Sul e, por fim, em São Paulo. Aqui, passou a lavar o dinheiro do tráfico — o lucro da venda da droga enviada à Europa e aos Estados Unidos era trazido do México e da Espanha para o Uruguai e entrava no Brasil como se fosse resultado de exportações lícitas.

Em 2004, fui convidado pelo delegado Francischini, na época titular da DRE no Paraná, para auxiliar na investigação de uma quadrilha de traficantes colombianos radicada em Curitiba. Fui com o agente Matsunaga até a capital paranaense, onde me juntei a uma equipe de analistas comandada pelo APF Bueno na Superintendência. O grupo de criminosos fugia do convencional: muito discretos, viviam em condomínios de luxo na cidade. Nosso primeiro passo foi identificar os integrantes da quadrilha. Por meio de buscas em cartórios de Curitiba, foi possível chegar até as nacionalidades daqueles homens. Todos usavam documentos falsos e se passavam por paraguaios e bolivianos. Na verdade, todos eram da Colômbia, como descobriríamos mais tarde. Não imaginávamos que um deles fosse o lendário Abadía, na época o maior traficante colombiano em atividade.

Depois dessa investigação inicial, com diligências e levantamento dos imóveis, veículos e telefones dos traficantes, deixei a investigação — Matsunaga ficou em Curitiba e seguiu no caso, com a equipe da DRE paranaense. A apuração seguiria por três anos. Nesse período, Abadía mudou-se para a Grande São Paulo, onde tinha uma mansão em Aldeia da Serra. Foi lá que ele foi detido em 7 de agosto de 2007, quando a operação, batizada de Farrapos, foi deflagrada — na casa, havia dezenas de relógios de luxo. Eu participei das buscas e apreensões em uma fazenda do traficante em Guaíba (RS). Em uma casa de Campinas (SP), os agentes apreenderam US$ 1,4 milhão.

Preso, Abadía relatou ao Ministério Público ter comprado muita gente no Brasil para não ser incomodado. Ele e seus principais comparsas teriam sofrido cinco extorsões de policiais civis, que somavam R$ 2,7 milhões. Uma delas se refere à compra de um iate, avaliado em R$ 2 milhões, pelo colombiano. A embarcação foi registrada em nome de Daniel Maróstica, testa de ferro do traficante. Mas, como Daniel não tinha como justificar a compra à polícia, Abadía subornou os policiais com R$ 400 mil. Pouco tempo depois, em maio de 2006, outro comparsa do *capo*, Henry Edval Lagos, o Patcho, foi sequestrado por policiais do Denarc, e o colombiano desembolsou nova propina.

O caso chegou à Corregedoria da Polícia Civil, que instaurou quatro inquéritos para apurar os supostos achaques do Denarc à quadrilha de Abadía. Todos os inquéritos tornaram-se ações penais contra os policiais envolvidos. Em setembro de 2016, o grupo de policiais foi condenado pelo Tribunal de Justiça por extorsão e formação de quadrilha.

Um ano após sua prisão, em agosto de 2008, Abadía foi extraditado para os Estados Unidos. Pouco depois, foi condenado pela Justiça brasileira a trinta anos de prisão por lavagem de dinheiro.

Capítulo 22

AS MINHAS OLIMPÍADAS

A cada dois anos, boa parte do efetivo da Polícia Federal se reúne em algum lugar do país para participar das Olimpíadas da PF. Uma oportunidade para reencontrar amigos espalhados pelo Brasil e também para praticar exercícios físicos, em disputas entre os Estados. Eu mesmo já participei de uma, em 1986, como jogador de futebol. Cheguei a me preparar para a disputa de tiro, mas as operações país afora sempre me tomaram muito tempo.

Em julho de 2008, a disputa ocorria em Fortaleza, Ceará. Boa parte dos hotéis da cidade estava lotada de delegados e agentes. Eu também estava lá, mas não para as nossas olimpíadas. Tinha uma missão em mãos: prender mais uma grande quadrilha de traficantes internacionais.

Eu carregava uma pasta com os dados dos alvos. O principal era Emílio Teixeira Campos, líder da quadrilha, ligado ao megatraficante Leonardo Dias Mendonça. O braço direito de Campos era Juan Carlos da Silva Carvalho, um hondurenho radicado no Ceará. Era ele quem cuidava da logística do embarque da cocaína em navios que passavam pela costa cearense, a caminho da Europa e dos Estados Unidos. A cocaína era embarcada em pequenos aviões na selva colombiana e levada até pistas improvisadas em Tocantins ou sul do Pará. De lá, seguia escondida em carros e caminhões para o Nordeste.

Eu sabia exatamente o que fazer: precisava colocar um rastreador no automóvel de Juan para descobrirmos onde ele escondia a cocaína que exportava a partir do Estado. Dias antes, uma equipe de agentes, incluindo Moacyr Cabelo e Glaydson, havia estado no Ceará colhendo informações preliminares sobre o grupo, a meu pedido.

A operação, chamada Pérola, era coordenada pela Superintendência da PF em Goiânia. Àquela altura, vários anos já haviam se passado sem que conseguíssemos prender o grupo em flagrante. Eles não conversavam por telefone, só via programas *on-line* como o Skype, o que dificultava nosso trabalho. Juan era um alvo arisco, já que era procurado pela Justiça, acusado de envolvimento em um carregamento de 842 quilos de cocaína embarcada no Suriname com destino a Gana, na África, apreendido em 2007 pela PF e pela Marinha francesa. A Pérola virara motivo de preocupação na PF por falta de materialidade no inquérito. Era preciso um desfecho para aquela novela.

Eu contava com a ajuda de agentes e delegados da DRE do Ceará. Eles haviam descoberto onde Juan morava, um apartamento de luxo na capital cearense. Ficamos sabendo que a casa da namorada de Juan ficava em uma favela na periferia de Fortaleza, onde seria mais fácil instalar o rastreador. Então eu chamei o agente Flávio, da Superintendência na Paraíba, que participava das olimpíadas e se hospedara no mesmo hotel que eu, e expus um plano. Em um sábado, soubemos que Juan estava na casa de sua pretendida. Juntamos vários agentes que estavam na cidade na companhia de Flávio, colocamos todos na caçamba de uma caminhonete e subimos o morro. Enquanto o grupo fazia arruaça pelas ruas estreitas para desviar a atenção, fui até o veículo do Juan, uma caminhonete Chevrolet S-10 azul estacionada lá perto, e instalei o rastreador por dentro do para-lamas.

Pronto. Agora poderíamos seguir os passos do hondurenho. Ele estava prestes a receber um carregamento de 150 quilos de cocaína, vindos de um fornecedor em Goiás. Outro carregamento de aproximadamente 150 quilos já havia sido entregue a ele. Um dia, Juan Carlos saiu pela orla de Fortaleza, sentido oeste. Estava na companhia de um cabo-verdiano naturalizado português, Napoleão Rodrigues Martins; e do espanhol Carlos Torres Lozano, representantes dos compradores da droga na Europa, além de um marinheiro. Alugamos um jipe e fomos atrás. A uma certa distância, com um laptop, eu acompanhava toda a movimentação do alvo.

Em uma praia deserta de Paraipaba, os quatro retiraram um bote inflável da caminhonete, encheram-no e rumaram mar adentro, cerca de dois mil metros. Logo concluímos que o grupo iria marcar uma coordenada geográfica no mar para que o carregamento de droga fosse embarcado em um navio, com destino à Europa, dias depois. Eles levavam um rádio, para se comunicarem com a tripulação do navio. Minutos mais tarde, os quatro retornaram, guardaram o bote no jipe e tomaram o rumo de Fortaleza. Rodaram poucos quilômetros e pararam em um restaurante à beira-mar para o almoço. Disfarçados de turistas, nos sentamos em uma mesa ao lado. Juan e o grupo pediram um prato de camarões graúdos. Enquanto isso eu contatava o agente Frederico, analista da base em Goiânia, expondo a situação. Chegamos à conclusão de que era alta a probabilidade de o esconderijo ser em um casebre de madeira à beira da rodovia que o grupo mantinha em Lagoinha, que havia sido identificado pelos agentes Cabelo e Glaydson. Em comum acordo com o setor de inteligência, decidimos pela abordagem do grupo para posterior busca no tal casebre.

Quando abordamos a quadrilha, os outros clientes se assustaram. Tivemos que nos identificar e explicar que aqueles quatro eram traficantes de cocaína. Um grupo de senhoras nos aplaudiu. Mandei o hondurenho pagar a conta do camarão e doei aquele prato para as senhoras.

Nem precisamos interrogar Juan Carlos. De cara ele foi entregando tudo. Confirmou que a cocaína estava de fato na casa em Lagoinha e também revelou onde estava oculta, em um compartimento abaixo de uma pia dentro da garagem. Pelo monitoramento, sabíamos que um motorista da quadrilha, Marcelo Santos Sarruf, chegaria em breve com a segunda remessa do entorpecente. Por isso fomos para a Superintendência em Fortaleza para formalizar o flagrante e deixamos dois agentes na casa e aguardamos a chegada do veículo, que só chegou na manhã do dia seguinte.

— O Juan está? — perguntou Marcelo, pensando se tratar de integrantes do esquema.

Um agente novato se enrolou. Em vez de se passar pelo traficante, deu a pior resposta:

— Não, ele saiu.

Meio confuso, Marcelo disse então que iria para uma *lan house*. Em seguida, o agente me ligou e relatou a chegada de um rapaz ao casebre. Imediatamente pedi a ele que rapidamente fosse até a *lan house* prender o motorista. Por sorte, ele ainda estava lá. No total, apreendemos 300 quilos de cocaína.

Para fechar o caso, faltava encontrar os documentos do cabo-verdiano e do espanhol, para fazer o flagrante na delegacia. A dupla disse que os papéis estavam em uma pousada. Lá, encontrei a mulher do espanhol.

— Pode deixar que eu vou lá pegar com a minha esposa — disse o espanhol, enquanto o preso de Cabo Verde permaneceu na viatura.

Ficamos esperando no corredor. Por garantia, pedi para a agente Luciane entrar no quarto e acompanhar a mulher. De repente, ouvimos gritos. Flagrei a mulher agarrada aos cabelos da agente tentando tirar a arma dela. Eu consegui imobilizar a mulher e reviramos o apartamento. Não havia documento algum. Mesmo assim, levamos o espanhol para a delegacia.

Faltava prendermos o despachante Celso Aparecido, pessoa ligada a Juan Carlos e Carlos Lozano, a quem prestava os mais diversos favores em troca de recompensas, tendo sido encarregado de importar o bote inflável, providenciar sua liberação na alfândega; e também estava em seu nome o veículo Mondeo utilizado para um dos carregamento de cocaína. Residia em São Paulo, mas estava no Ceará por aqueles dias para acompanhar de perto o carregamento prestes a ser embarcado no navio. Já haviam se passado dois dias do flagrante e eu estava no *lobby* do hotel, fumando, pronto para ir embora, quando vi novamente a mulher do espanhol, desta vez na companhia do tal despachante. Eu não acreditava em tamanha sorte. Esperei-o entrar no hotel e dei voz de prisão.

Chamei reforço e fomos à casa dele. Em um dos quartos, achamos todos os documentos do cabo-verdiano e do espanhol. Em outro, encontramos uma maleta usada para detectar rastreadores. Um sofisticado equipamento de contravigilância, que provavelmente eles usariam no navio que levaria a cocaína para a Europa. Só esqueceram de usar a engenhoca na caminhonete do Juan Carlos. Todos acabaram condenados pela Justiça Federal do Ceará por tráfico e associação para o tráfico de drogas. Emílio Teixeira Campos também foi condenado, mas no ano seguinte, 2009, pela Justiça Federal de Goiás. Como o flagrante foi nos últimos dias da olimpíada, a cúpula da Polícia Federal estava em Fortaleza, incluindo o diretor-geral. Concluir a Operação Pérola diante daquela plateia mais do que seleta foi a minha medalha de ouro.

CAPÍTULO 23

IRMÃOS METRALHA

Os irmãos Claudiomiro, Edson e Claudemir guardam em comum o gosto por bigode e o talento para o narcotráfico. Faz alguns anos que o trio da família Gimenes de Moraes consta dos arquivos da Polícia Federal. O mais notório deles é Claudiomiro, um experiente piloto de aeronaves que se estabeleceu em Mato Grosso do Sul e passou a trabalhar para grandes traficantes do Estado. Claudiomiro foi preso pela primeira vez em agosto de 2000 no aeroporto de Paranaíba, conforme já relatado neste livro. Sete anos mais tarde, em janeiro de 2007, Claudiomiro caiu em interceptações da base de inteligência da PF em Corumbá. Diálogos suspeitos e sucessivos voos entre o interior paulista e Mato Grosso chamaram a atenção dos analistas. Claudiomiro pilotava duas aeronaves, uma em nome do irmão Claudemir, fazendeiro em Alta Floresta (MT); outra de Luiz Augusto de Barros Lima, o Ligu, outro piloto antigo e muito conhecido da PF por envolvimento com o narcotráfico, baseado em Corumbá.

Em meados daquele ano, Edson, o caçula dos três, mudou-se de Presidente Prudente (SP) para Cristalina (GO), em pleno Planalto Central. O esquema criminoso dos irmãos começou então a se delinear: a cocaína era transportada de avião da Bolívia para Alta Floresta e em seguida, um novo voo levava a droga para a região de Cristalina. O último trajeto era terrestre, até o Distrito Federal.

Coube a mim seguir os passos de Edson em Cristalina. Já nos primeiros dias de campana, em agosto de 2007, flagrei viagens constantes dele entre a cidade e o distrito de Marajó, já na divisa com o Distrito Federal. A experiência no ramo me ensinou que, quando o alvo aumenta a frequência dos seus deslocamentos em área rural com geografia plana e próxima de rodovias, é porque provavelmente esteja à procura de pistas de apoio para o pouso de aviões com droga. Dito e feito: naqueles dias, o agente Pondaco, que estava em Corumbá, me disse ter flagrado conversas da quadrilha informando que Ligu levaria uma grande carga de cocaína de avião da Bolívia até Alta Floresta; Claudiomiro faria a segunda "perna", como se diz na polícia, ou seja, faria um segundo voo entre Mato Grosso e Cristalina. Recentemente, eles já haviam descarregado no Planalto Central 200 quilos de pó, o que teria motivado a segunda viagem.

Descobri a pista onde o avião pilotado por Claudiomiro poderia pousar, um local ermo, de terra batida. O problema é que ficava em um grande descampado, o que impossibilitava o flagrante naquele local — qualquer equipe que estivesse próxima à pista seria facilmente vista por ele. Por isso adotei outra estratégia. Distribuí 20 agentes entre as imediações da casa de Edson em Cristalina e um local próximo à pista em Marajó, de onde pudéssemos acompanhar toda a cena sem sermos vistos. Também consegui dois helicópteros: um daria apoio para a apreensão e outro seguiria o avião até Unaí (MG), onde já sabíamos que ele costumava pousar para reabastecimento.

Por volta das 13 horas do dia 30, o Cessna pilotado por Claudiomiro desceu em Marajó. Edson e um ajudante estavam à sua espera, na beira da pista. Vários sacos foram transferidos do avião para o carro de Edson. Em seguida, Edson seguiu para o esconderijo onde deixou a droga, sem ser notado por nenhuma equipe nem pelos helicópteros. Quando parou em um posto de combustível na saída do distrito, já sem a droga, nós o abordamos. Edson não reagiu.

Imediatamente fui acionado pelo telefone pelos agentes da base de Corumbá:

— Alguém do posto está falando com o ajudante que descarregara a droga que vocês estão prendendo o Edson.

De fato, havia um funcionário do posto falando no orelhão. Quando notou a minha aproximação, desligou o telefone.

— Com quem você estava falando? — perguntei.

— Com a minha mãe.

Verifiquei a última chamada feita do telefone, era verdade. Eu e a equipe fomos então para cima do gerente do posto. Era ele o alcagueta. O gerente então revelou o endereço do ajudante em Marajó. Ao lado da residência, havia um pequeno galpão. Dentro, 150 quilos de cocaína pura, armazenada em sacos.

Ao mesmo tempo, o helicóptero seguiu o avião de Claudiomiro do município de Marajó até o aeroporto de Unaí. Assim que pousou, o piloto foi preso.

Claudiomiro foi condenado a 12 anos de prisão; Edson, que confessou o crime, teve a pena atenuada para nove anos de cadeia; e Claudemir, o terceiro dos Metralhas, não chegou a ser processado por falta de provas.

* * *

Dois anos antes do flagrante contra os "irmãos Metralha", a base Gise de São Paulo, especialmente os agentes Druziani e Tinoco, além de mim, havíamos participado diretamente da prisão de outros dois irmãos envolvidos com o tráfico de cocaína. José Mauro e César Rogério Brunório eram donos de uma transportadora em Maringá (PR) e de uma chácara na periferia de São José dos Campos (SP), no Vale do Paraíba. Esses dois locais eram as bases para que os irmãos levassem grandes carregamentos de cocaína do Paraguai até os morros do Rio de Janeiro. Sabíamos dessa propriedade em São José, mas não tínhamos a localização exata. Somente depois de vários dias de campana, no dia 30 de abril de 2005, um sábado, encontramos a caminhonete Silverado de José Mauro e um caminhão com placas de Maringá estacionados em frente à chácara. Desde então, passamos a nos revezar na vigilância da propriedade. No domingo, perto do meio-dia, os dois irmãos saíram com a caminhonete. Sabíamos que não era o momento do bote, porque poderiam estar sem droga no veículo — e de fato estavam. A dupla só retornaria à chácara por volta da meia-noite. Um dos agentes passou pela rua em frente à chácara e constatou vários homens ao redor da caminhonete. Estavam carregando o veículo com a droga, concluímos.

Pontualmente às 4 horas da madrugada, a Silverado saiu da chácara. Eu acompanhava o agente Druziani e os demais agentes no encalço dos criminosos, em dois automóveis descaracterizados. A caminhonete seguia em alta velocidade, mesmo na estrada de terra acidentada de acesso à chácara. Assim que a Silverado entrou na rodovia Presidente Dutra, sentido Rio, surgiu uma Saveiro, com placas de Macaé (RJ), que provavelmente iria à frente da caminhonete para atuar como batedor, avisando o veículo de trás caso houvesse presença ostensiva da polícia na estrada.

Os dois veículos corriam muito — não raro o ponteiro das nossas viaturas ultrapassava 150 km/h. Só reduziam a velocidade quando passavam em frente a postos da Polícia Rodoviária Federal. Decidimos então pedir apoio dos policiais rodoviários da base de Aparecida (SP), que passaram a seguir os dois veículos até conseguir dar a ordem para pararem no acostamento. O motorista da caminhonete, José Mauro, obedeceu, mas a Saveiro, dirigida pelo irmão César, acelerou e tentou fugir. Coube à nossa equipe perseguir o veículo, parado cerca de cinco quilômetros adiante. Enquanto isso, outra equipe, comandada pelo agente Tinoco, abriu a lona na carroceria da caminhonete e encontrou os tabletes com cocaína. Eram 555 quilos da droga. Com a carga apreendida, acionamos por rádio uma terceira equipe de agentes que invadiu a chácara em São José e prendeu mais cinco pessoas, duas delas adolescentes. Todos foram levados à Delegacia da PF em São José dos Campos. Ouvidos pelo delegado João Batista Estanislau, os Brunório admitiram ser os donos da cocaína. Disseram que já haviam entregue outra carga quatro meses antes, sempre em um ponto próximo ao mercado de São Sebastião, na capital fluminense, e que trouxeram a droga em um caminhão da transportadora desde Umuarama (PR). Todos foram condenados por tráfico de drogas e associação para o tráfico.

Capítulo 24

OPERAÇÃO DESERTO

Já disse neste livro que sou um cara de sorte. Foi por acaso que, no início de 2009, descobri um grande esquema de envio de cocaína para a Europa a partir do Brasil, comandado por um advogado descendente de japoneses. Em Brasília, recebi os extratos dos números acionados de um telefone satelital operado por um traficante goiano. No aparelho havia ligações para um croata, Vidomir Jovicic, o Simon. Minha intuição de policial apontava que Simon só poderia ser comprador de cocaína com destino à Europa. Passei a segui-lo diariamente pelas ruas de São Paulo durante duas semanas. Nesse período, o croata comprou, de uma só vez, 15 *chips* para celular. Assim que saía da loja, eu entrava e abordava o vendedor:

— Aqui é Polícia Federal. Precisamos de todos os números que esse senhor que acabou de sair daqui comprou.

Na segunda semana seguindo Simon, identifiquei o local onde ele costumava se reunir com o restante do grupo, inclusive Dr. Chino: o famoso bar Brahma, próximo da esquina das avenidas Ipiranga e São João, centro da capital paulista. A distância, gravei em vídeo as reuniões. Mas faltava a qualificação de todos. Para não chamar a atenção, pedi ajuda para a Polícia Militar, que simulou uma fiscalização de rotina no bar e pediu os documentos dos investigados pelos agentes. Com aquelas informações preliminares elaborei um relatório confidencial que baseou a Operação Deserto — a maior parte das investigações foi conduzida com maestria pelos agentes Simões e Druziani. Estava criada a raiz de mais uma grande investigação contra o narcotráfico.

É provável que, não fosse aquele lance inicial de sorte, o advogado Massao Ribeiro Matuda ainda estivesse atuando no narcotráfico. Filho de pai japonês, Massao é discreto e disciplinado, duas características marcantes dos nipônicos. Esses dois atributos permitiram a ele criar uma vida dupla. A primeira, de domínio público, era o Dr. Massao, advogado bem-sucedido, assessor jurídico da Câmara de Vereadores de Pereira Barreto, interior paulista, que ostentava no currículo clientes de peso, como a empreiteira Andrade Gutierrez. A outra, camuflada nos bastidores do crime, era o Dr. Chino, cérebro de uma das maiores quadrilhas de tráfico de cocaína em atuação no Brasil.

O esquema tinha sofisticação e operava sempre no atacado. A droga era adquirida de cartéis colombianos radicados na região de Santa Cruz de la Sierra, Bolívia, atravessava a fronteira em pequenas aeronaves e era descarregada em pistas clandestinas no meio de canaviais da região de São José do Rio Preto e leste de Mato Grosso do Sul. Depois, seguia por terra até galpões da quadrilha na região de Campinas e em Arujá, cidade próxima da capital, onde era refinada e novamente embalada. A maior parte era camuflada em contêineres com grãos nos portos de Santos (SP), Paranaguá (PR) e Rio Grande (RS) e seguia em navios de carga com destino à África e Europa. Certa vez, em setembro de 2010, 522 quilos de cocaína pura estavam em um caminhão no galpão do porto de Rio Grande, ao lado de um carregamento de farelo de soja. A droga, embalada em tabletes de um quilo cada, seria misturada à carga nos contêineres e transportada de navio até a Espanha. Mas a Polícia Federal conseguiu interceptar a carga a tempo.

Segundo a Polícia Federal, em 2009 e 2010 a quadrilha teve um faturamento bruto estimado em pelo menos R$ 270 milhões, e movimentou cerca de 3,9 toneladas de cocaína, das quais 2,6 foram apreendidas no Brasil. Tudo coordenado pelo Dr. Chino, como era chamado pelos outros integrantes do grupo, o homem magro de aspecto frio que nunca colocava as mãos na droga, mas acompanhava cuidadosamente cada carregamento que atravessava o país. O advogado, logo perceberiam os agentes, era peça-chave de todo o esquema. Ele servia de ponte entre os líderes dos cartéis do tráfico na Bolívia, principalmente os irmãos José Isauro e Jesus Antonio Andrade Pardo, que forneciam a cocaína (eu já havia identificado o primeiro no bar Brahma), e os compradores, com destaque para o croata Simon e o nigeriano Christopher Izebkhale, o Tony, ambos radicados em São Paulo.

Não se sabe como o advogado Massao ingressou no submundo do crime. Mas a suspeita é de que ele tenha tido o primeiro contato com traficantes na Bolívia no início dos anos 2000, por meio de Carlos Alberto Simões Júnior, o Carlinhos, um amigo de infância em Pereira Barreto. Em 2003, Massao advogou para a boliviana Cintya Lijeron Gomez, mulher de Carlinhos, presa em flagrante em novembro daquele ano com 48,8 quilos de cocaína em Americana (SP). O casal trazia cocaína da Bolívia para venda em São Paulo. O advogado também atuaria na defesa de traficantes de Rio Preto, Araras e Presidente Prudente, no interior paulista.

Ainda na metade de 2010, Massao decidiu vender a casa onde morava em Pereira Barreto e mudou-se para Rio Preto, alugando uma casa em condomínio de luxo da cidade. Dr. Chino abriu uma escola de idiomas e cursos profissionalizantes na periferia da cidade.

Após alguns meses de investigação, tive de me dedicar a outras operações Brasil afora. Coube aos colegas do Gise de São Paulo, com destaque para os agentes Simões, Salmásio e Cabral darem sequência aos monitoramentos telefônicos e às campanas. Os diálogos captados em um ano e dez meses de investigação na Operação Deserto revelam que Massao era um homem cauteloso e extremamente organizado. Evitava conversar ao celular com o restante do bando — preferia telefones públicos ou a internet. Quando se valia de celulares, trocava os números com frequência, todos com cadastros frios. Tanta cautela dificultou as investigações. Mas seu envolvimento com o submundo do narcotráfico ficou claro nos seus diálogos de 2009 com a então mulher, também advogada, que não tinha envolvimento no esquema. Em maio daquele ano, ela descobriu um invólucro de cocaína no paletó do advogado. Telefonou irritada para o marido. Massao disse que eram "amostras" e disse que estava "correndo atrás" para pagar suas contas. "Dinheiro é bom, não importa de onde vem", afirmou.

E era sempre muito dinheiro movimentado pelo esquema, que o advogado pegava do croata Vidomir Jovicic, o Simon, ou do nigeriano Tony, em São Paulo, e fazia questão de entregar pessoalmente, de carro, aos irmãos colombianos José Isauro e Jesus Antonio Andrade Pardo em Corumbá (MS), fronteira com a Bolívia. Às vezes, também ia de avião, de Guarulhos a Santa Cruz de la Sierra, onde o colombiano José Isauro morava em uma mansão no bairro Las Palmas, reduto dos mais ricos da cidade, que descobri enquanto cumpria a missão de oficial de ligação na Bolívia. Tudo, segundo a polícia, para evitar a participação de terceiros que poderiam colocar em risco a operação. Acompanhei alguns desses encontros. As quantias entregues poderiam chegar a R$ 1,1 milhão.

O aparente sucesso nos negócios ilícitos não impediram momentos de tensão. Em agosto de 2009, Massao estava em dívida com fornecedor de cocaína na Bolívia e temia ser sequestrado no país vizinho. Mas José Isauro tratou de tranquilizá-lo. "Aqui a gente também manda", disse.

Meticuloso, o advogado seguia passo a passo, por telefone, todo o trajeto da droga via interior paulista, chamado pelo grupo de "caminho da roça", conforme conversa de novembro de 2009 entre Massao e Carlinhos, o amigo de infância do advogado que se tornara homem de confiança do Dr. Chino no esquema. Carlinhos disse que no trajeto ocorreram três apreensões de droga pela polícia. Coube ao amigo de Massao negociar diretamente o transporte de 632 quilos de cocaína até Arujá. Quando a PF invadiu o galpão na cidade, em fevereiro de 2010, Massao não escondeu sua preocupação. "*Tô* com as pernas quebradas", afirmou o advogado para o amigo. Isso porque, disse, havia "concentrado todas as economias" no entorpecente apreendido.

Dr. Chino nunca imaginou que a polícia chegaria ao seu quartel-general, gerenciado por Nelson Francisco de Lima e, por sinal, muito bem guardado. Além da droga, os agentes apreenderam no local dez granadas antitanque fabricadas na Argentina. A droga apreendida tinha selo de qualidade, identificador do cartel produtor na Bolívia. No plástico das embalagens, sobressaía a marca "Totto". O químico que trabalhava no galpão, chamado Alceu, disse que pagou R$ 70 mil para obter dos bolivianos a melhor técnica para batizar a droga destinada aos morros do Rio de Janeiro. Seis meses depois, em agosto de 2010, auxiliei diretamente a polícia boliviana na apreensão de 852 quilos de cocaína com a mesma marca em um laboratório escondido em uma fazenda de San Ignácio de Velasco, departamento de Santa Cruz de la Sierra. Com a droga, os policiais da Bolívia encontraram 20,6 mil litros de produtos químicos, inclusive 1,7 mil de ácido sulfúrico.

Semanas mais tarde, outro depósito do esquema seria descoberto pela polícia, desta vez em Sumaré, região de Campinas. Foram encontrados mais 384 quilos de cocaína tipo exportação. Em Sumaré, o selo de qualidade era outro: um pequeno golfinho em alto-relevo. Em junho daquele ano, a polícia britânica apreenderia 300 quilos de cocaína embalados com símbolo idêntico na ilha de Wight, Inglaterra. A droga estava escondida em boias usadas para a pesca de lagosta.

Já o laboratório do esquema de Massao, onde a pasta base era refinada e, na forma de cloridrato, exportada para África e Europa, seria descoberto pela PF em maio de 2010, também em Arujá. Mais 225 quilos de cocaína foram apreendidos, além de produtos controlados e apetrechos para o refino.

Em maio de 2009, o grupo liderado pelo Dr. Chino quis inovar. Além de ocultar a droga nos grãos, o advogado pretendia instalar uma exportadora de frutas em Mogi-Guaçu (SP) para facilitar o envio de cocaína ao exterior. O advogado chegou a providenciar a documentação necessária para o negócio. Dentro de 30 toneladas de latas de pêssego em calda, com a logomarca "Delícias da Vovó", seria exportada cocaína pura para a Europa, via porto de Santos.

Paralelamente, o grupo montou uma empresa exportadora de farelo de soja em Santa Cruz de la Sierra. A pasta base, assim, chegaria ao Estado de São Paulo escondida entre os grãos e em seguida seria refinada em Arujá e exportada no meio dos pêssegos em calda. O novo negócio só não foi adiante devido à apreensão, no início daquele ano, dos 632 quilos de cocaína em Arujá — no imóvel, havia rótulos da "Delícias da Vovó". A droga que seria exportada em meio ao pêssego acabou apreendida pela polícia boliviana em um galpão na periferia de Santa Cruz de la Sierra, misturada com 24,4 toneladas de farelo de soja — novamente eu auxiliei a Felcn (Fuerza Especial de Lucha Contra el Narcotráfico) no trabalho de investigação e abordagem. Dias antes, Dr. Chino viajou para Santa Cruz, e do aeroporto foi para o hotel em um táxi. Eu acompanhei esse deslocamento com a Felcn e identifiquei o advogado para os policiais bolivianos. Em seguida assistimos à chegada dos irmãos colombianos até o hotel.

A quadrilha tentou driblar uma possível tentativa de monitoramento pela Polícia Federal com o uso de telefones públicos, trocas rotineiras de celular, encontros pessoais em São Paulo e conversas por Skype. Cabia a Massao cuidar de toda a logística de comunicação do grupo. Era ele quem trocava os números de celulares da quadrilha todos os meses, a maioria com cadastros frios. Além disso, conversavam em telefones públicos e combinavam encontros pessoais na capital, em hotéis de luxo, postos de combustível, *shoppings* e no velho bar na esquina da Avenida Ipiranga com Avenida São João. Toda semana Massao viajava 600 quilômetros, de Pereira Barreto, onde morou até junho de 2010, até São Paulo, para se reunir com os demais.

Agentes da PF acompanharam boa parte desses encontros a distância, todos descritos em relatórios com foto dos envolvidos. Em um deles, Massao entrou com uma mochila no banheiro de um *shopping* na companhia de Simon — suspeita-se que o advogado entregou dinheiro para o croata, que acabou preso em outubro de 2010 com 29 quilos de cocaína pronta para embarcar em navio no porto de Paranaguá (PR).

Além dos irmãos Pardo, o esquema se valia de outros dois irmãos no fornecimento de pasta base a partir de Santa Cruz de la Sierra, os empresários bolivianos Ronald e Marvin Escalante Lozano.

No Estado de São Paulo, a dupla mantinha contatos frequentes com Antonio de Souza, o Toninho Paraíba, traficante do interior paulista já detido anteriormente por mim nos tempos da Base Fênix. Toninho, por sua vez, se valia do piloto Aderval Guimarães da Silveira, o Chiquinho; e de Marco Antonio Lourenço Plaza, o Marquinho, para trazer a pasta base da Bolívia até o interior paulista e leste de Mato Grosso do Sul, de onde seguia em caminhões até a Grande São Paulo, provavelmente para o depósito de Arujá, gerenciado por Nelson Francisco de Lima. Em março de 2010, os agentes interceptaram pela primeira vez uma mensagem de Aderval para Nelson. A partir daí, pediram à Justiça o monitoramento dos aparelhos telefônicos do piloto, mas sem muito sucesso. Aderval pouco falava ao telefone. O piloto, um sujeito pacato de fala mansa, era gato escaldado. Já havia cumprido pena por tráfico internacional nos anos 90, a grande mancha na biografia de um profissional dos ares bem-sucedido. Um pouco antes, na década de 1980, fora comandante da Varig na rota entre São Francisco, Califórnia, e Tóquio. Fez pequena fortuna e comprou em território norte-americano dois aviões, um Cessna e um Baron 55. Mas, já no fim da década, deixou a Varig e mudou-se para Goiânia. Foi quando se envolveu com o tráfico aéreo de cocaína com destino aos Estados Unidos. Em 1992, Aderval foi flagrado em Juína (MT) transportando 90 quilos de cocaína pura nas asas do seu Baron rumo à América do Norte.

No fim da década de 90, mudou-se para Santa Fé do Sul, cidadezinha estrategicamente localizada na divisa dos Estados de São Paulo e Mato Grosso do Sul, onde se casou e passou a cuidar de um pequeno bar. Nessa época, eu estava na Base Fênix e cheguei a investigá-lo, mas desisti, porque o piloto só usava um orelhão ao lado do bar para se comunicar. Até monitoramos o telefone público, mas as ligações feitas do aparelho por outras pessoas eram tantas, que o grampo se tornou inviável.

Livre da polícia, Aderval associou-se a Marquinho e ambos montaram quartel-general numa casa alugada pela dupla em condomínio fechado de Rio Preto, onde passaram a se reunir com

Toninho. Outro ponto de encontro do grupo era a conveniência de um posto de combustível na periferia de Rio Preto. Foi lá que Toninho se reuniu com outros integrantes do esquema em 11 de agosto de 2010 para discutir um possível novo piloto para o esquema, uma vez que Aderval se negava a viajar à Bolívia, temendo um possível flagrante. Em 26 de maio, ele escapara de uma *blitz* da PF, ao arremeter voo no aeroporto de Paranaíba (MS) assim que notou a movimentação de policiais federais próximo à pista.

O grupo tinha metas ambiciosas para aquele agosto. Planejava trazer um avião abarrotado com 270 quilos de pasta base de cocaína até um canavial da região de Rio Preto. A pista, no meio da cana-de-açúcar, fora escolhida cuidadosamente por Toninho, responsável pela logística do bando. Em telefonema, ele chegou a temer a presença de cortadores de cana nas proximidades. Mas o empecilho foi logo resolvido, porque no dia 24 de agosto Toninho viajou a São Paulo para negociar pessoalmente com Marvin a vinda do carregamento de cocaína. Dois dias depois, Marvin foi a Rio Preto supervisionar os preparativos do voo até a Bolívia.

Com a insistência, Aderval acabou por aceitar a empreitada, e no dia 28 de agosto ele e Marquinho embarcaram no avião em Penápolis. Seguiram até Campina Verde, no Triângulo Mineiro, onde o piloto havia montado base operacional com assíduos voos até a Bolívia. De lá, rumaram para a região de Santa Cruz de la Sierra, com escala para reabastecimento em Coxim (MS). No dia seguinte, um domingo, retornaram ao Brasil, com nova parada prevista em Coxim. Foi quando a PF abordou o avião. Novamente, sem vestígios de droga. Mas como os agentes asseguravam que, pelas escutas, deveria haver droga na aeronave, mantiveram Aderval e Marquinho detidos e levaram o monomotor para o aeroporto de Campo Grande (MS), onde o avião foi desmontado. Dentro da fuselagem havia 252 quilos de cocaína. Piloto e copiloto foram presos em flagrante. Dias depois, a PF fez *blitz* no QG do grupo em Rio Preto, e se deparou com uma caminhonete Hummer avaliada em R$ 250 mil, trazida da Bolívia por Aderval, provavelmente em pagamento por cocaína. Novo revés para o ex-comandante da Varig. O piloto foi condenado em dois processos criminais na Justiça Federal em Campo Grande a 18 anos de cadeia por tráfico e associação ao tráfico internacional. Pelos mesmos crimes, Toninho recebeu pena de 14 anos de prisão, e Marquinho, 13 anos. Os irmãos Lozano são considerados foragidos.

O sol mal nascia na manhã de 17 de novembro de 2010 quando eu e outros policiais federais cercamos a casa do Dr. Chino — fiz questão de participar da fase ostensiva da Operação Deserto. Ao abrir a porta, Massao não disse uma palavra. Pôs as duas mãos na cabeça, deitou-se no chão. Fim da linha.

A Justiça Federal desmembrou os denunciados na Operação Deserto em vários processos. Todos os réus foram condenados em primeira instância por tráfico internacional de drogas e associação para o tráfico internacional, mas recorreram aos tribunais superiores. Massao conseguiu um *habeas corpus* no STF em abril de 2011 e desde então aguarda em liberdade o trânsito em julgado das ações penais. Carlinhos, o amigo de infância do Dr. Chino, não chegou a ser preso. Fugiu da polícia e se escondeu em uma fazenda de Coxim (MS), onde morreria em abril de 2011, de pneumonia e infecção generalizada.

* * *

Muito tempo antes eu já havia me deparado com outro narcotraficante com vida dupla e alto grau de meticulosidade nas ações criminosas. O advogado José Antonio Daher, o Zezo, era um agropecuarista conceituado em Londrina (PR) que em certo momento, nos anos 1990, decidiu enriquecer com o comércio atacadista de cocaína ao associar-se a colombianos de Cáli radicados em Brasília. A delegacia da PF em Londrina recebeu as primeiras informações sobre o envolvimento de Zezo com o tráfico ainda em 1997. A investigação inicial coube ao agente Pesado e sua equipe no norte paranaense. A primeira dificuldade é que o agropecuarista só se comunicava por fax, aparelho que naquela época era à prova de monitoramento. Quando finalmente conseguimos interceptar as mensagens, nova dificuldade: as mensagens eram todas cifradas. Foi uma tarefa hercúlea até descobrirmos que Zezo pretendia trazer a cocaína da Colômbia até sua fazenda em Ortigueira, no Paraná, em um avião King Air. Seria a primeira de muitas remessas, que iriam, em sua maior parte, para a Espanha oculta em uma carga de frangos congelados.

Quando, no início de março de 1999, o King Air pousou na fazenda, a propriedade estava cercada por agentes, inclusive eu, prontos para dar o bote. O problema é que a cocaína não estava acondicionada em tabletes, como é comum, mas em bolotas, o que impedia a droga de ser inserida no esconderijo construído na caminhonete da quadrilha — o "mocó" era aberto por meio de uma alavanca hidráulica na cabine do veículo. Nervoso, Zezo decidiu então abandonar todo o cuidado que vinha tendo nos últimos dois anos: espalhou as embalagens com cocaína pela carroceria da caminhonete e colocou grandes peças de carne bovina por cima para levar a carga até Londrina. O agropecuarista, dono de um frigorífico na região, parecia confiar no seu esquema — ele costumava doar muita carne para os policiais rodoviários da base em Mauá da Serra, no caminho entre a fazenda e Londrina, demonstrando irregular generosidade.

O plano inicial da quadrilha era levar o King Air até o aeroporto de Londrina, onde ficava baseado — uma equipe da PF já estava no local aguardando o pouso. Mas a aeronave apresentou problemas na decolagem e ficou na fazenda. Então eu fiquei mais alguns minutos de campana até o piloto deixar a fazenda rumo a um hotel em Londrina. Um pouco antes, outra equipe seguiu a caminhonete de Zezo carregada com a droga pela rodovia. Pensávamos que Zezo seguiria para o seu frigorífico, base do esquema. Para nossa surpresa, ele levou o veículo para a casa dele, uma mansão no Jardim Bela Suíça, às margens do lago Igapó. Como já era noite, optamos por dar o flagrante na manhã do dia seguinte. Decidimos convocar três reforços às pressas: os agentes João Rogério, Luciane e Lucena, para juntar forças à equipe de policiais de Londrina. Às 6 horas o imóvel estava todo cercado. Quando a mulher de Zezo abriu o portão da garagem para levar os filhos à escola, invadimos a propriedade. Naquele instante o agropecuarista estava com o controle do portão apontado para a nossa direção. O João Rogério pensou que fosse uma arma e quase atirou. Olhamos dentro da caminhonete, vasculhamos a casa, e nada.

— Que merda, de algum jeito a coca saiu daqui! — lamentava Pesado.

Até que chegamos ao quarto de Zezo, uma luxuosa suíte. Quando abrimos o guarda-roupa, a surpresa: as embalagens de cocaína, 300 quilos no total. Imediatamente mandamos mensagem por rádio para outra equipe que invadiu o hotel onde estava o piloto, e um apartamento alugado por outros quatro integrantes da quadrilha, todos colombianos. Com o piloto apreendemos um quilo de cocaína, provavelmente o pagamento pelo voo; com os colombianos US$ 50 mil, escondidos no fundo falso de uma estante da sala. Zezo deu azar: depois de dois anos de planejamento, na sua primeira aventura no narcotráfico, acabou preso e condenado pela Justiça.

Capítulo 25

PCC

Criado em 1993 no interior da Casa de Custódia de Taubaté, o Primeiro Comando da Capital é a maior facção criminosa brasileira e faz do narcotráfico seu principal negócio. O PCC domina 90% dos presídios paulistas e está presente em 22 dos 27 estados brasileiros. São mais de 10 mil filiados no país, 7,8 mil só no Estado de São Paulo, dos quais 6 mil estão detidos e outros 1,8 mil em liberdade. Todo esse contingente manipula uma grandiosa máquina de ganhar dinheiro, principalmente com o narcotráfico, não à toa chamado de "progresso" pelos "irmãos", já que garante o crescimento da facção. O Gaeco estima que o PCC fature cerca de R$ 8 milhões por mês com o comércio de drogas e outros R$ 2 milhões com suas rifas e contribuições obrigatórias. Um faturamento anual de R$ 120 milhões.

Por tudo isso, era natural que eu me deparasse dezenas de vezes com integrantes do grupo no meu trabalho de combate ao comércio atacadista de drogas. Em 2007, por exemplo, a equipe do agente Cabelo acompanhava todos os passos de Gualter Luiz de Andrade, o Capitão do Mato, ligado a Almir Rodrigues Ferreira, o Nenê do Simioni, na época uma das maiores lideranças do PCC no Estado. Era a Operação Argus. Acompanhamos a viagem de Gualter até o Paraguai para negociar com Antonio Carlos Caballero, o Capilo, mais uma remessa de cocaína para a facção. Capilo era uma espécie de "embaixador" do PCC no país vizinho. Sabíamos que a droga chegaria de avião até um canavial nas imediações de Barrinha. Como eu conhecia bem a região desde os tempos do Major Carvalho e de Romilton Hosi, fui chamado para auxiliar a equipe de Ribeirão Preto nas diligências de rua.

Conhecia pelo menos três pistas em Barrinha — uma delas havia sido utilizada por Romilton no início dos anos 90. Fui três dias até a área, mas não vi nenhuma movimentação de pisteiros — é comum eles irem checar a pista dias antes do pouso, para verificar se há boias-frias nas imediações ou erosão no solo que impeça o avião de pousar. No dia do pouso, 20 de setembro, deslocamos quatro equipes até as imediações. Gualter começou a circular na área desde as 6 horas da manhã. Por volta de meio-dia, o avião desceu na pista conhecida (a do Romilton) e minutos depois decolou novamente. Não havia planos de interditar a aeronave, porque já sabíamos que, após descarregar a droga, ela pousaria em um aeroporto da região onde ficava baseada.

Na saída dos dois veículos dos traficantes com a droga, a vigilância foi prejudicada pelo fato de o entorpecente não ter sido colocado no veículo Gol branco conduzido por Gualter, mas em um Escort dirigido por Moisés Stein, o 171. Coube às equipes que estavam nas rodovias de acesso ao canavial seguir o carro de Moisés, onde pensávamos que estivesse a droga. Depois de alguns minutos de perseguição, o delegado Fernando Battaus perdeu o automóvel de vista e acionou a Polícia Rodoviária para abordar o veículo. Moisés só foi capturado horas depois em São Sebastião do Paraíso, Minas Gerais. No entanto, não havia droga no Escort. Concluímos que eles esconderam a droga no canavial próximo à pista antes da fuga, como é comum acontecer.

Faltava achar a droga naquele mar de cana-de-açúcar. A tarefa coube a mim e aos agentes Cabelo, Didi, Luciane e Carol. Fizemos um croqui da região por onde Gualter havia transitado naquele dia e solicitamos o apoio do helicóptero da PF para fazer uma varredura na área. A aeronave se aproximava da cana e deitava a planta para facilitar a visualização do solo. Mas sem sucesso.

Decidimos continuar as buscas a pé, na parte mais fechada da cana, buscando marcas de pneus de carro e outros sinais dos traficantes.

— Não se entreguem, companheiros! — eu disse.

Valeu a persistência. Em certo momento, Cabelo percebeu um talo de cana alto quebrado no meio. Imediatamente suspeitamos que o esconderijo estivesse por lá. E estava. Embalados em sacos de estopa, 431 quilos de cocaína (a maior apreensão da droga feita pela PF naquele ano de 2007) e armamento pesado: uma metralhadora ponto 30, 11 granadas, três fuzis calibre 762, um lançador de granadas, torpedos, um lançador de torpedos e 2,5 quilos de explosivos C4, mais potentes do que o TNT. Era o início de uma nova estratégia do PCC em trazer dos países vizinhos, em uma mesma viagem de avião, não somente droga, mas armas de grosso calibre. O avião, que Nenê havia adquirido meses antes de um empresário de Brodowski (SP), foi apreendido tempos depois. Gualter e Nenê acabaram presos e condenados por tráfico internacional de drogas e associação para o tráfico internacional.

Como Carlos Antonio Caballero, o Capilo, tinha mandado de prisão preventiva na Justiça Federal em Ribeirão Preto decorrente da Operação Argus, quando ele foi preso no Paraguai em dezembro de 2009, o governo brasileiro pediu sua extradição, para que respondesse ao processo em Ribeirão por tráfico e associação para o tráfico. Um ano depois, a Suprema Corte paraguaia determinou sua extradição, mas somente após cumprir pena na sua terra natal por lavagem de dinheiro, violação à lei de armas e associação criminal na Agrupación Especializada de la Policía, presídio classificado como de segurança máxima de Assunção. Ele só seria extraditado para o Brasil em janeiro de 2017.

* * *

A região de Ribeirão Preto sempre foi muito utilizada pelo PCC como entreposto da cocaína vinda da Bolívia e Paraguai em direção a São Paulo. Em fevereiro de 2009, a base de inteligência da PF em Ribeirão soube que a facção estava prestes a enviar um grande carregamento de cocaína de Franca para a capital paulista. Sabíamos a identidade de dois integrantes da quadrilha: Nelson de Oliveira e Wilson Henrique da Silva, e que o transporte da droga seria feito por uma caminhonete, mas não tínhamos as placas do veículo. Na madrugada do dia 18, montamos um posto de vigilância ao longo da rodovia Anhanguera, que liga a região de Ribeirão a São Paulo. Por volta das 3 horas, em São Simão, eu e os agentes Júnior, Cabelo e Claudião suspeitamos de uma S-10 que vinha em baixa velocidade, balançando e com o amortecedor traseiro muito baixo, consequência do excesso de peso. Na caçamba, uma carga de milho verde. Bastou tirar algumas espigas para encontrar algumas armas. Levamos o veículo e dois ocupantes até a delegacia da PF em Ribeirão para uma revista mais segura. O dia já clareara quando retiramos debaixo do milho dois fuzis, quatro submetralhadoras e 423 quilos de pasta base de cocaína. Os dois foram presos em flagrante e posteriormente julgados e condenados às penas de 19 e 14 anos, respectivamente.

* * *

Em junho de 2010, a base de inteligência da PF em Ribeirão Preto descobriu que centenas de quilos de cocaína e maconha, além de armamento pesado, eram transportados em aviões alugados do país vizinho até pistas clandestinas entre os municípios de Passos e Capitólio, sul de Minas. De lá, a droga era levada em carros e caminhonetes até Ribeirão, de onde era distribuída pelo PCC para o interior paulista e o Rio de Janeiro. O esquema era capitaneado por José de Paula Cintra Júnior, dono de uma oficina mecânica em Ribeirão. Ele não tinha passagens pela polícia, o que servia para tirá-lo do foco de eventual investigação policial. Mas ela veio naquele junho de 2010. A operação de combate ao esquema ocorreu em duas fases. Na primeira, em 16 de junho, armamos campana para flagrar os traficantes ainda em Passos, logo após o recebimento da droga via aérea. Os irmãos Tiago e Ricardo Bucalon seguiam pela rodovia MG-050, em direção a Ribeirão, um dentro de um carro Fiat Doblò carregado de droga e outro em uma caminhonete S-10. À frente deles, Cintra Júnior dirigia outra caminhonete, atuando como batedor — cabia a ele avisar a dupla, por rádio, de eventual presença da polícia na pista. Posteriormente, a polícia constatou 374 chamadas no rádio de Cintra para Ricardo e outras 271 para Tiago. Os Bucalon eram traficantes menores do sul de Minas. Quatro anos antes, haviam sido flagrados com pequenas porções de haxixe. Logo depois, teriam sido cooptados por Cintra Júnior para operar a nova rota.

Os agentes Cabelo e Feinho seguiam a Doblò e a caminhonete desde Capitólio em um helicóptero, enquanto eu e Felipe Carioca em um carro e Pancini em outro, fomos ao encontro dos traficantes. Em uma rotatória, ainda em Minas, a Doblò e a S-10 retornaram e estacionaram em um posto de combustível. Nesse momento vi o saco com a droga no banco de trás da Doblò. Fechei a Doblò, e o agente Felipe Carioca, que estava comigo na viatura, desceu com um fuzil e abordou o motorista. O outro irmão percebeu a ação e tentou fugir com a caminhonete, mas avancei e bati na traseira do veículo, causando perda total da caminhonete S10. O motorista, um tanto atordoado, não teve tempo de reagir, uma vez que estava com uma pistola carregada no painel do carro. Na Doblò, havia 500 quilos de maconha e 45 de cocaína. Os irmãos acabaram presos em flagrante. Cintra Júnior escapou, embora agentes da PF tenham visto sua caminhonete passando na região. É provável que tenha visto a abordagem e fugido.

Além das escutas na base, passamos a seguir os passos de Cintra Júnior e aos poucos descobrimos outros dois integrantes da quadrilha: Ricardo Mattos Rossini e Luís Gustavo Galvão Fernandes. Era na chácara de Rossini no Portal dos Ipês, periferia de Ribeirão, que o grupo armazenava a droga para posterior distribuição. Mas, com o flagrante em Passos, os traficantes decidiram esconder a caminhonete de Cintra, "queimada" na *blitz*, e transferir a droga para uma casa no residencial Cândido Portinari, também em Ribeirão Preto, que pertencia a Alex de Carvalho Francisco.

No dia 23 de junho, o grupo recebeu um possível comprador vindo de Londrina (PR). O tal comprador foi recepcionado, já na rodoviária, por Cintra e Luís Gustavo. Tomaram café em uma padaria e seguiram para a chácara no Portal dos Ipês. Ficaram lá até o meio-dia. Foram ao encontro de Alex e seguiram para uma churrascaria, tudo gravado em vídeo por mim, Cabelo e Fogaça.

Decidimos colocar um rastreador no carro de Alex para localizar sua casa, onde acreditávamos que a cocaína estava escondida. Identificado o endereço aproximado, passamos a fazer campana na região 24 horas com o intuito de identificar o imóvel. Até que, em 30 de junho, sete dias após a visita do traficante do Paraná, chegaram à casa Alex, James e uma mulher. Como eu e o agente Junior estávamos circulando no condomínio, o trio ficou desconfiado. Decidi sair do local para trocar de carro e deixei o Junior na rua, escondido. Francisco Flávio Carneiro Junior é um dos agentes mais completos que conheci e tive a honra de trabalho: focado, resiliente, companheiro absoluto ao longo de décadas.

Quando retornei com o Cabelo e um novo automóvel, vi um dos integrantes da quadrilha a três quadras do endereço, vasculhando a área. Decidimos abordá-lo. Como ele levava um molho de chaves com um controle remoto de portão, nossa missão ficou mais simples: colocamos o rapaz na viatura e fomos devagar na rua apertando o controle até um portão se abrir. Era a casa que procurávamos.

No imóvel, mais um foi detido. Não tivemos dificuldade para localizar os tabletes de cocaína, guardados nos armários da cozinha, em um maleiro da sala e até em um quarto de criança, um total de 455 quilos da droga. Também nos depararamos com três fuzis semiautomáticos no forro do sofá, dois deles de origem norte-americana, e um terceiro com características semelhantes a *kits* vendidos nos Estados Unidos para a montagem de um AR-15.

Não havia mais como esperar, era necessário deflagrar a operação e prender o resto do grupo.

Cintra Júnior e Luís Gustavo foram detidos em Jardinópolis (SP), cidade vizinha a Ribeirão. No celular de Cintra havia pelo menos três ligações para o Paraguai, possivelmente o telefone do fornecedor da droga e do armamento pesado. Denunciados à Justiça Federal, os cinco presos foram condenados pelo TRF. O avião usado no esquema acabou apreendido em março de 2011 na cidade de Lucélia (SP), região de Marília, carregado com maconha e cocaína.

* * *

Ainda em 2010, durante as investigações da Operação Semilla, soubemos que um avião desceria carregado de cocaína no dia 18 de setembro, um sábado, em um canavial da região. Mais uma carga de cocaína do PCC. Por isso montamos vários pontos de observação na região. Eram 7h30 quando um Cessna pousou em Guaíra. Não conseguimos flagrar o descarregamento da droga, mas um caminhão nas proximidades. O avião vinha da Bolívia, conduzido pelo piloto Adolfo Amaro Filho. Após deixar a droga em Guaíra, Adolfo rumou para o aeroporto de Penápolis (SP), onde o abordamos. Dentro do avião, R$ 84 mil e resquícios de cocaína. O piloto foi preso e a aeronave, apreendida. Ao mesmo tempo, abordamos o caminhão e uma caminhonete. No primeiro, havia um fundo falso, mas estava vazio; na segunda, encontramos aparelhos de rádio.

Pelas interceptações, sabíamos que a droga tinha sido descarregada — provavelmente desconfiaram da nossa presença na região e decidiram não embarcar a cocaína no caminhão, escondendo os sacos no meio da cana-de-açúcar. Como era muito difícil encontrar o entorpecente, e sabíamos que a quadrilha voltaria para resgatar a droga, fizemos campanha ininterrupta com vários agentes na região. Quatro dias depois, na quarta-feira, uma caminhonete e quatro carros circularam pela região, mas sem entrar no canavial. Como rumaram em direção a São Paulo, pedimos a uma equipe de agentes da capital que acompanhasse aqueles veículos. No sábado seguinte, os policiais filmaram a caminhonete e dois dos veículos em um posto de combustível na rodovia dos Bandeirantes, a caminho de Ribeirão Preto. Às nove e meia da noite, juntamente com os agentes Feinho e Felipe, assistimos à passagem do grupo pelo pedágio da rodovia Anhanguera em Sales Oliveira. Só poderiam estar indo para o resgate da droga. Como seria impossível acompanhá-los até o canavial, decidimos aguardá-los no pedágio, para flagrá-los na volta. Assim foi feito. Na caçamba da caminhonete havia vários fardos com inscrições em espanhol. Dentro, tabletes e mais tabletes de cocaína, um total de 360 quilos. Nos automóveis, aparelhos de rádio, prova de que serviam de batedores da caminhonete. Três foram presos. O flagrante integrou a Operação Semilla, deflagrada no segundo semestre de 2011, em que 40 foram presos e apreendida 4,3 toneladas de cocaína.

* * *

Até aquelas bolinhas coloridas utilizadas em piscinas infantis serviram de camuflagem para o PCC esconder cargas de cocaína na região de Ribeirão. Em agosto de 2011, um dos alvos da base da PF na cidade, Luiz Renato da Silva Lemos, o Salim, encontrou-se com Fábio Fernandes da Silva, o Bim, ambos do PCC. Pelas interceptações, descobrimos que Salim, Bim e o cunhado desse último, Daniel Eduardo Siqueira, traziam grandes carregamentos de droga por avião até a região de Batatais, de onde seguia por rodovia até São Paulo. No dia 30 de setembro, Daniel dirigiu sua caminhonete F-250 até uma concessionária em Ribeirão, onde entregou o veículo para Alexandre Brandão. Passamos a seguir a F-250. Alexandre levou a caminhonete até sua casa no Jardim Cândido Portinari e, no dia seguinte, foi até Batatais, onde se encontrou com Claudinei Gonçalves Negretti em um posto de combustível na saída de Altinópolis. Claudinei dirigia uma Kombi. À tarde, foram para uma área rural do município. Eu e os agentes Cabelo, Felipe, Andrezão, Fogaça e Jorginho ficamos na saída de Altinópolis esperando o retorno de Alexandre e Claudinei. Minutos depois visualizamos a dupla novamente. A F-250 rumou para Ribeirão, enquanto a Kombi seguiu na direção oposta, para Altinópolis. Decidimos então abordá-los. Na caminhonete havia 6,5 quilos de cocaína; já na Kombi, 385 quilos da droga, ocultos entre as bolinhas coloridas. O entorpecente iria para o bairro da Penha, Zona Leste de São Paulo. Também foram presos em flagrante Bim e sua irmã Lucimara Fernandes dos Reis.

Capítulo 26

ADEUS, COMPANHEIROS!

O dia 4 de outubro de 2010 é o dia de São Francisco de Assis, o santo dos pobres, que expressava seu amor aos animais e a qualquer manifestação de vida. Data bastante significativa e celebrada por todos nós, cristãos.

Um dia de festas especiais para nossa família também, que comemorava o aniversário da Flávia, minha esposa. Os preparativos para esse dia especial começaram no fim de semana, pois haveria uma surpresa mantida fechada a sete chaves. Como era uma segunda-feira, ela não iria suspeitar.

O segredo consistia em levar a Flávia, após seu expediente de trabalho, para um restaurante, onde seria homenageada por parentes e amigos. Quando, por volta de 19 horas, recebi um telefonema do meu amigo agente Watanabe, informando que meu compadre, o agente Matsunaga, acabara de ser morto em Curitiba. Foi enfático ao afirmar que um tiro atingiu seu coração. Ao ouvir aquilo, fiquei paralisado por alguns instantes, como se estivesse sufocado. Imediatamente pedi para o meu filho Caio, que havia chegado de Campo Grande para o aniversário, que comprasse a primeira passagem que conseguisse para Curitiba. Percebendo a gravidade da situação, ele não contestou.

Um pouco mais tarde, recebi comunicado do meu chefe, Dr. Oslain, que estava formalizando sua viagem a Curitiba juntamente com outros policiais, e que eu estava incluído.

Edson Martins Matsunaga iniciou sua carreira no Mato Grosso do Sul, um dos estados da federação em que se conhece mais rapidamente o antagonismo moral entre a polícia e o bandido. Melhor dizendo, este favorecimento derivava das urgências de demandas apresentadas de natureza policial, na região de fronteira com o Paraguai e a Bolívia.

O batismo do policial novato era a rua — como já havia escolhido sua profissão e cursado academia de polícia, era a hora de exercer a profissão. Nós, os policiais mais antigos, observávamos o desempenho e as provações a que os novatos eram submetidos.

Matsunaga se destacou pelo gosto de fazer o que queria, com moderação e tranquilidade, que era seu caráter e sua dignidade.

Tempo depois, começamos a trabalhar juntos em nossas bases de inteligência, onde Matsunaga se revelou um notável analista, preciso e calculista, que veio somar e complementar nossas atividades de investigação.

Chegando à Superintendência da Polícia Federal de Curitiba, onde seu corpo estava sendo velado, me aproximei e prestei minha homenagem. Prontamente saudei meus colegas, à medida que fui me inteirando dos fatos. Às 19 horas daquela segunda-feira, três rapazes, dois deles armados com pistolas, renderam os funcionários e clientes de uma lotérica na Rua Doutor Muricy, centro de Curitiba — por ser início de mês, o estabelecimento estava lotado –, obrigaram todos a se deitar no chão e fecharam a porta. Outros três ficaram do lado de fora. A lotérica ficava ao lado de um prédio da Polícia Federal. A vigilante do imóvel percebeu o assalto e avisou os policiais que estavam prestando serviço no local — os agentes Matsunaga, Samuel, Roberto e Cláudio —, avisando também que o agente Leandro estava dentro da lotérica. Imediatamente os quatro desceram até a calçada e se posicionaram de maneira a conter os assaltantes: Roberto e Matsunaga foram para o lado esquerdo do imóvel, enquanto Samuel e Cláudio ficaram do outro lado da rua. Nesse instante, os criminosos abriram a porta da lotérica e saíram bruscamente, exibindo as armas — os três bandidos estavam com coletes à prova de balas. Quando Matsunaga tentou impedir a passagem de um deles, levou um tiro à queima-roupa no coração. Samuel atirou duas vezes em um deles, que estava com o colete, sem feri-lo, e em seguida levou o colega ferido de táxi para o hospital, mas Matsunaga não resistiu e faleceu no meio do caminho.

Enquanto isso, o agente Cláudio deteve um dos assaltantes, Douglas Cândido, que portava uma pistola Taurus calibre 380. Ele já havia sido condenado pela Justiça a dois anos e três meses de prisão em regime semiaberto pelo crime de porte ilegal de arma. Os demais fugiram, mas não por muito tempo. A Superintendência montou uma força-tarefa para prender os assassinos, coordenada pelo delegado Wagner Mesquita de Oliveira e tendo o agente Jaime, da Delepat, como analista. Já no dia seguinte, a equipe levantou a placa do carro utilizado na fuga dos assaltantes. O veículo estava registrado no endereço da casa do pai de Larissa Tessaro Menarin, que foi presa. Ela era namorada de Pedro Henrique Procópio, o Carioca, do PCC, que depois saberíamos ser o líder do grupo. Coube a ela levar o grupo até as proximidades da lotérica com o carro do pai dela.

A força-tarefa pediu à Justiça Federal a interceptação de telefones utilizados pelo grupo, o que foi autorizado pelo juiz Sérgio Moro. Pelas escutas, identificamos parte da quadrilha: além de Carioca, Marcelo Roberto Silveira, o Nervosão, ligado ao PCC, e Maicon Ladislau de Rossi, o Tiago. Fomos à casa de Nervosão no início da manhã do dia 9, cinco dias após o crime. Depois de uma longa vigilância, o criminoso chegou em um carro e parou em frente ao imóvel às 17 horas. Minutos depois, saiu de casa com uma mulher, uma criança e um rapaz, todos carregando malas e mochilas. Deixamos o grupo seguir até a rodovia BR-116 e fizemos a abordagem. Nervosão ainda tentou fugir correndo, mas foi capturado pelos agentes Bueno e Jabá. Como estava com documento falso, demos voz de prisão. Ele decidiu então abrir o jogo. Disse que era foragido da Colônia Penal Agrícola, confessou que havia participado do assalto à lotérica e que Carioca foi quem havia atirado em Matsunaga com uma pistola calibre 9 milímetros prateada. E que levava mantimentos e bebida para uma chácara na zona rural de Fazenda Rio Grande, município na região metropolitana de Curitiba, onde Carioca e os demais assaltantes estavam escondidos.

Com essas informações, notifiquei o delegado Mesquita, que mobilizou 25 policiais para a invasão da chácara ainda naquela noite. O grupo foi dividido em duas equipes: uma cuidaria das viaturas estacionadas nas redondezas e a outra, subdividida em outras duas, lideradas por mim e pelo agente Roberto, seguiu a pé até a propriedade, com Nervosão a tiracolo. Na chácara a festa já havia começado, com luzes coloridas e som alto. Foi o assaltante preso quem nos confirmou a presença de Carioca na chácara. A equipe do Roberto cercou a entrada principal do imóvel e a minha foi por uma lateral onde o alambrado estava rompido. Eu e o Bueno fomos até a beira da piscina, em frente ao salão de festas. Nesse momento, Carioca apagou as luzes da chácara (ficaram acesas somente as lâmpadas coloridas girando) e atirou. Nós revidamos. Foram muitos disparos. Um dos tiros matou um dos assaltantes, Gilmar Ferreira. Carioca também foi atingido por cinco tiros, mas mesmo assim conseguiu pular uma cerca nos fundos da chácara e fugiu por uma mata fechada — ele seria capturado horas depois pela Polícia Militar, que o levou gravemente ferido até o hospital.

Quando a situação parecia sob controle, saímos à procura de outros criminosos no imóvel. Nisso ouvimos um barulho vindo do forro da casa. Era Tiago. Ordenamos que ele descesse, mas em vez disso ele atirou contra os policiais. Na troca de tiros, ele levou a pior. Caiu baleado em cima de um vaso sanitário.

Dias mais tarde, foi presa Francielly Alcântara, funcionária da lotérica que repassou informações a respeito do fluxo de caixa do local e do melhor horário para o assalto. Na missa de sétimo dia da morte do companheiro Matsunaga, o crime já estava solucionado. Emocionado, fui um dos oradores da cerimônia. Descanse em paz, amigo!

* * *

Ao longo da minha carreira policial, enfrentei outras situações de luto envolvendo colegas na PF. Além do Fernando, de Campo Grande, caso narrado no capítulo 8, e do Matsunaga, outros dois casos me marcaram profundamente. Em 23 de junho de 1998, o agente Marcos Antonio Soares de Assunção, o Rambo, foi assassinado com cinco tiros em Dourados por um informante. Na época, Rambo investigava esquemas de narcotráfico e contrabando na região da fronteira com o Paraguai, o que despertava a ira de várias quadrilhas e pode ter sido a causa do crime. O fato é que, dias mais tarde, o informante foi localizado e morto em confronto com a PF; e um advogado de Dourados, que também se dizia ser informante do agente, foi preso acusado de ser o mandante do assassinato.

Catorze anos depois, perdi outro colega de trabalho assassinado. O agente Wilton Tapajós Macedo visitava o túmulo da mãe no cemitério Campo da Esperança, na asa sul de Brasília, na tarde do dia 17 de julho de 2012, quando foi morto com dois tiros na cabeça. Imediatamente o delegado Moreti mobilizou uma equipe de agentes para trabalhar exclusivamente na investigação do crime. A linha de investigação inicial relacionava o crime à resistência de Tapajós em vender um imóvel deixado de herança pelo sogro, como queriam os cunhados dele. Não se descartava também possível relação do crime com as investigações do agente na Operação Monte Carlo, que investigou um esquema criminoso comandado pelo contraventor Carlinhos Cachoeira. Fomos buscar imagens de câmeras da entrada do cemitério e ouvir os coveiros e funcionários do local. Um deles nos disse que instantes antes do crime vira dois automóveis trafegando no meio do cemitério, um Gol (de Tapajós) e um Ford Fiesta. Também afirmou que, algumas semanas antes do crime, uma mulher havia sido assaltada dentro do cemitério por um grupo de rapazes, em uma ação parecida com a que resultou na morte de Tapajós — na ocasião, levaram o automóvel dela. Aquela era uma pista importante que mudou o rumo da investigação. Pelas câmeras de vigilância do cemitério, conseguimos as placas dos dois carros. A partir delas, conseguimos os endereços. Com algum tempo de campana, os agentes Feinho e Nicodemos chegaram à casa de um dos suspeitos, Júlio de Souza Santos, e conseguiram fotografá-lo. Levamos as imagens para o coveiro, que de pronto o reconheceu como o motorista do Ford Fiesta. Com autorização da Justiça, cumprimos mandado de busca na casa dele e na de outro suspeito, Danillo Roberto Justino Martins, que fora vizinho de Júlio e era foragido da Justiça — na casa dele encontramos óculos de sol roubados da mulher no mesmo cemitério uma semana antes da morte de Tapajós. Ouvidos, ambos confessaram o crime e disseram que a arma utilizada para matar Tapajós, um revólver calibre 38, estava com um amigo de Danillo, conhecido pelo apelido de Pé. Não o encontramos na casa dele, em Valparaíso (GO), mas, minutos mais tarde, ele e seu advogado surgiram na Superintendência da PF em Brasília com a arma.

Todos confessaram participação no crime e disseram que os disparos haviam sido feitos por um quarto integrante da quadrilha: Bruno de Moura Tavares, conhecido como Paulista. Ele foi preso em casa, também na cidade goiana. Admitiu ainda participação no crime e disse que vendeu o carro de Tapajós, o Gol, para um conhecido na cidade-satélite de Gama (DF). Dias depois, o veículo foi encontrado no interior da Bahia.

Paulista, Danillo e Júlio encontraram o agente ajoelhado em frente ao túmulo da mãe. Armado, Paulista o abordou.

— Cadê a chave do carro? — perguntou.

— *Tá* no contato — respondeu Tapajós.

Por precaução, Paulista achou melhor revistá-lo. Encontrou a chave em um dos bolsos da calça da vítima, mas não só. Ao notar a pistola escondida no corpo do agente, Paulista não titubeou. Deu dois tiros na cabeça de Tapajós. Os três fugiram levando o carro do agente.

Na Superintendência, a mulher vítima dos assaltantes reconheceu o grupo. Caso esclarecido. Todos seriam condenados por latrocínio, que é o roubo seguido de morte, pela 6ª Vara Criminal de Brasília.

Capítulo 27

MISSÕES INTERNACIONAIS

Ao longo de minha carreira de policial, especialmente quando trabalhei por 16 anos em Mato Grosso do Sul, participei de várias missões em conjunto com policiais do Paraguai e Bolívia, algumas delas marcantes, como as operações Aliança e Nova Aliança, feitas em parceria entre a Polícia Federal brasileira e a Secretaria Nacional Antidrogas (Senad), no Paraguai, e voltadas principalmente à erradicação de plantações de maconha no país vizinho. Essas operações, custeadas parcialmente pela PF, começaram na década de 90 e se estendem até os dias de hoje. Nesse período, milhares de hectares de maconha foram destruídos, colaborando para a redução do tráfico nos dois países.

Por duas oportunidades fui Oficial de Ligação da PF em Assunção. Na segunda vez, em maio de 2013, participei da Operação Aliança em Alto Paraná e Caaguazú, da Senad, com apoio da PF e da DEA norte-americana. A investigação coube à base de inteligência da Senad na capital paraguaia. Eu auxiliava na tradução, para o espanhol, dos diálogos de alvos brasileiros. Quando o local de plantio e depósito de maconha era identificado, passávamos ao planejamento da fase ostensiva. Naquele mês de junho, a Senad mapeou não só as áreas de cultivo como o local onde a maconha era processada e embalada para envio aos países vizinhos, como Brasil, Argentina, Uruguai e Chile.

Na manhã do dia 22 de maio, os policiais da Senad desembarcaram na região. Foram dez dias para erradicar 79 hectares de plantio, o equivalente a uma colheita de 237 toneladas. Também foi identificada a base dos traficantes onde a droga era manipulada. Lá, foram apreendidas 142 toneladas processadas, além de 6 toneladas já prensadas — no complexo havia 18 acampamentos e 27 prensas. Foi uma das maiores apreensões da droga na história do Paraguai, um carregamento avaliado em US$ 6,6 milhões no país vizinho. Apesar da grande quantidade de entorpecente, somente três foram presos em flagrante.

Antes disso, atuei como Oficial de Ligação da PF em Santa Cruz de la Sierra. Eu era o segundo a ocupar a função na Bolívia. Minha missão era avaliar a viabilidade do posto para os trabalhos da PF no Brasil. Aproveitei a minha permanência no país vizinho para auxiliar na investigação da Operação Deserto, pelo fato de os fornecedores de cocaína colombianos estarem radicados em Santa Cruz. Nesse meio-tempo, atuei diretamente na Operação Tierras Calientes (referência ao calor insuportável do pantanal boliviano), com o agente Dantas, já próximo do Natal de 2009. Havia tantos policiais na operação, que eu sobrava. "Por que fui me meter na selva boliviana?", eu me perguntava. Foi lá que conheci a ameba, um parasita intestinal que entra no organismo devido à falta de higiene com os alimentos e causa diarreia e vômito. Mesmo doente, comi carne de tatu e de cobra por dias. Também mascava folhas de coca, que, segundo os bolivianos, contribuía para uma boa digestão. Tinha certeza de que iria morrer, toda hora queria ir a um banheiro que nunca existia.

Foram três dias de viagem de Santa Cruz a San Matías, em estrada de terra. Chegamos na madrugada ao aeroporto da cidade, onde pousou um avião Hércules com cerca de 60 policiais bolivianos, conforme havia sido combinado. Distribuímos os mandados de prisão e de busca e cada equipe foi para um lado. Um dos alvos principais era o prefeito Huber Velardi Rivero, que seria entregue a nós e levado para Cáceres (MT), onde respondia a uma ação penal por tráfico de drogas. Caberia a mim prendê-lo.

A operação foi um fracasso total. Não prendemos ninguém. Provavelmente nossa chegada a San Matías vazara para os criminosos. Cansado, doente, convidei 15 policiais bolivianos para irmos até uma churrascaria em Cáceres. Paguei tudo do meu bolso.

Naqueles meses sofridos, fui aprendendo na escola da vida lições úteis impostas pelo destino. Naquele périplo entre Santa Cruz e San Matías, perdi meu cartão de crédito do Banco do Brasil. Esse acaso provavelmente salvou a minha vida. Sem um tostão no bolso, solicitei assistência do Banco do Brasil. Quem me atendeu no telefone foi uma moça engraçada, gerente do banco em Brasília, que depois de me censurar por possuir somente um cartão, me pediu para rezar para Santo Antônio resolver meu problema. Dias depois recebi em Santa Cruz um novo cartão de crédito.

Ainda na churrascaria em Cáceres, pensei em mandar um aviso para a moça engraçada de que estava vivo. Não tinha seu telefone, podia passar um *e-mail* na Delegacia, mas desisti. Era muita ousadia, pensei, afinal podia ser uma senhora casada. Talvez fosse negra, ruiva ou loira, não importava. Eu estava agradecido e compraria um presente. Eu já gostava dela.

O mundo pertence a quem se atreve. Deus me ajude... para mim, ela era uma luz que brotou do nada. Corajoso como sempre, fui preparado para entregar o presente, caminhando a passos largos no posto de atendimento do Banco do Brasil. Identifiquei o alvo: a moça engraçada era linda, dona de um sorriso doce, de pele alva e traços delicados. Entreguei meu regalo, agradeci e fui para o Rio de Janeiro passar umas férias que me pareceram intermináveis. Certo dia, o caixa eletrônico de uma agência em Copacabana não me entregou o dinheiro sacado. Oportunidade de telefonar para ela de novo.

A moça era Flávia Dall'Agnoll. Quando voltei a Brasília, começamos a namorar e nos casamos em setembro de 2014, meses antes de eu encarar a aventura da Venezuela.

* * *

Fiquei dois anos como adido-adjunto da Polícia Federal na Embaixada do Brasil em Caracas, no comando do ilustre e nobre embaixador Ruy Carlos Pereira. Encontrei um país em ebulição, com alta criminalidade e carências de todo tipo, principalmente de comida, remédios e material de higiene. Minha função era aproximar a PF das forças de segurança no país, principalmente a Oficina Nacional Antidrogas (ONA), mas a troca de informações nunca foi satisfatória. Apesar dessa dificuldade, fizemos alguns trabalhos marcantes, como em agosto de 2016, quando o serviço de inteligência venezuelano procurou a embaixada pedindo informações sobre um brasileiro preso em Caracas na companhia de um sírio que estivera preso em Guantánamo, Cuba. Era Gandi Jamil Georges, irmão de Fuad Jamil, o "rei da fronteira" em Ponta Porã. Eu conhecia Gandi muito bem; afinal, eu havia apreendido um arsenal em sua fazenda no interior de Mato Grosso do Sul, conforme já exposto neste livro. Não soubemos o que ocorreu depois da detenção.

Naquele mesmo mês, a CGPRE em Brasília nos enviou uma coordenada geográfica no interior da Venezuela, onde haveria uma aeronave que se acidentou e foi utilizada pelo tráfico de drogas. No local a ONA encontrou destroços de um avião norte-americano Hawker-Siddeley com dois corpos carbonizados e pacotes de cocaína parcialmente queimados. Próximo ao local do acidente, os policiais venezuelanos encontraram um laboratório de refino de cocaína com 523 quilos de cloridrato, um fuzil, uma pistola e apetrechos usados no processamento da droga. Dois colombianos foram presos — é cada vez mais comum traficantes da Colômbia montarem bases em solo venezuelano, sem contar os cartéis mexicanos, sobretudo os Zetas e Sinaloa.

Grande parte da cocaína produzida na Colômbia passa pela Venezuela antes de ir para o México, Estados Unidos e Europa. A droga fortaleceu as facções criminosas venezuelanas, que mergulharam o país em uma espiral de profunda violência. Caracas é uma das capitais mais violentas do mundo, com frequentes assassinatos, sequestros e atentados. Em 2015, a cidade registrou 119,87 homicídios por 100 mil habitantes, 98% deles impunes.

Junte-se a violência à carência social e está formado um cenário de caos. Por várias vezes vi pessoas comendo no lixo. A compra no supermercado era regulada: há limites para a compra de produtos básicos, como arroz, feijão, farinha, carne. Produtos de higiene como pasta de dente, desodorante e papel higiênico são itens raros nas prateleiras. Além disso, a inflação corroeu o bolívar, moeda local. Cheguei a ver pessoas carregando notas em sacolas na rua. Também me deparei com dezenas de protestos de rua contra o governo Maduro, com desfechos os mais violentos possíveis, sempre com muitas mortes.

Flávia, minha esposa, engajou-se fortemente em trabalhos sociais em Caracas. Em uma igreja católica, próximo de onde morávamos, distribuía alimentos e medicamentos comprados por nós em viagens ao exterior, além daqueles enviados por dona Regina, uma amiga da nossa família em Brasília. Na escola de autistas, onde estudava nossa filha Ana Flávia, ajudávamos a custear parte da mensalidade de alguns alunos mais carentes. Com isso, a Flávia conquistou respeito e, sobretudo, admiração em muitos venezuelanos.

Apesar de tanta instabilidade e insegurança, aprendi muito sobre o ser humano, suas carências, seus medos. Também passei a evitar o desperdício, sobretudo de alimentos. A Venezuela, definitivamente, foi uma escola de vida.

Epílogo
NÃO SE ENTREGUE, COMPANHEIRO!

Ainda percebo o estrondo do avião pousando. Sinto o mau cheiro do éter e da acetona, enquanto o alvoroço toma conta da pista. Na confusão e desordem, despontam os estampidos da pólvora e do sangue derramado. Nada que impeça meu sono, minha concentração e meu gosto pela vida.

Apenas precisava estar presente para proteger meus amigos. Talvez por esse pretexto eu não tenha conseguido me desconectar dos policiais da linha de frente. Tínhamos um código de conduta com o objetivo de nos defender, considerávamos essencial o compromisso de saber tudo que se passava com os colegas em operações. Era uma precaução constante em nossas vidas. E ainda insistia no propósito de que temos a capacidade de reagir sempre, nos limites da lei. Os engravatados dos direitos humanos não vão nos salvar. Policial descoberto é policial morto com selvageria, e exibido como troféu. O treinamento de tiro recebido na Academia de Polícia é para ser aperfeiçoado e executado.

É necessário, antes de tudo, estarmos vivos. Nossas famílias, base de tudo, dependem de nós.

Qual é a sua prole, policial?

Trinta de setembro de 1989, aniversário de 10 anos do meu filho Caio. Cada dia que passava com ele era uma vitória. Um dia para celebrar e fazer com que se sentisse especial, como era de fato. Mas o telefone tocou, era a polícia. Deixei a festa pela metade. Quando voltei no dia seguinte, a carne na churrasqueira estava queimada e abandonada e até o curió de estimação do meu filho estava morto.

Perdi a conta dos Natais, Dia das Mães e aniversários meus e da família que passei distante de todos, a trabalho.

Todo policial tem histórias tristes para contar. Os nossos analistas, a quem somente posso me referir no grau superlativo, por sua qualidade e habilidade, sofrem muito com a distância da família. Eles revolucionaram a análise de inteligência policial, transformando meros indícios em fatos reais. Seus olhos e ouvidos ignoram o tempo perdido, na garra para unir pontas soltas de uma investigação. Pela sua competência, devem ser sempre louvados.

Se o leitor chegou até aqui, já percebeu que não é fácil ser policial. Temos um dever com nossos superiores, com os colegas de trabalho, com a família e com a sociedade. Uma equação difícil de resolver e administrar.

Enquanto a filosofia familiar dos bons costumes, da educação e do respeito às leis não prevalecer, a corrupção prosseguirá dominando a nossa sociedade enfraquecida, e os livros sobre a polícia vão se multiplicando inutilmente nas prateleiras das livrarias. Hoje vejo o nosso país como um celeiro de vaidades. Não podemos contar com a maioria dos nossos representantes, que são péssimos exemplos para a população. Quem não está preso está na fila de espera da Lava-Jato. Precisamos mudar nossa identidade com o auxílio de pessoas justas, pacíficas e do bem.

O tempo passou, e já estou de saída da Polícia Federal, a quem devo meu sustento em quase quatro décadas. Agora é hora de escrever novos capítulos.

Construí uma história longa e eficaz no combate ao crime. Mas confesso: era mais feliz quando caçava passarinhos.

Escrevi este livro com o coração.

Quando estiver publicado, quero lê-lo com a razão.

AGRADECIMENTOS

De modo especial agradeço ao Allan de Abreu, brilhante jornalista, escritor e pesquisador, pelos seus conselhos adequados, organização e percepção geral do contexto do livro. Inestimável reconhecimento de meu relato, convertendo meus manuscritos em autenticidade.

Ao Excelentíssimo Senhor Juiz de Direito Dr. Emílio Migliano Neto, pelo apoio incondicional nas nossas missões contra o crime, não medindo esforços no atendimento das necessidades mais complexas da polícia, em especial a Base Fênix, ainda que isso lhe custasse alguns contratempos. Um magistrado idealista e um líder nato, ser humano inspirador para os brasileiros de bem.

Meus sinceros agradecimentos também ao Excelentíssimo Juiz Federal Dr. Odilon de Oliveira, pela coragem e extrema confiança que sempre depositou no meu trabalho, desde os primórdios da base de inteligência em Campo Grande.

Considero essencial agradecer aos Digníssimos Diretores da Geração Editorial, Sr. Luiz Fernando de Souza Emediato e Fernanda Emediato pela grande atenção ao projeto apresentado.

Sou extremamente grato à minha esposa, Flávia Dall'Agnol Pinelli, confidente generosa, por sua proteção fraternal quando eu respirava com dificuldade, consequência do processo de escrita. Também agradeço pelo suporte de docente, reparando meus desvios gramaticais e especialmente como companheira, pelo incentivo a continuar sempre.

Um agradecimento doce e carinhoso para Ana Flávia, que esteve presente desde as primeiras páginas. "Não disse nada", mas seus olhos meigos foram sempre uma fonte de inspiração.

Devo um agradecimento muito caloroso a meus irmãos Carlos e Jackson, contemporâneos dessa trajetória sofrida, mas vitoriosa.

Ao Francis Idzi, obrigado pela paciência e pelos ensinamentos de programas avançados de edição de texto, um mundo tecnológico até então desconhecido por mim.

A todos os policiais federais, civis e militares, agentes administrativos, promotores de justiça e juízes que estiveram ao meu lado nessa brava luta contra o crime organizado e o mal das drogas.

Por fim, mas acima de tudo, quero registrar um agradecimento sincero aos meus pais, Luiz Pinelli e Aparecida da Cruz (*in memoriam*), pela educação e pela vida. Peço desculpas por não ter escrito nada antes.

A minha gratidão a todos os policiais federais, civis e militares, agentes administrativos, promotores de justiça e juízes que estiveram ao meu lado nessa brava luta contra o crime organizado e o mal das drogas

Minha família em Mandaguari (PR): eu menino com meus irmãos Carlos e Jackson, minha avó Izolina e meus pais Aparecida da Cruz e Luiz Pinelli

Aos 10 anos, no Grupo Escolar de Mandaguari, eu não podia imaginar que iria conhecer o Brasil profundo do mapa às minhas costas

Sempre tive em minha irmã Jeanice exemplo e estímulo a estudar e me aprimorar profissionalmente

Recém-ingressado na Academia Nacional de Polícia, Brasília, 1981: a ANP é um orgulho dos policiais da América Latina

Primeira turma do curso de inteligência policial em Washington, em 1998: origem do Grupo de Investigações Sensíveis (Gise) de combate ao narcotráfico

Homenagem recebida pela Base Fênix do Juiz de Direito Emílio Migliano Neto (1º à direita), em 2004: magistrado idealista, exemplo inspirador para os brasileiros de bem

Ladeado pela equipe da Base Paiaguás, em Campo Grande (MS), em 2004, ostento o troféu recebido pela Base Fênix do Juiz Emílio Migliano Neto: policiais destemidos

Saldo da operação Alpha, junho de 1994, Guaraí (TO): 7,5 toneladas de cloridrato de cocaína pura, ainda hoje a maior apreensão da droga no Brasil

Policiais participantes da operação em Guaraí (TO), em 1994, de uma das maiores apreensões de cocaína em todo o mundo

Policias da exitosa operação em Pedro Gomes (MT), em outubro de 1995: semanas de escutas e campanas em área de difícil acesso

A equipe da Operação Tucano em Pedro Gomes (MT), em 1995, encontrou 670 quilos de cocaína escondidos em sacas de café

Três equipes atuaram na Operação Primavera, em Coxim (MS), em 1996: apreensão de cocaína e de equipamentos e produtos para o refino da droga

Operação Caserna, em Rio Verde (MS), em 1997: motor do avião metralhado; na cabine, 250 kg de pasta base de cocaína em sacos de farinha de trigo

Eu (ao centro) com colegas da operação que apreendeu centenas de tijolos de cocaína em Atibaia, interior de São Paulo

Apreensão na fazenda Mangueiral, 1996, no Pantanal (MS): três aviões e centenas de recipientes com acetona, amoníaco e um tambor de ácido sulfúrico

Piracicaba, outubro de 1999: nunca estive tão perto de morrer como nessa operação, mas foram apreendidos 295 kg de cocaína

Operação em Bauru (SP), na rota do tráfico internacional de drogas: condições adversas não intimidam os agentes da Polícia Federal

Numa fazenda no município de Alcinópolis (MS), flagramos um avião pousando: apreendemos 179 kg de cocaína, armamento pesado e dois telefones satelitais

Sucesso no desfecho da Operação Pérola em Fortaleza, em 2009: minha medalha de ouro na Olimpíada da Polícia Federal

Três Lagoas (MS), junho de 2008: mesmo com obstáculos burocráticos, desenterrados 270 kg de cocaína em sacos de farinha de trigo

Operação Pantanal: trabalhar na selva, entre rios e pântanos, significava renunciar ao medo e ainda ter grande resistência física

Ao fim de duas semanas de vigilância da PF, um avião desceu numa fazenda em Caçu (GO): apreendidos 91 km de cocaína; piloto e copiloto presos

Em setembro de 2003, a PF começou a desmantelar o esquema de um gerente de Beira-Mar no interior de SP ao apreender 243 quilos de cocaína em Biritiba-Mirim

Em Barretos/SP, durante a tradicional festa de rodeio foi apreendido uma grande quantidade de maconha.

Área rural de Porto Feliz (SP), março de 2013: com chuva forte e pista embarreada, avião de traficantes subiu apenas 50 metros e caiu; piloto foi preso no dia seguinte

Surpreendidos pela PF ao descarregar cocaína em Campo Florido (SP), traficantes revidaram e tentaram decolar o avião, que pegou fogo na troca de tiros e explodiu com as granadas que levava

Participei da Operação Aliança em Alto Paraná e Caaguazú (no Paraguai): em dez dias de maio de 2013, erradicamos 79 hectares de plantio de maconha no país vizinho

BIBLIOGRAFIA

ABREU, Allan de. *Cocaína — a rota caipira:* o narcotráfico no principal corredor de drogas do Brasil. Rio de Janeiro: Record, 2017.

BELTRAME, José Mariano. *Todo dia é segunda-feira.* Rio de Janeiro: Sextante, 2014.

BOWDEN, Mark. *Matando Pablo: a caçada ao maior fora-da-lei de que se tem notícia.* São Paulo: Landscape, 2002.

ESCOBAR, Juan Pablo. *Pablo Escobar, meu pai.* São Paulo: Planeta, 2015.

GADELHA, Alieth et al. *Compilação de dossiês dos investigados por tráfico internacional de drogas no Estado de Mato Grosso do Sul.* Brasília: [s.n.], 2011.

MEDEIROS, Paulo Roberto Cabral. *SR/DPF/MS: 37 anos de história.* Campo Grande: [s.n.], 2002.

SOUZA, Fátima. *PCC, a facção.* Rio de Janeiro: Record, 2007.

INFORMAÇÕES SOBRE A
Geração Editorial

Para saber mais sobre os títulos e autores
da **Geração Editorial**,
visite o *site* www.geracaoeditorial.com.br
e curta as nossas redes sociais.

Além de informações sobre os próximos lançamentos,
você terá acesso a conteúdos exclusivos
e poderá participar de promoções e sorteios.

 geracaoeditorial.com.br

 /geracaoeditorial

 @geracaobooks

 @geracaoeditorial

Se quiser receber informações por *e-mail*,
basta se cadastrar diretamente no nosso *site*
ou enviar uma mensagem para
imprensa@geracaoeditorial.com.br

Geração Editorial

Rua João Pereira, 81 – Lapa
CEP: 05074-070 – São Paulo – SP
Telefone: (+ 55 11) 3256-4444
E-mail: geracaoeditorial@geracaoeditorial.com.br